개화기에서 일제강점기까지

근대 제도의 도입과 일상생활의 재편

개화기에서 일제강점기까지
근대 제도의 도입과 일상생활의 재편

펴낸이 _ 장 호 성
엮은곳 _ 동양학연구원
펴낸곳 _ 단국대학교출판부
등 록 _ 1968.2.27 : No. 제03-00095호
주 소 _ 경기도 용인시 수지구 죽전로 152번지
전 화 _ 031-8005-2405 팩 스 _ 031-8021-7154

2012년 1월 25일 초판 인쇄
2012년 1월 30일 초판 발행

인 쇄 _ 신양사

[값 20,000원]

Published by Dankook University Press

Printed in Korea

ISBN 978-89-7092-473-1 94810
ISBN 978-89-7092-374-1 (세 트)

이 저서는 2008년 정부(교육과학기술부)의 재원으로 한국연구재단의 지원을 받아 수행한 연구임. (KRF-2008-005-J02202)

동양학 학술총서 6

개화기에서 일제강점기까지

근대 제도의 도입과 일상생활의 재편

단국대학교 동양학연구원 편

단국대학교출판부

발 간 사

최근 인문학 분야에서는 '일상생활', '일상문화', '일상성' 등을 주제로 하여 다양한 논의들이 전개되고 있다. 이는 기존 연구의 단선적 진보사관에 대한 회의와 거시적 정치 · 경제 중심의 역사 서술에 대한 반성이 맞물려 나타난 결과라 할 것이다. 그럼에도 불구하고 지금까지 일상생활 관련 연구는 특정 시기나 몇몇 주제에 편중되어 있어 근대성의 다양한 층위를 총체적으로 확인시켜 주지 못하였다는 점에서 아쉬움이 남는다. 특히 한국 문화전통의 지속과 변용 양상을 탐색하는 데에 소홀히 함으로써 우리의 문화적 정체성에 대한 통합적 시각을 제공하지 못하고 있다는 점은 문제점으로 드러난다.

그러므로 이 분야의 연구가 보다 더 의미 있는 성과를 내기 위해서는 지속적인 연구 지원을 통해 다양한 자료를 체계적으로 수집 · 정리할 수 있는 여건이 마련되어야 하며, 학제 간 연구성과를 교환하고 이를 축적할 수 있는 안정적인 학문의 장이 도출될 필요가 있을 것이다.

이에 본 연구원에서는 기존의 일상생활 관련 연구 성과를 폭넓게 수용하되, 본 과제의 총괄주제인 〈 '개화기에서 일제강점기까지' 한국 문화전통의 지속과 변용〉을 중심으로 우리의 근대성과 문화정체성에 대한 새로운 담론을 생산해 내는 데에 역점을 두어 연구를 진행하고 있다. 특히 우리 사회의 근대적 생활 문화 기반이 구축되었던 개화기에서 일제강점기까지를 대상으로 근대적 제도의 도입으로 인해 전통적인 질서가 해체되고 재구성됨으로써 일상의 감각이 어떻게 재편되는지 초점을 맞추어 새로운 연구 방법론을 제시하고 있다.

이러한 연구 방향은 제도 자체가 갖는 본질적인 성격에 대한 탐색보다는 그것이 관습, 의식, 윤리, 가치 등에 의해 어떻게 재생산되는지에 주목하여 기존의 제도나 정책 연구와는 변별성을 지닌다 할 수 있다. 특히 본 과제에서는 문학 및 예술제도, 매매제도, 교통 및 통신제도 등 개화기에서 일제강점기까지 도입되었던 근대 제도에 관한 객관적인 통계나 자료를 광범위하게 수집하였고 또한 제도 자체의 문제보다는 이를 통해 전통적 습속과 일상의 감각이 변이되고, 근대적 문화표상이 구성되는 과정을 분석하는 데에 역점을 두어 연구를 진행하였다.

이러한 연구의 일환으로 본 과제에서는 자료집인 『일상생활과 근대 결혼제도』(신문 · 잡지편)를 이미 출간하였으며 이번에 동양학학술총서 제6집 『개화기에서 일제강점기까지 근대 제도의 도입과 일상생활의 재편』을 간행하게 되었다. 이 책은 2010년 8월 18일(수) 단국대학교 석주선기념박물관과 2011년 7월 8일(금) 단국대학교 대학원동에서 열렸던 학술회의에서 발표된 논문들과 본 연구과제의 성격에 맞는 연구 논문을 취합한 것이다.

본 연구서 발간에 즈음하여 〈 '개화기에서 일제강점기까지' 한국 문화전통의 지속과 변용〉의 연구책임을 맡아 주신 신종한 교수님을 비롯하여 공동연구원으로 과제를 이끌어 주신 서문석 교수와 연구과제의 수행을 위해 열성을 다해 준 김재관, 장두식, 김호연 연구교수 그리고 유용태, 이영주, 주미하 연구보조원 모두에게 연구원을 대표하여 깊은 감사의 말씀을 전하고 싶다. 아울러 본 연구원의 연구과제와 학술총서 발간 취지에 공감하여 옥고를 주신 일본 동경대학의 후루이도 히데오, 중국 천진 사회과학원의 런찌똥 선생님께도 진심으로 감사의 말씀 올린다.

동양학연구원에서는 지난 3년간 한국연구재단 중점연구소 과제인 〈'개화기에서 일제강점기까지' 한국 문화전통의 지속과 변용〉의 2단계 과정을 수행하면서 총 11권의 자료집과 학술도서를 발간하였다. 이후 지속적으로 이어질 개화기에서 일제강점기까지 한국 문화전통의 지속과 변용 양상을 다각도로 조명하는 연구를 통해 관련 학문 분야에 구체적인 기여를 할 수 있기를 기대하면서 지원을 아끼지 않은 한국연구재단 관계자와 이 책의 출판을 맡아준 단국대학교 출판부 관계자 여러분께도 감사의 마음을 드린다.

2011년 11월

단국대학교 동양학연구원장 서영수

개화기에서 일제강점기까지

근대 제도의 도입과 일상생활의 재편

근대 이행기의 문학 · 출판 제도의 변천*

신 종 한**

Ⅰ. 머리말

문학을 사회적으로 이해하는 것은 문학의 사회사라는 관점에 입각하여 문학이 어떤 형태로 제도화되었는가를 살펴보는 일이다. 여기서 제도란 정해진 법규나 정책만을 의미하는 것은 아니다. 론 베르트는 관습과 마찬가지로 사회는 '부분들의 총합이상' 전체로 여겨지고 그 전체는 고유된 신념, 태도, 가치, 전통과 풍습('문화')에 대해 사회구성원들이 참가하는 '역할구조'를 통해서 통합된다고 보았다.[1] 사회의 구성원들은 문화를 내면화하고 '사회화'의 과정을 통해서 역할과 행위의 규범을 따르기 때문이다. 이는 사회구조의 체계나 형태를 포함하여 사회의 구성원들이 내면화하고 사회화하는 과정 또한 제도라는 개념에

---

* 이 논문은 『한국문예창작』제22호(한국문예창작학회, 2011.9)에 게재되었던 것을 재수록하는 것임을 밝혀둔다.

** 단국대학교 국어국문학과 교수

1) 양건열 편역, 『예술사회학의 이론과 전개』, 미진사, 1990. p.42.

부합하는 말이다. 따라서 출판 제도의 변천에 따른 문학의 사회사를 구성하기 위해서는 문학이 사회의 변화와 밀접하게 연관되어 있다는 점에서 먼저 문학의 외적 변화를 살피고, 그러한 외적 변화가 작품의 내적 변화에 어떤 영향을 미쳤는가를 검토하는 일이 선행되어야 할 것이다.[2)]

이언 와트(Ian Watt)는 『소설의 발생』에서 "새로운 글쓰기의 나타남과 소설은 인쇄매체와 본질적으로 연관을 맺은 유일한 문학 장르이다." [3)]라고 지적한 바 있다. 따라서 근대 소설의 발흥에 있어서 인쇄·출판의 역할, 책의 보급 및 새로운 독서 패턴, 대중 독자의 형성 등은 문학 환경의 맥락 변화를 살피는 데 귀중한 지표가 될 수 있다. 더불어 문학 장르 중에서 소설에 주목하는 이유는 근대 독자의 형성이 곧 소설 독자의 형성이기 때문이다.[4)]

또한 시대적으로 근대 이행기라는 시간적인 설정은 문학의 근대성을 규명하고자 할 때 문화적인 변동이 두드러진 조선 후기 사회를 주목하지 않을 수 없다.[5)] 변천을 논할 때는 자연스

---

2) 문학사회학은 일반적으로 사회학자와 문학자에 의해 시도되는 사회와 문학 사이의 관계연구를 총칭하는 것이다. 이유영, 『독일문예학총론』, 삼영사, 1979, p.260.

사회학자 호가트는 문학이 사회과학적 분석의 대안이 될 수 없지만 유용하고 본질적인 보조자료가 된다고 하면서 문학을 사회학의 자료로 취급하지만 문학에서는 오히려 사회학적 방법을 적극적으로 사용하고 있다. 그러나 조선시대보다 자료가 많이 있는 근대 초기의 문학을 대상으로 문학사회학적 연구가 비교적 활발하게 진행되고 있다.

3) Ian Watt, "The Rise of the Novel" (1957), 전철민 역, 『小說의 發生』, 열린 책들, 1988, p.252.

4) 천정환, 『근대의 책 읽기』, 푸른 역사, 2003, pp.37~38.

5) 근대 이행기는 조선후기 상·공업의 발달과 실학파의 등장 등으로 인

럽게 새로운 사건의 출발점이 어디인가를 찾을 수밖에 없겠고, 소통행위에 관심을 두는 것은 소통환경의 변화가 단순한 환경의 변화 그 자체에 그치는 것이 아니라 소설형태의 새로운 내재적인 변이와 깊은 상관성을 갖고 있기 때문이다.

한 시대는 그 나름대로의 시대적 분위기가 있게 마련이다. 전 시대와는 다른 사고방식, 행동, 습관의 시대적 공유의 틀을 토마스 S. 쿤(Thomas S. Kuhn)은 '패러다임(Paradigm)'이라 명명했다.

우리의 소설사가 문자 이전 시대에서부터 문자 이후 신화에서 출발하여 근대에 이르기까지 가장 활발하게 전개되었던 시대는 18·9세기라고 할 수 있다. 17세기 이후 중세에서 근대로의 이행기에 이르면 신유학의 이념과 한문의 규범을 더욱 배타적으로 옹호하려고 하는 집권사대부들의 노력이 있었으나 새로운 패러다임으로의 변화를 막을 수는 없었다. 일례로 사대부 지식인들 가운데 박지원, 정약용 등의 실학파 문인들은 지배체제의 모순을 절감하여 사회를 비판하고 풍자하는 새로운 한문학을 이룩하는데 앞장섰다. 뿐만 아니라 남성의 문학으로 일관되던 사대부 문학이 남녀의 문학으로 나누어졌으며, 사대부 부녀자들이 국문문학의 작자와 독자로서 주요한 구실을 하게 되었다.

그동안 소설은 유교사회의 제약으로 오랫동안 한문학이라는 적자에 밀려 서자 취급을 받아 왔다. 그러나 왕실에서부터 사대

하여 집배권력과 다른 새로운 패러다임 형성되던 시기이다. 문학의 장에서는 사회의 다양한 구성원이 소설의 독자로 합류하였고, 소설의 출간과 유통의 변화로 인하여 근대적인 형태를 지향하기 시작한다. 구체적인 시기는 영 · 정조부터 1894년 갑오개혁 전까지이다.

부 남녀노소는 물론, 천민에 이르기까지 '듣는 소설' 또는 '읽는 소설'로서 널리 사랑을 받으며 확대·발전해왔다. 다양한 계층의 사회 구성원이 소설 독자 대열에 합류했으며, 짧은 한문 단편소설에서 180책이나 되는 대하소설(완월회맹연玩月會盟宴)에 이르는 작품들과 필사본·방각본·구활자본이라는 다양한 형태의 이본을 산출해 냄으로써 문학사에서 소설이 독보적 위치를 점하는 시대를 열었다.[6] 이는 소설을 빌려주고 돈을 받는 세책업이 성행하고 이를 위한 필사본이나 방각본을 간행해 시장을 통해 널리 판매됨으로 소설의 독자층이 확대되었고 수많은 소설들이 양산되었다는 결과를 가져오게 되었다. 사회적인 맥락에서 보자면 이는 문학 담당층이 교체되었다는 것을 뜻한다. 문학 담당층이란 문학을 창조하고 수용하는 집단이다. 문학 담당층은 여럿이 공존하면서 서로 경쟁한다. 사회의 지배층, 그 비판세력, 피지배 민중이 모두 문학 담당층으로서 각기 그 나름대로의 구실을 하면서 서로 경쟁하는 가운데 피지배 민중 중심으로 전환된 사건이다. 새로운 패러다임이 형성된 것이다.

본고에서는 이런 시대적 여러 현상에 초점을 맞추어 문학·출판제도의 변천 과정을 살펴보고자 한다. 그동안 근대 이행기

---

6) 이민희, 『조선의 베스트셀러-조선 후기 세책업의 발달과 소설의 유행』, 프로네시스, 2007, 7쪽. 그의 조사에 의하면 "지금까지 세상에 알려진 고소설 작품은 약 858종에 이른다. 여기에 한 종의 작품에 대해 필사본·목판본·활자본 등의 형태로 존재하는 이본 모두를 합한다면 그 수는 가히 수만 종을 헤아리고도 남을 것이다. 이본의 종수(種數)가 가장 많은 『춘향전』(358종)을 비롯해 『조웅전』(295종)·『구운몽』(292종) 등 이본의 수가 100종이 넘는 작품들만 해도 수십 종에 이른다." (p.6)

문학 · 출판제도에 접근은 다양한 시각에서 이루어져 왔다.[7] 본고에서는 이러한 선행 연구를 비판적으로 수용하면서 문학사회적 방법론을 통해 여러 자료를 고증하고 사회적 여러 현상에 대하여 구명하려고 한다. 이는 근대 이행기 출판 제도의 변천에 따른 문학사회사를 구성하기 위한 기초 작업으로 근대문학사의 자생적인 전개 과정을 살피는 작업이 될 것이다. 또한 이를 통해 근대의 맹아를 발견하여 진정한 근대가 열리는 화두를 찾는 작업이 될 것이다.

Ⅱ. 문화 변동의 전초 - 세책업의 출현

조선 후기에 들어와서 두드러진 사회의 변화는 도시와 상업의 성장이 본격화되었다는 점이다. 17세기 말부터 대외무역이 활발해지고 국내 생산력이 증대되어 시장경제체제가 구축되었다. 금속화폐가 등장하여 유통이 원활해지고, 수공업과 영농법의 발달은 인구의 도시 집중화와 장시의 발달을 촉진시켰다.[8] 더불어 상업적 성장을 가속화한 대표적이고 상징적인 제도가 대동법이다. 대동법은 종전의 다양한 부세 방식을 쌀이나 돈으

---

7) 이민희, 『조선의 베스트셀러-조선 후기 세책업의 발달과 소설의 유행』, 프로네시스, 2007, 강명관, 「근대 계몽기 출판운동과 그 역사적 의의」, 『민족문학사연구』, 14호, 1999. 김교봉 · 설성경, 『근대 전환기 소설 연구』, 국학자료원, 1991. 등이 이 분야의 대표적 저작들이다.

8) 장시의 발달에 대해서는 김대길, 「조선 후기 장시에 대한 연구」, 중앙대 대학원 박사학위논문, 1993. 「조선 후기 지방 장시에 대한 기초연구」, 『관동사학』 4집, 1989. 이헌창, 「충청도 지방의 장시망과 그 변동」, 『경제사학』 18호, 1994 등 참조.

로 통일하여 징수하게 한 것으로, 관청에서 필요한 물건을 직접 상공인으로부터 구매하게 됨으로써 상공업의 성장을 가져왔다.

17세기 말부터의 비약적인 경제 성장과 18세기의 경제 안정은 수량경제에서도 밝혀지고 있다.[9)]

이러한 경제체제의 변화는 새로운 상품의 개발과 생산의 발달뿐만 아니라 그것을 소비자에게 판매하기 위한 유통시장의 발달도 촉진시킨다. 이때 시장경제를 이끈 주체들은 집권 사대부층이 아니라 상인과 중인, 서얼 등의 시민계층이었다. 이들은 사회 변동과정에서 경제적 부를 축적하게 되고, 축적된 부를 이용하여 다양한 방법으로 여가를 즐기게 된다. 이들에 의해서 서울은 도시적 소비문화와 유흥문화가 조성되었다고 하여도 과언이 아니다.[10)]

특히 소비문화의 번성과 유통체계의 활성화는 자연스럽게 서적 출판업의 발달을 가져왔고, 그에 따른 서책의 상품화는 소설 유통의 성행에 계기를 마련하였다.

그동안 국가 또는 개인이 책을 구입하는 주요 통로는 크게 세 가지였다. 그 하나는 중국 연경을 다니던 역관을 통해 직접 수입해 오는 것이고, 또 다른 하나는 책쾌를 통하는 것이었다. 그리고 마지막 세 번째는 개인적으로 필사하거나 매입한 서책을 타인에게 증여해주는 것이었다.[11)] 여기서 서책의 구입만을 논

---

9) 이영훈 편, 『수량경제사로 다시 본 조선 후기』, 서울대학교 출판부, 2004.

10) 구체적인 내용은 강명관, 『조선시대 문학 예술의 생성공간』, 소명출판, 1999. 참조.

11) 이민희, 『16~19세기 서적 중개상과 소설·서적 유통관계 연구』, 역락, 2009, p.45.

하는 것은 당시만 하더라도 책은 돈으로 사고파는 물건이 아니라고 여겨 사용가치만을 중요시 여겨져 왔기 때문이다. 그러던 것이 교환을 중심으로 하는 시장경제에 눈을 뜨게 되면서 서책의 상품화가 이루어졌다.

당시의 사회적 변화의 일단을 보자면,

> “내 집에 가장 좋은 물건은 다만 『맹자孟子』7책뿐인데, 오랫동안 굶주림을 견디다 못하여 돈 2백 닢에 팔아 밥을 잔뜩 해먹고 희희락락하며 영재(泠齋, 유득공의 호)에게 달려가 크게 자랑하였소. 그런데 영재의 굶주림 역시 오랜 터이라, 내 말을 듣고 즉시 『좌씨전左氏傳』을 팔아 그 남은 돈으로 술을 사다가 나에게 마시게 하였소.” 12)

앞서 밝혔듯이 당시 사회는 드러내놓고 서책을 파는 환경이 아니었다. 더군다나 굶주림을 면하기 위해 책을 판다는 것이 학자로서는 체면을 구기는 일이었을 것이다. 그런데 독서와 연구에 전념하던 이덕무, 유득공 같은 이들이 책을 팔았다는 것으로 보아 당시의 사회적 인식이 서책의 교환가치에 대해서 그렇게 부정적이지만은 않았다.

18세기에 들어서는 소설 유통이 크게 성행한다. 이른바 전문적으로 필사한 책을 돈을 받고 대여해주는 세책업이 등장한 것이다. 원래 조선사회에서 소설은 오랫동안 금기시되거나 배척되었다. 조선 전기만 해도 소설에 대한 평가가 그리 부정적이지

12) 이덕무, 「여이낙서서(與李洛瑞書)」, 『국역 청장관전서』4, 민족문화추진위원회, 1979, p.191.

는 않았으나, 임진왜란을 전후하여 유입된 중국의 통속소설이 반윤리적이고 비사실적이며 음란하다는 이유로 사대부들의 비난이 거세었다. 그러나 표면적인 이런 분위기와 달리 일부 문인들과 여성들 사이에서는 중국에서 들어온 통속소설을 애독하는 현상이 일어나 소설 발달을 자극하는 동인이 되었다.

조선시대에 소설이 널리 유통되기 시작한 것은 임진왜란과 병자호란을 전후한 시기였다. 이때부터 본격적으로 중국소설이 국내에 들어오고 그 소설을 번역한 국문소설이 나타나기 시작했다. 그 당시 국내에 들어온 중국 통속소설은 『삼국지』를 비롯한 『수호전』, 『서유기』, 『서주연의』, 『초한연의』 등 연의류 작품이 주를 이루었다. 한문으로 쓰인 소설이 대부분이었던 수입 초기에는 독자들이 주로 사대부 남성 문인이나 외교 분야에 종사하던 아전, 또는 역관 등 일부 중인에 한정되어 있었다. 그러나 일단 한문소설이 국문으로 번역된 후에는 소설을 읽는 독자가 사대부 남성은 물론이요, 국문을 익힌 사대부 여성과 중인, 일반 서민층으로 급속히 확산되었다. 이때 중국소설을 번역한 이들은 대개 학문적 소양을 갖춘 양반가의 문사나 중인, 역관, 사대부가 부녀자였다.[13]

여기서 간과할 수 없는 것은 표기체계가 한자에서 한글로 바뀌었다는 것이다. 이것은 단순한 변화가 아니라 한문에 보조적 부차적 역할만 수행하던 한글이 근대의 주역으로 부상하고, 문학 담당층이 교체되는 계기의 출발점이라는 사실이다. 한글은 소설을 통해, 소설은 한글을 이용하여 급속히 성장하였던 것이

13) 이민희, 앞의 책, p.16.

다.[14)]

국문 번역소설에 대한 기록으로는 그 실례가 1595년 1월 시집간 딸의 부탁으로 『초한연의楚漢演義』를 한글로 번역했다는 오희문(1539~1613)의 『쇄미록鎖尾錄』에서 찾아볼 수 있다.

> "1595년 1월 3일. 하루 종일 집에 있으면서 무료하기 짝이 없던 참에 딸이 청하기에 『초한연의』를 언해하여 둘째딸(仲女)에게 그것을 쓰게 했다." [15)]

『쇄미록』은 오희문의 일기로, 임진왜란이라는 전국적 전쟁의 와중에도 무료함을 달래기 위해 『초한연의』를 국문으로 번역했다고 했다. 또한 딸에게 그것을 쓰도록 했다는 기사를 보면, 당시 중국소설이 수입되어 번역되는 과정이 다반사였음을 알 수 있다.

따라서 비약적인 경제성장으로 물적 토대가 갖추어진 17세기

---

14) 이에 대해 정병설은 '한글향유공동체'라는 용어로 논하고 있다. "실제 한글의 주 기록계층은 여성은 물론 하층민들까지 포함한 소외계층 일반이었다. 종전에 어떠한 기록수단도 가지지 못했던 계층이 새로 기록매체를 확보하고, 이를 통해 자기 의견을 개진하거나 의사소통을 하였을 뿐만 아니라 자신의 기록 전통을 계승하고자 노력하였던 것이다. 이들은 새로 기록계층에 편입됨과 동시에 새 기록공동체를 형성하였던 것이다. 말하자면 한글기록공동체가 형성된 셈이다. 한글기록공동체는 더 넓게는 한글향유공동체를 만들어내었는데 이는 일종의 사회텍스트 공동체(the socio-textual community)라 할 수 있다. 사회텍스트 공동체는 정치적 공동체와 구분된다. 한글향유공동체가 지배층 여성과 피지배층 남성을 두루 포괄한다는 점이 이를 명백히 말해준다." 정병설, 「조선 후기 한글소설의 성장과 유통」, 『진단학보』 100호, 2005. 12, p.265.

15) 오희문(吳希文), 『鎖尾錄』권4. "初三日. 終日在家, 無聊莫甚, 因女息之託, 諺解楚漢演義, 使仲女書之."

중후반에 이르면 소설은 상품으로 인식되기 시작했고, 18세기 중반에는 전문적으로 필사한 책을 돈을 받고 빌려주는 세책업이 성행했다.

지금까지 세책의 등장시기가 정확하게 밝혀진 바는 없다. 그저 18세기 중후반에 성행했다고 기술하고 있을 뿐이다. 다만 세책의 존재를 보여주는 최초의 기록은 잘 알려진 채제공(蔡済恭, 1720~1799)의 「女四書序」이다. 이는 1740년 무렵 서울에 세책집이 존재했음을 보여주고 있다.

> "가만히 살펴보니, 근세(近世)에 여자들이 서로 다투어 능사로 삼는 것이 오직 패설(소설)을 숭상하는 일이다. 패설은 날로 달로 증가하여 그 종수가 이미 백종천종(千白其種)이나 될 정도로 엄청나게 되었다. 세책집(儈家)에서는 이를 깨끗이 필사하여, 빌려보는 자가 있으면 그 값을 받아서 이익으로 삼는다. 부녀들은 식견이 없어, 혹 비녀나 팔찌를 팔고, 혹은 동전을 빚내어, 서로 다투어 빌려다가 긴 날을 소일하고자 하니, 음식이나 술을 어떻게 만드는지, 그리고 자신의 베 짜는 임무에 대해서도 모르게 되었다. 그런데 夫人(동복 오씨)은 홀로 습속의 변화를 탐탁지 않게 여기고, 女工의 여가에 틈틈이 읽고 외운 것이라고는 오직 여성교훈서였으니, 가히 규중의 모범이 된다고 할 것이다." –『번암집樊巖集』卷 33

이 기록은 채제공이 29세의 젊은 나이에 죽은 아내 同福 吳氏(1723~1751)의 필적이 담긴 『女四書』에 대해 쓴 글이다. 다른 집 부인들은 '儈家'로 가서 소설책이나 빌려 읽고 있었지만, 자기 부인은 여성교훈서를 공부하며 언제나 근신했다는 내용이다. 부인들이 소설을 빌려 읽는 '습속의 변화'는 동복 오씨의 생몰년을 고려할 때 1740년대 또는 그 이전이라 할 수 있다. 인용문에서 '세책' 이라고 하지 않고 '儈家' 라고 한 것으로 보아 책 거간이 세책업까지 겸했는지는 분명하지 않지만, 어떤 이름으로 불리건 여기서 '儈家' 는 세책업이 분명하다. 채제공과 처가의 거주지가 서울임을 생각할 때, 늦어도 1740년대에는 서울에 세책이 성행했던 것이다.[16)]

더불어 살필 수 있는 것은 이미 18세기 중반에 사대부 집안의 부녀자들이 소설 읽기에 빠져 비녀나 팔찌를 파는 것은 물론이고 빚을 내어 볼 정도로 세책이 성행했다는 사실이다. 또한 그런 세책의 종수가 천백을 헤아릴 정도였다니 실로 다양한 작품들이 세책의 대상이 되고 있음을 짐작할 수 있다.

또 하나 주목할 것은 세책이 '쾌가(儈家)' 에서 이루어진다는 부분이다. "쾌가에서는 이를 깨끗이 필사하여 빌려보는 자가 있으면 그 값을 받아서 이익을 삼는다." 고 했다. 세책가(貰册家)로 적지 않고 '쾌가' 라고 한 것은 서적 중개인이 필사와 더불어 세책까지 담당했음을 가리킨다. 쾌(儈)는 서적 중개인을 의미하는 서쾌(書儈) 또는 책쾌(册儈)라는 책 거간꾼이다. 우리말로는 '책주름' 이라 불렀다.

지금은 책의 거래가 서점이나 인터넷에서 이루어지지만 당시에는 책의 거래를 책쾌가 담당하였다. 어째서 서점이 활성화되지 못했을까? 서책의 공급과 수요는 양반 사대부층에 집중되었고, 정부에 의해 통제되었기 때문이다. 조선시대에는 지식의 공급과 유통을 국가가 관장 했다. 지식과 정보를 전하는 가장 중

---

16) 정병설, 앞의 논문, p.272.

요한 매체가 당시에는 책인데, 조선왕조는 정책적으로 서점 설립을 금하거나 억제하였다.[17] 따라서 책은 떠돌이 장수인 책쾌가 담당했다. 이처럼 책을 전문으로 취급하던 책쾌가(冊儈家)에서 깨끗이 필사한 책을 빌려주는 일을 했다면, 초기 세책점이 책쾌에 의해 발달했을 것으로 짐작된다.[18]

즉 책쾌 중에 자본을 갖춘 이들이 세책업과 출판업을 겸업하거나 후대에 서점을 열기도 했을 것이다. 무엇보다도 그들은 세책업의 형성과 발달에 선구적 역할을 담당하였다는 사실이다. 이들에 대한 시대적, 사회적 의미는 유통의 창구 역할이라는 측면에서 다시 살펴볼 일이다.

그렇다면 세책본 소설의 독자들은 누구들이였을까. 주된 독자층은 재정적으로나 시간적으로 여유가 있는 사대부 여성들이었다. 그런데 최근 발견된 세책장부를 보면 세책본 소설을 대출해 간 이들 중에는 판서, 승지, 참판, 대장 등 고위층을 비롯하여 협변, 순사, 별감, 국장 등의 관료나 지사, 진사, 상원, 첨지

---

17) 억제정책의 근거로는 중종(中宗) 때인 1529년(중종24년) 5월 25일 어득강(魚得江)이 소신을 갖고 서사(書肆)의 설치를 주장했으나, 전례가 없다는 이유로 거절당했고(『중종실록』중종 24년 5월 25일), 명종(明宗) 시절에는 윤춘년(尹春年)에 의해 제기되었으나, "서사라는 제도는 이백 년 동안 없었던 것인데 새로 그 제도를 만들어 권력을 독점하려 한다"는 이유로 거절당했다. (안대희, 『윤춘년과 시화문화』, 소명출판, 2001. 참조) 이후 정상기(鄭尚驥)와 박제가도 서점개설을 주장했다 (정상기, 『농포문답』, 을유문화사, 1974).

18) 이민희에 의하면 근대 이전 문헌에서 '세책점' 또는 '세책가' 라는 기록은 볼 수 없고, 다만 일본 문헌에서는 '세책점' 또는 '세책가' 라는 한자어가 자주 등장하는 것으로 보아 일본식 한자어를 그대로 받아들여 사용한 것이 아닌가 하고 추측하고 있다 (이민희, 『조선의 베스트셀러』, 프로네시스, 2007, p.166. 각주 14 참조).

등 일반 서민층은 물론이고 상인계층에 속하던 이들과 과부 또는 천민신분의 하층 여성들, 노비계층에 속하는 이들도 독자 대열에 합세한 것으로 보인다.[19)]

그러나 세책본 소설 열기에 대한 사대부층 지식인들의 우려 또한 눈여겨볼 일이다. 이덕무(李德懋, 1741~1793)는 「사소절(士小節)」(1774)에서 "한글소설은 탐독해서는 안 되니, 집안일을 버려두고 여자가 해야 할 일을 게을리 해서는 안 된다. 심지어는 돈을 주고 그것을 빌려보면서 깊이 빠져 그만두지 못하고 가산을 탕진하는 자까지 있다."[20)]며 일침을 가하고 있고, 정약용(丁若鏞, 1762~1836) 또한 "패관잡서(稗官雜書)는 인재(人災) 가운데 가장 큰 재앙입니다. 음탕하고 추한 어조가 사람의 심령을 허무방탕하게 하고, 사특하고 요사스러운 내용이 사람의 지혜를 미혹에 빠뜨립니다."라고 하며 우려하고 있다.[21)] 여기서 패관잡서는 소설을 가리킨다.

한편 18세기 후반 독자들이 가장 많이 읽던 소설들은 무엇이었을까. 이에 대한 자료로는 1794년에 대마도의 역관이었던 일본인 도아 이쿠고로오(小田幾五郎)가 쓴 『상서기문象胥記聞』(1794)에는 조선 사신에게 전해들은 내용이 기록되어 있는데, 거기에는 당시 조선인이 즐겨 읽던 소설 목록까지 구체적으로 제시되어 있다. 구체적인 작품명을 열거해 보면 『장풍운전張風雲伝』, 『구운몽九雲夢』, 『최현전崔賢伝』, 『장박전張朴伝』, 『임

19) 정명기, 「세책본 소설의 유통양식」, 『고소설연구』 제16집, 한국고소설학회, 2003, pp.84~92. 참조.
20) 이덕무, 「사소절」7 (婦儀 · 人倫), 『청장관전서』
21) 정약용, 「문체책(文体策)」, 『여유당전서』 제1집, 文 권8.

장군충렬전林將軍忠烈伝』, 『소대성전蘇大成伝』, 『소운전蘇雲伝』, 『최충전崔忠伝』 등 대개 조선에서 창작된 국문 영웅소설들이었다. 이들 작품은 역사적 또는 허구적 영웅이 주인공으로 등장해 악인과 대결을 벌이는 영웅담이다. 그리고 『사씨전泗氏伝』, 『숙향전淑香伝』, 『이백경전李白慶伝』, 『옥교리玉橋梨』, 『삼국지三國志』 등 중국 고사를 소재로 창작한 한글소설 또는 한글로 번역한 중국소설 등이 있었다.[22]

위의 작품들은 18세기 중반에서부터 후반까지 독자들이 가장 많이 읽던 소설들이다. 세책점에서는 이런 작품들을 필사본으로 대여를 했다. 그 얼마 후 소설을 찾는 이들의 요구와 실수요 독자층의 확대로 소설 텍스트를 목판에 새겨 대량으로 간행하던 방각본 고소설이 나타나고 20세기로 넘어가면서 구활자본 소설이 나타났지만 세책점을 통한 유통은 1920년대 후반이 되면서 그 역할을 다한 것으로 보인다.

문화변동의 전초로 나타난 현상 중의 하나인 세책업의 발달은 인쇄술과 출판업 그리고 소설의 발달로 연결되면서 조선 후기사회와 경제가 다채롭고 역동적으로 변화하게 만든 원동력의 하나였다.

Ⅲ. 제작방식의 진화과정 - 소설의 성장

'필사본,' '방각본,' '구활자본(딱지본)' 은 제작방식에 따라 이름붙인 옛 책들의 명칭이다. 그리고 '필사본 → 방각본 → 구활

22) 이민희, 앞의 책, p.52.

자본(딱지본)' 은 근대 활자본 책이 양산되기 이전까지 조선 후기에 책 만드는 방법이 발전해온 순서이다. 순서에 따라 진화과정을 설명하는 것은 책 만드는 방법과 소설의 발전이 긴밀한 연관을 맺고 있기 때문이다. 출판 형태의 변화는 소설의 문학성과 소설을 둘러싼 문화 환경도 변했기 때문이다.

필사본은 말 그대로 일일이 손으로 베껴 쓴 책을 말한다. 활자 인쇄가 본격적으로 시작되기 전에는 동서양을 막론하고 필사는 가장 일반적인 책 만들기 방식이었다. 우리나라에서는 숙종대 무렵부터 아주 많은 종류의 한글 필사본 소설이 생산되었다 한다. 필사자 중에는 궁녀를 비롯한 여성들이 많이 포함되어 있었으며, 소설책의 마지막 장에 "수표교 김소저" 하는 식으로 어디 사는 누가 소설을 베껴 썼다는 기록이 남아 있는 경우가 있다. 필사하는 과정에서 필사자나 독자의 취향에 맞추어 부분적으로 개작 · 생략 · 첨가가 행해져, 이를 비교하는 일이 중요한 연구과제가 되기도 하는데, 많은 양을 붓으로 빠르게 흘려 써서 한글이라도 알아보기가 쉽지 않다.

필사본 이후 19세기에 가장 많이 읽히고 유통된 책은 방각본(판각본)이다. '방坊' 에는 국가의 공식 인쇄소에서 만들어진 것이 아니라, 영리를 목적으로 지방사가(私家)에서 만들어졌다는 의미가 들어있다. 전문적인 기술을 가진 '각수' 가 목판에 새긴 판본으로 찍어내는 책이 방각본이다. 방각본에도 32장본, 64장본 등이 많은데 목판에 새겨 대량으로 인쇄하였으므로, 수백 권 분량까지 이르던 필사본 소설의 길이는 자연히 많이 짧아졌다.

다음으로 서양 인쇄기술의 도입과 함께 들어온 납활자로 인쇄한 책을 구활자본이라 하고 구활자본으로 만든 고소설과 신소설을 '구활자본 소설'이라 부른다. 필사본이나 방각본과 구별할 때는 그냥 '활자본'이라 불리기도 한다. 구활자본 소설은 '딱지본'이라는 별칭으로 많이 불리는데 '딱지본'이란 말의 유래는 많은 구활자본 소설이 울긋불긋하게 채색된 표지를 갖고 있었던 데서 비롯된 듯하다. 1910년대에 크게 대중화될 때 딱지본 책은 사륙판(대략 B5크기)에 보기 편한 4호 활자를 사용하고 채색된 표지를 사용했다. 구활자본은 그리 오래 가지 않았는데, 곧이어 더 나은 활판이 속속 만들어졌기 때문이다.[23]

앞에서 다룬 세책본은 대부분 필사본이다. 세책본도 필사한 것을 빌려주는 것이므로 넓은 의미에서 필사본이라 할 수 있지만, 타인에게 빌려주고 일정한 이윤을 취하기 위해 세책점에서 전문적으로 베껴 썼다는 점에서 일반적인 필사본과는 성격이 다르다.

1. 방각본 고소설 - 철저한 상업화

방각본 고소설의 출현은 주된 이유가 상업성에 있다. 앞에서 살펴본 바와 같이 서책의 수요가 증가함에 따라 서책의 상품화가 이루어진 것처럼 고소설에 대한 수요가 확대되자 대량생산을 목표로 일어난 현상이었다. 한 자 한 자 베끼는 필사로는 넓은 시장을 효율적으로 대응하기에 한계가 있었다.

또한 세책집은 소설 독자가 밀집한 곳이 아니면 운영되기 어렵다. 대출 권역의 한계가 있기 때문이다. 세책집이 서울 외의

---

23) 천정환, 앞의 책, pp.35~36. 참조.

다른 어떤 지방에도 없었다는 19세기 말의 기록은 세책집의 운영 기반을 잘 말해주는 것이라 할 수 있다. 서울 이외의 다른 지방에는 세책집을 유지할 수 있는 밀집된 소설 수요가 없었던 것이다. 하지만 세책집이 없는 지역에도 얼마간의 소설 독자가 있어서 그 수요를 충족시킬 필요가 있었다. 또한 세책집이 있는 지역이라 하더라도 인기 높은 작품은 손으로 베껴서는 수요를 감당할 수 없었다. 상업출판, 곧 방각은 이런 세책의 약점을 보완하면서, 크게 늘어난 소설 수요에 부응해 나갔다.[24)]

그러나 방각본 소설이 나타나기 전에도 방각본 출판은 있었다. 조선시대에는 관(官) 중심의 서적보급 정책 때문에 민간에 서적이 충분히 공급되지 못하였다. 그리하여 일부 서원과 사찰에서도 필요에 따라 경전이나 문집 등을 목판으로 간행하기도 했다. 하지만 관이 주도하는 서적의 보급은 수요자 중심이기보다는 공급자 중심이기에 민간의 요구를 만족시킬 수는 없었고 물량마저 적은 형편이었다. 따라서 이와 같은 민간의 수요를 만족시키기 위해 나온 것이 방각본이다.

현재까지 확인된 것 중에서 가장 오래된 방각본은 1576년(萬曆四年) 서울에서 간행된『攷事撮要』이다.『고사촬요』는 일종의 백과사전으로 국가 외교관계에 대한 것은 물론 일반 상식까지 두루 기술되어 있다. 이 책의 권말에 "萬曆四年 七月 日水標橋下北邊二第里門河漢水家刻板賣者尋來"라는 기록이 있다. 이는 "수표교 아래 북변 이제리의 수문 입구에 있는 하한수 집에서 목판을 새겼으니 살 사람은 찾아오라"라는 구절이기 때문

---

24) 정병설, 앞의 논문, p.274.

에 앞의 간기(刊期)를 토대로 이 자료를 최초의 방각본으로 보고 있으며, 또 하한수의 집을 최초의 민간 서점으로 간주하기도 한다. 또 내용상으로 보아 사대부층이나 중인, 서리들이 구입을 하였을 것이다.

그 후에도 방각본은 내용상 한학(漢學) · 유학(儒學)의 기본 서적이나 실용서 등 영리적 판매를 목적으로 출간되기도 했고, 족보나 문집처럼 비영리적 목적으로 출판되기도 했다.

하지만 방각은 영리가 목적이기에 소설 출판이 주류를 이룬다. 소설은 근본적으로 상업성을 가지고 있기 때문이다. 지금까지의 기록에 의하면 방각소설의 효시는 1725년 전라도 나주에서 간행된 한문판 『구운몽九雲夢』이다.[25] "숭정 이후 두 번째 맞는 을사년에 나주 남문에서 새로 찍다(崇禎後再度乙巳錦城午門新刊)" 라는 간기를 가진 이 이본은 그동안 관판(官板) 또는 비영리적 출판 소설과 달리 개인이 영리 목적으로 찍은 본격적인 상업 출판으로 볼 수 있기 때문이다. 영리가 목적이라면 당연히 잠재수요가 풍부하고 시장성이 좋은 한글소설이 간행되어야 될 터인데 한글 방각소설은 한참 후대에 와서야 그 자취를 찾을 수 있다. 한글 방각소설이라고 짐작할 수 있는 최초의 기록은 이옥(李鈺, 1760~1812)이 1800년 지은 『鳳城文餘』의 「諺稗」에 기록된 『소대성전』을 들 수 있는데 이 실물은 아직 발견되지 않고 있다. 「언패」는 한글소설을 가리킨다.[26] 『소대성전』

25) 조희웅, 『고전소설 이본 목록』, 집문당, 1999, p.59에서는 10종의 나주본 『구운몽』이 소개되어 있다. 나주본 『구운몽』은 을사년에 간행되었다고 해서 '을사본 『구운몽』' 이라고 불리기도 한다.

26) 이옥, 실시학사 고전문학연구회 역주, 역주 『이옥전집』2, 소명출판, 2001, p.85.

같은 한글 영웅소설이 간행되었다면 방각본이 아닌 다른 것으로 보기는 어렵다.

방각본은 서울을 비롯하여 전주, 정읍, 나주, 대구, 안성 등지에서 간행되었다. 전국 각지에서 간행된 방각본은 생산지의 이름을 따라서 각각 경판(京板), 완판(完板), 태인판(泰仁板), 금성판(錦城板), 달성판(達成板), 안성판(安城板) 등으로 불린다. 그러나 방각본 소설은 앞서 밝힌 시장성 문제로 서울, 전주, 안성에 한정되어 있다.

영리를 목적으로 소설을 찍어냈기 때문에 방각본 소설은 기존 판목을 조금 손질해서 분량을 늘린다든지, 한 면에 들어가는 글자 수를 늘려 장수를 늘리거나 장편의 내용을 축약하여 단편 정도의 분량으로 만들기도 했다. 따라서 개판(改版)을 거듭할수록 내용의 축약이나 변개 정도가 심해지고 여러 이본이 생겨날 수밖에 없었다. 이본이 생긴 또 다른 이유는 방각본 소설 독자들은 소설을 사서 읽기만 한 것이 아니라 다른 사람으로부터 빌리거나 상호 교환하여 읽고 다시 필사하여 가까운 이들과 모인 자리에서 낭독하는 등 다양한 방법으로 작품의 유통에 관여하였다. 이 과정에서 작품의 내용에 의식적, 무의식적인 변이가 가해져서 새로운 이본이 파생되고 때로는 작품의 성격을 크게 바꿀 정도의 개작이 이루어지기도 했다.

상업성 추구방식의 내재적인 측면으로는 작품의 구성과 소재 선택에서 살펴볼 수가 있다. 작품구성 방식은 크게 두 가지 방식으로 진행되었다. 하나는 흥미가 고조된 지점에서 분책(分册)하는 것이다. 다른 하나는 그 지점에서 장면을 전환하는 방식이다.[27] 이 두 가지 방법은 후대의 신문 연재소설이나 드라마에서도 자주 쓰이는 방식이다. 방각본 소설 작가들의 기법연구가 필요한 부분이기도 하다.

상품성을 높이기 위한 소재 선택도 살펴볼 필요가 있다. 수많은 방각본 소설이 있지만 그 소재는 크게 추려보면 네 가지 정도로 요약된다. 첫째는 결연이고, 둘째는 복수이며, 셋째는 전쟁이고, 넷째는 여장군의 활약이다. 결연은 주인공들이 온갖 고난과 시련 끝에 이루어지는 행복한 결말구조를 갖는다. 이 구조는 고진감래라는 고사성어처럼 해피엔딩을 통해 독자들의 안정을 바라는 마음과 미래에 대한 희망을 보여줌으로써 정서적 안정을 추구하는 효과가 있다. 복수로는 『임경업전』, 『유충렬전』, 『조웅전』 등에서 볼 수 있다. 당시 시대적 분위기가 임진 · 병자 양란 이후이라 은연중에 적개심이 살아 있었고, 숭명배청 의

27) 임성래, 「조선 후기 문학과 근대성」, 『한국문화의 근대와 근대성』, 소명출판, 2006, pp.35~38. 참조. "완판 『유충렬전』은 두 권으로 이루어진 방각본이다. 그런데 상권의 끝과 하권의 시작부분이 바로 독자의 궁금증이 고조된 지점에서 이야기를 중단하고 분책하는 방식으로 작품의 구성이 이루어져 있다. 상권은 천자가 반역을 일으킨 정한담에게 항복하려는 위기의 순간에 이야기가 끝난다. 하권은 주인공 유충렬이 등장하여 항복 위기에 빠진 천자를 구하기 위해 적의 장수 정문걸의 머리를 베는 장면으로 시작한다. 바로 이런 위기 상황의 설정과 그 해소대목을 이용한 분책구성 방식이다. 긴장감이 고조된 상황에서 장면전환 방법을 『이대봉전』에서 찾아보자. 『이대봉전』에서 보면, 첫 문단에서는 이대봉이 자결하기 위하여 부친을 따라 물에 뛰어들고, 사공들은 그 사연을 왕희에게 전한다. 왕희는 이대봉 부자가 죽었을 것으로 생각하여 크게 기뻐한다. 여기서 독자들은 당연히 이대봉 부자의 생사가 궁금할 것이다. 그런데 작품에서는 독자들의 그런 궁금증을 풀어주지 않고 두 번째 문단에서 장화의 이야기로 장면을 전환하고 있다. 이는 독자의 궁금증을 자극하여 흥미를 유지하기 위하여 장면 전환의 기법을 활용한 예이다."

식의 결과이기도 하다.

그러나 『유충렬전』이나 『조웅전』 같은 국내 창작 영웅소설들은 '고귀한 혈통 – 기이한 탄생 – 탁월한 능력의 소유 – 버려짐 또는 헤어짐의 고난 – 조력자 및 구원자의 도움 – 성장 후 위기 – 위기 극복과 승리' 라는 영웅의 일생을 기본 줄기로 하여 악인과의 대결 또는 갈등, 전쟁담, 여주인공과의 결연담 등을 곁들여 독자의 흥미를 끌기에 충분했다. 전쟁에 대한 관심 중에는 모든 전쟁소설에서 보여주는 양쪽의 장수들끼리 대결하는 장면 묘사가 장황하게 지속되면서 부연된 내용이 대부분이다. 이 부분은 독자의 군담에 대한 관심을 방각본 업자가 고소설의 소재로 채택하여 작품화한 것과 관련이 깊을 것이다. 말하자면 대부분의 영웅소설에 등장하는 장수들 간의 대결은 독자들의 싸움에 대한 흥미를 방각본 업자가 활용한 것으로 볼 수 있다.

이본이 많은 작품들에서 알 수 있듯이 방각본 고소설의 작가들은 예술성을 갖춘 현재의 작가 개념과는 거리가 멀다. 그들은 일부 특이한 창작 의욕을 가진 사대부들을 제외하고는 대체로 몰락한 양반과 중인층에서 나왔으리라 추측된다. 그들은 창작이나 개작을 특정 작가의 독립적 예술행위로 보는 관념이 희박해 출판의 주체가 된 상인 혹은 세책가의 요청에 따라 소설을 새로 짓거나 개작 · 윤색 · 축약 · 부연하였다. 즉 일에 따라 대가를 받는 직능인으로서의 성격을 지녔다. 그렇기 때문에 영리적 이득에 민감하였고, 독자의 관심 여부에 따라 작품은 손쉽게 개작되었다.

방각본 고소설 가운데 가장 특이하고 흥미로운 것은 여걸소설들이다. 바로 여성이 장군으로 등장하여 활약하는 소설들이다. 『정수정전』, 『황운전』 등이 그 예로 주인공인 여성이 장군, 또는 대원수로 전장에 나가서 적을 물리치고, 그 공으로 높은 벼슬에 오르기도 하고 왕으로 봉직되는 경우도 있다. 조선이란 사회가 남성중심사회이고, 유교윤리가 통치이념인데 대해 정면 도전이라고 할 수 있다. 이 또한 이데올로기의 갈등이라기보다는 상업적 전략으로 볼 수밖에 없다. 이는 조선 후기의 여성독자가 고소설의 상품성을 충족시킬 정도로 존재했고, 이들 여성독자들의 잠재 수효가 고소설의 소재를 결정할 정도였다는 것을 밝혀주고 있다.

지금까지 살펴본 바와 같이 방각본 고소설은 철저히 상업성을 바탕으로 간행되었다. 영리를 목적으로 책을 만들었기에 당시의 서민의식을 반영하기보다는 당대 유교 윤리를 수호하는 도덕주의적 방향으로 작품의 개작이 이루어진 경우가 많았다는 점이다. 이것은 당시 방각본 고소설의 수용층이 경제적으로 비교적 여유가 있는 사대부가의 아녀자나 중인 계층의 사람들이었다는 점과 무관하지 않다.[28]

무엇보다도 한계로 지적할 수 있는 것은 제작비용을 줄이기 위해서 작품을 줄거리 위주로 과도하게 축약함으로써 작품의 문학성을 심하게 훼손했다는 점이다.

그러나 방각본 고소설은 필사본에 비해 외적 정형을 갖추고 있고 동일한 텍스트를 여러 사람이 함께 공유할 수 있게 고정화시킨 것에 의미가 있다. 이는 대중독자의 형성이라는 면에서 큰 기여를 한 것이다. 또한 한글소설이었기에 '한글향유공동체'

28) 임성래, 앞의 책, p.32.

를 형성하는데 일익을 담당한 면도 주목할 만하다.

2. 구활자본 소설 - 대중독자의 형성

앞서 밝힌 바 있지만, 서양 인쇄기술의 도입과 함께 들어와 납활자로 인쇄한 책을 구활자본이라 하고 구활자본으로 만든 고소설과 신소설을 '구활자본 소설'이라 부른다.[29]

유통이란 측면에서 볼 때 필사본 독자층과 방각본 소설 독자층의 교체, 방각본 소설 독자의 구활자본 고전소설 독자로의 전환은 비교적 완만하고 자연스러운 이행으로 간주된다. 필사본 소설과 방각본 소설은 오랜 기간 공존하였고 유통방식도 비슷했는데, 주로 세책가와 장시, 보부상 등이 수용의 매개 역할을 했다. 이에 비해 구활자본은 달라진 제작방법과 유통방식에 의해 만들어지고 팔렸다. 제책방법은 보다 더 대량화되었고, 광고와 미디어가 책의 유통에 개입하기 시작한 것이다.

그럼에도 불구하고 '필사본 → 방각본 → 구활자본'의 이행은 연속된 과정이라고 할 수 있다. 왜냐하면 앞 시대의 독자층 자체가 이어진 뒷시대의 독자층으로 연결되었으며 무엇보다도 읽힌 작품 자체가 소멸하거나 새롭게 창작되기보다는 다양한 이본(異本)으로 재생산되었기 때문이다. 다시 말해 우리 고전소설

---

29) '구활자본 소설'은 연구자에 따라 그냥 신소설로 보거나 딱지본소설, 신작 구소설, 활자본 고소설, 잔류 신소설 등으로 불리는데, 본고에서는 제작방식에 중점을 두었기에 '구활자본 소설'로 용어 규정을 한다. 또한 그 시기도 고전소설 독자층의 재편과 확대되는 시기와 신소설 독자층이 형성되는 1910년대까지를 대상으로 한다.

들은 조금씩 변형 · 재창작되고 각각 필사본, 방각본, 구활자본으로 찍혀 나와 17~18세기부터 20세기 초반까지 이어진 것이다.[30)]

새로운 활자의 도입으로 인한 출판의 변화는 문학사에 커다란 변화를 가져왔다. 그것은 책이 상업적 상품으로 기능하기 시작했다는 것과 그로 인해 근대적인 대중독자가 생겨나기 시작했다는 점이다. 납활자를 이용한 활판인쇄술은 소통과정의 본질을 변화시킨다.

마샬 맥루한은 "필사문화에는 활판인쇄에 의해 창조되는 저자나 공중은 있을 수 없다. 활판인쇄는 언어를 지각과 탐구의 수단으로부터 휴대할 수 있는 상품으로 변화시키는 데 기여했음"[31)]을 지적하고 있다. 즉, 활판인쇄는 새로운 소통환경을 만들었고 대량복제를 통하여 국가적 규모의 '공중'을 형성하는데 필요한 힘과 전파력을 지녔다. 나아가 대량전달에 따른 공중의 확장은 그들만의 상품을 요구하게 된다.

공중(公衆, public)은 대중(mass)이자 독자이다. 책 읽는 시민이자 공중인 독자는 상상의 공동체(imagined community)인 민족의 주체가 되고, 시민적 의사소통의 공적 공간을 창출한다. 또한 대중 소비자로서의 독자는 '평균화된 취향을 가진 대중문화의 익명적 향유자'로서 대량생산 · 대량소비로 유지되는 자본주의의 한 주체이다.[32)]

---

30) 천정환, 앞의 책, pp.64~65.

31) Marshall McLuhan, "The Gutenberg Galaxy: The Making of Typographic Man", 임상원 역, 『구텐베르크의 은하계』, 커뮤니케이션북스, 2001, p.261.

32) 천정환, 앞의 책, p.46.

활판인쇄의 대량생산과 대량소비의 메커니즘 속에 대중독자는 형성된다. '구활자본 소설'의 인쇄제작과정의 변화는 이 지점에서 근대를 매개한다. 새로운 방식의 대량출판의 결과로 등장한 구활자본 소설들은 양적으로 많이 출간되었을 뿐 아니라 대중들에게 큰 영향을 미쳤다.

예를 들자면 1935년 '서적도매상조합의 조사'에 따르면『춘향전』이 연간 7만 권,『심청전』이 6만 권,『홍길동전』이 4만 5천 권 팔렸다.[33] 또 다른 증언에 의하면 1927년에『춘향전』,『조웅전』등이 한 번에 1만여 부씩 인쇄되었으며,『춘향전』의 경우 1930년대 중반까지도 1년에 40만 부씩 판매되다가 1930년대 말에 들어와서야 절반 정도로 판매부수가 감소하였다.[34]

구활자본 독자의 규모와 인기는 발간횟수와 개별 작품의 발간 판수에 따라 추정해볼 수 있다. 1912~1942년 사이에 10회 이상 간행된 고전소설은『춘향전』류(97회),『삼국지연의』류(43회),『유충렬전』(24회),『조웅전』(22회),『구운몽』(21회),『장화홍련전』(20회),『옥루몽』(19회),『장풍운전』(17회) 등이다. 이에 비해 '신소설'의 발간횟수는 고전소설에 못 미쳤다. 가장 많이 발간된『추월색』이 1912~1923년 사이에 18판 간행되었고,『강상촌』과『구의산』9회,『월하가인』이 8회 간행되었다. 1930년대 '신문학' 서적의 경우 보통 관례적으로 소설의 1쇄는 1,000부를 찍었다고 한다.[35]

그러나 구활자본의 대량생산과 이에 따른 독자의 확대에 대

33)「옥편과 춘향전 제일」,『삼천리』, 1935.6.
34)「좌담-문예 '대진흥시대' 전망」,『삼천리』11권 4호, 1939, p.193.
35) 천정환, 앞의 책, p.72.

해 부정적인 견해도 있다. 1907년 일제가 시행한 〈신문지법〉과 1909년 〈출판법〉을 통한 검열로 1890년대 이래의 출판운동 차원에서의 '애국계몽' 적인 교과서 · 소설 · 전기류가 출판되지 못하였고,[36] 이 때문에 고사 지경에 몰린 출판자본이 활로를 뚫기 위하여 값싼 구활자본을 다량으로 찍어내게 되었다는 것이다. 곧 1910년대 구활자본 신소설과 고전소설에 대한 사회적 수요는 자연발생적인 것이 아니라 일제의 통제에 떠밀려 만들어진 것이며, 구활자본 소설의 인기는 일제의 무단 정치에 의해 민족의 주체적인 정치 · 사회적 활동이 완전히 봉쇄되자 절망적인 사회심리에 빠진 대중이 구소설이 지닌 비현실의 세계를 탐닉하거나 상당수 신소설이 지니고 있던 통속적 현실 조작에 빠져듦으로써 나타난 현상이라는 것이다.[37]

물론 이는 매우 의미 있는 지적이다. 일제의 검열이 대중소설에 있어서 정치적, 계몽적 요소를 배제하게 한 실제적인 정치적 힘으로 작용했을 수도 있다. 그러나 이러한 연구 경향이 갖는 한계는 문학작품의 생산자적 측면이 아닌 소비자적 측면도 간과할 수 없다는 것이다. 또한 민족주의적인 관점에서 지배/저항의 대립항으로만 해석하는 것도 문제가 있다.

또 다른 부정적인 평가는 '싸구려' 소설, 곧 '6전소설' 이라는

36) 강명관, 「근대 계몽기 출판운동과 그 역사적 의의」, 『민족문학사연구』 14호, 1999, p.70. "1910년 이후 일제의 무단통치는 민족의 주체적 문화운동을 일시에 질식케 하였다. 출판 역시 대대적인 탄압이 가해져 민족의식을 고취시킬 수 있는 서적은 남김없이 출판 금지하거나 압수하였다. 출판계도 이러한 탄압으로 계몽서적의 발행보다는 상업성을 추구하는 쪽으로 방향을 전환하기 시작했다."

37) 한기형, 『한국 근대소설사의 시각』, 소명출판, 1999, p.232.

평가이다. 육전소설은 초창기 신문관에서 육당 최남선이 간행을 주도한 것으로 제본방식, 적은 작품분량으로 생산비를 절감하여 발행한 것이었고 이것은 당시의 일반적인 고전소설 가격의 5분의 1정도 되는 가격으로 독자들의 구입이 용이했다. 그러나 기록에서 육전짜리 소설은 신문관에서 발행한 초기의 10여책에서만 확인되고 있다. 이러한 점을 미루어본다면 육전소설이란 당시 일반적인 서적의 가격보다 훨씬 쌌던 소설에 대해 관용적으로 부르던 용어라고 할 수 있을 것이다.[38] 실제로 구활자본 소설의 책값은 분량에 따라 10~65전 사이이며, 그중 20~40전이 대부분이었다고 한다.

또한 심히 '통속화' 하여 저급하고 퇴행적인 오락물에 지나지 않았다는 평가에 대해서도 "구활자본으로 출간된 소설의 레퍼토리는 급조한 '타락한 신소설' 류에 한정되지 않았으며, 심각하고 전아한 내용의 고전소설과 신소설의 '문제작' 들도 포함되어 있었다. 1910년대의 '대중' 이 한 덩어리로서 타락한 '신소설' 과 복고적인 구소설에 빠져들었다고 보는 것은, 당대의 소설 독자들 사이에서도 엄연히 취향과 교양의 분화가 존재하였다는 사실을 보지 못한 결과이다."[39]라는 진술에 귀 기울일 만하겠다.

또한, 어느 시대에나 하나의 사회적, 문화적 틀이 구축될 때에는 지배권력의 권력유지욕망이 '교양' 이나 '규범' 이라는 명목하에 합리화되고, 그에 부합되지 않거나 위협이 될 만한 요소들은 배제되거나 왜곡되는 과정을 거쳐 왔다. 그리고 그에 따라 사고의 범주와 가치판단, 즉 고급과 저급의 경계구분이 주어지

---

38) 이주영, 『구활자본 고전소설 연구』, 월인, 1998, p.137.
39) 천정환, 앞의 책, p.74.

고, 차별화를 통해 자기정체성을 확보한다.

근대로 들어와 구활자본 소설의 대량생산과 이에 따른 독자의 확대에 대해 문화사나 소설사에서 부정적으로 평가하는 일반적인 견해는 '신문학'의 도래를 목적론적인 과정으로 전제하고 내린 일방적인 결론에 다름 아니다. 이로부터 구축된 '순수하고 수준 높은' 고급문학과 '통속적이고 퇴폐한' 저급문학의 구분은 현대에까지 이른다. 이분법적인 사고를 넘어선 다양성, 취향과 새로운 대중성 확보라는 측면에서의 접근이 요구되는 시점이기도 하다.

'울긋불긋한 표지에 4호 활자로 인쇄한 사륙배판 100매 내외의 소설'로 문화 변동과 사회적 소통양식 전반의 변화를 가져온 구활자본 고전소설과 신소설은 계층에 관계없이 근대 이행기 대중문화의 핵심이었다.

Ⅳ. 결 론

우리나라의 18세기는 각종 역사책에 '조선 후기의 상공업의 발달'이란 타이틀로 장식되고, 영조 · 정조의 탕평군주들에 의해 정치가 안정되고 '문예부흥'이 이루어진 시대로 서술되고 있다. 실제로 그 시대는 풍성한 문화예술의 생성공간이었다. 질식할 것 같은 유교사회의 지배 이데올로기와 엄격한 계급사회임에도 불구하고 역동성이 넘친다. 그러한 시대 분위기 속에 '비주류' 또는 '소외' 계층인 여성들과 중인 · 서리들 사이에서 '한글소설 읽기'의 붐이 일어난다. 폭발적인 인기와 성행에 힘입어 종전에 사사로이 빌려보고 개인적으로 사고파는 유통방식은 한계에 이르렀다. 자연스럽게 폭증하는 수요에 맞추어 새로 등장한 유통방식이 세책과 방각이다. 전문적으로 책을 베껴 돈을 받고 빌려주는 상업적 대여와 대량 생산이 가능한 상업적 출판으로 잠재수요는 유효수요로 바뀌었다.

일상의 지루함을 달래고 독서를 통해 지식을 넓히며, 유교사회의 속박에 억눌렸던 심사를 풀어내는 데 소설만큼 효과적인 것은 없었던 것이었다. 이제 한글소설은 시장경제가 활기를 띠는 가운데 문화상품으로 존재하게 되었다.

한글소설의 세책과 방각은 19세기 후반에 이르러 또 한번의 문화변동을 겪는다. 서양 인쇄기술의 도입과 납활자를 이용한 활판인쇄는 또 하나의 혁명이었다. 대량생산과 대량소비를 통한 대중독자의 출현은 그대로 개화세상이었다.

활판인쇄로 찍어낸 구활자본의 책읽기는 대중화와 근대화에 결정적인 계기를 제공하였다. 구술문화가 문자문화로 바뀐 것이다. 한자문화에서 한글문화로 전환된 것이다.

서적의 간행이야 19세기 이전에도 활발했다. 그러나 절대 다수의 서적은 한문으로 쓰인 것이었으며, 그것은 대부분 지배 이데올로기를 재생산하는 구실을 하고 있었다. 지식의 독점은 권력의 독점과 통하는 바, 조선 체제는 한문이라는 장벽을 구축하여 지식을 독점함으로써 권력을 독점하고 체제를 유지하였다. 19세기 말 조선을 방문한 캐나다 출신 선교사 게일은 "유생들에게 한자는 사상을 전달하기 위한 도구라기보다 숭배의 대상(the object of veneration)인 듯하다" 고 말했다.[40] 그러나 피지배계층에서부터 시작된 '한글소설 읽기' 는 사회텍스트 공동체

(the sociotextual community)를 이루어 토대를 구축했고, 그에 의해 중세의 지식생산 · 분배구조는 붕괴되었고 변화하였다. 그토록 강고했던 지식의 독점이 해체되었던 것이다. 이로써 진정한 의미에서 근대로의 길은 열리기 시작한 것이다. 어찌 보면 1894년 갑오개혁 이후 공문 및 행정문서에 한글을 쓸 수 있게 된 계기 마련도 '한글소설 읽기' 를 통한 저변확대에 있지 않을까 한다.

사회구조의 체계나 형태가 바로 제도라는 생각에서 문학 소통체계와 출판의 형태를 살펴보았다. 따라서 문학작품의 내재적 가치판단보다는 객관적 실재에 충실하고자 하였다. 어떤 문학문화 환경에서 어떤 책이, 어떤 방식으로, 얼마나 많이 읽혔는지에 관한 매우 기초적인 사실에 그쳤다.

---

40) Jas. S. Gale, "The Korean Gentlemen" In the Korean Repository, Vol. V, No. 1, 1898. 1, p.2.

〈참고문헌〉

강명관, 「근대 계몽기 출판운동과 그 역사적 의의」, 『민족문학사연구』, 14호, 1999.

강명관, 『조선시대 문학 예술의 생성공간』, 소명출판, 1999.

김교봉 · 설성경, 『근대 전화기소설 연구』, 국학자료원, 1991.

김대길, 『조선 후기 장시에 대한 연구』, 중앙대 박사논문, 1993.

______, 「조선 후기 지방 장시에 대한 기초연구」, 『관동사학』 4집, 1989.

안대희, 『윤춘년과 시화문화』, 소명출판, 2001.

양건열 편역, 『예술사회학의 이론과 전개』, 미진사, 1990.

오희문, 『쇄미록』권 4

이덕무, 『국역 청장관전서』, 민족문화 추진위원회, 1979.

이민희, 『16~19세기 서적 중개상과 소설 · 서적 유통관계 연구』, 역락, 2009.

______, 『조선의 베스트셀러-조선 후기 세책업의 발달과 소설의 유행』, 프로네시스, 2007.

이영훈 편, 『수량경제사로 다시 본 조선 후기』, 서울대학교 출판부, 2004.

이옥, 실시학사 고전문학연구회 역주, 『이옥전집』2, 소명출판, 2001.

이유영, 『독일문예학총론』, 삼영사, 1979.

이주영, 『구활자본 고전소설 연구』, 월인, 1998.

이헌창, 「충청도 지방의 장시망과 그 변동」, 『경제사학』 18호, 1994.

임성래, 『한국문화의 근대와 근대성』, 소명출판, 2006.
정명기, 『고소설연구』제 16집, 한국 고소설학회, 2003.
정병설, 「조선 후기 한글소설의 성장과 유통」, 『진단학보』 100호, 2005. 12.
정상기, 『농포문답』, 을유문화사, 1974.
정약용, 『여유당전서』 제1집.
조희웅, 『고전소설 이본 목록』, 집문당, 1999.
천정환, 『근대의 책 읽기』, 푸른 역사, 2003.
한기형, 『한국 근대소설사의 시각』, 소명출판, 1999.
Ian Watt, The Rise of the Novel (1957), 전철민 역, 『小說의 發生』, 열린 책들, 1988.
Marshall McLuhan, The Gutenberg Galaxy: The Making of Typographic Man, 임상원 역, 『구텐베르크의 은하계』, 커뮤니케이션북스, 2001.
Jas. S. Gale, "The Korean Gentlemen" In the Korean Repository, Vol. V. No. 1. 1898. 1.

근대 한국 문학정전의 문학제도적 접근*

-『현대조선문학전집』을 중심으로 -

유 용 태**

Ⅰ. 서 론

서구의 正典은 헤브루 성경의 출처와 신약성서들에 대한 기독교 교회 내의 논쟁에서 시작된다. 정전으로 인정받아 불린다는 것은 교회가 신성한 전적을 가진 것으로 인정한다는 것이다.[1] 이러한 정전은 그 사용자들에게 정전의 텍스트가 다른 것보다 더 보존할 가치가 있다고 생각하게 하였으며 정전 선별의 원칙을 암시해 주었다.[2] 동양이나 한국의 善本[3]이라는 용어도

---

* 이 논문은『어문논집』제46집(중앙어문학회, 2011.7)에 게재되었던 것을 재수록하는 것임을 밝혀둔다.

** 단국대 동양학연구원 연구원.

1) 제레미 M. 호손 저, 정정호 외 역,『현대 문학이론 용어사전 』, 동인, 2003, p.128.

2) 프랭크 렌트리키아 · 토마스 맥로프린 공편, 정정호 외 역,『문학연구를 위한 비평용어』, 한신문화사, 1994, p.303.

3) 善本이란 보통 당초 작자가 쓴 원고에 가까운 작품으로 여러 이본들 중에서도 가장 연대가 오랜 것을 뜻하기도 한다. 그러나 여러 이본들

이러한 개념들을 일부분 포함하고 있다.

근대 문학정전은 근대 국가의 성립과 더불어 새롭게 만들어진 것으로 근대 이전의 정전 내지 선본과는 그 궤를 달리한다. 그 이유는 첫째, 근대 이전의 문학교육이 특정 지배계급을 그 대상으로 했다면 근대 문학교육은 근대 학교라는 제도 하에 전 국민을 대상으로 하는 문학교육으로 바뀌었다. 즉 근대 정전과 근대 이전의 정전은 그 대상을 달리한다.

둘째, 근대에 새롭게 등장한 미적가치들은 문학의 장에서 첨예한 갈등을 일으킨다. 근대의 문학정전은 이러한 문학의 장에서 갈등을 이겨내고 선별기준을 통과한 텍스트를 일컫는다. 근대 이전의 정전이 완전한 텍스트로 고정불변의 영원성을 목표로 했다면 근대의 정전은 텍스트의 발생 시기에 상관없이 근대 문학의 기준을 만족시키는 미적 가치와 이데올로기를 지닌 텍스트이다. 즉, 근대 이전의 정전이 다시 근대 정전에 포함이 된다고 하더라도 근대 정전의 기준에 부합하는 텍스트로 거듭난 것이다. 근대 문학정전은 모든 국민을 아우를 수 있어야 하며 시대적인 상황, 문학제도의 변화, 주체의 변동 등 문학의 장에서 발생하는 투쟁에서 끝없이 살아남는 텍스트이다.

근대 문학정전은 근대 제도 하에 성립된 문학의 장과 공교육의 출현과 떨어질 수 없는 관계이다. 문학정전은 국민 공동체의 이상이 제도화된 것이고 이를 학교 제도와 같이 국가가 소유하고 있는 구체적인 물질적 차원을 통해서 전수하게 된다.[4] 따라서

가운데서도 완성도가 깊고 작가의 의도를 잘 반영한 것을 善本으로 보기도 한다. (황패강, 『한국 고전문학의 이론과 과제』, 단국대학교출판부, 1997, p.28.)

서 국가 이데올로기는 문학정전의 주요 부분을 차지하고 있으며 문학정전은 국가 이데올로기를 국민에게 주입하고자 한다. 근대 문학정전은 근대 국가의 공교육을 통해 제도화되고 확대·재생산된다.

근대 국가는 문학정전을 통해 교묘하게 국가 이데올로기를 전파한다. 공교육이라는 제도에 의해 이루어지는 문학교육은 피교육자인 국민의 문학적 가치판단의 기준으로 작용하기 때문이다. 근대의 문학교육을 받은 피교육자는 특정 이데올로기를 지닌 문학작품을 배제하거나 선택하는 경향이 있다.

이러한 측면에서 근대 한국 문학정전을 접근하기에는 무리가 있다. 한국은 근대의 시작과 거의 동시에 식민지라는 국가부재의 상태였기 때문에 근대 정전화 과정을 국가의 교육제도적 측면에서 접근하기 어려운 점이 있다. 이러한 이유로 인하여 현재의 정전연구는 해방 이후에 학교의 교과서를 주된 대상으로 삼고 있다.[5] 한국의 문학정전이 명확한 공교육의 형태를 지니고 이루어지며 이를 국가에서 공무원 임용이나 상급학교 진학시험

4) 정재찬, 「문학정전의 해체와 독서현상」, 『독서연구』 제2호, 한국독서학회, 2005, p.112.

5) 한수영, 「문학교과서와 소설 교육의 이데올로기」, 『한국근대문학연구』 제14호, 한국근대문학회, 2006.
윤여탁, 「교재구성을 위한 현대시 정전」, 『리얼리즘의 시 정신과 시 교육』, 소명출판, 2003.
박용찬, 「한국전쟁 전후 현대시의 국어교과서 정전화 과정 연구」, 『어문학』 제91집, 한국어문학회, 2006.
위의 논문 외에도 많은 논문들이 있으나 지면 관계로 생략한다. 정전의 문제는 교육제도와 떨어질 수 없는 관계이기 때문에 교육학적 입장에서 논의된 것들이 많다.

에 활용하기 시작한 것은 해방 이후에 가능하기 때문이다.

그러나 일제강점기는 근대 문학정전화 과정을 보여주는 중요한 시점이다. 정전은 문단이 성립되고 문학의 규칙이 확립되어 좋은 작품과 그렇지 않은 작품을 구별하는 순간[6]에 나타나기 때문이다. 따라서 근대 한국 문학정전은 당대의 교육제도적 측면과 더불어 문학제도적 측면을 함께 살펴보아야 한다.

일반적인 근대 국가에서는 공교육에 사용될 정전들이 선택되고 이를 받아들이는 국민들에 의한 저항 내지 타협을 거쳐는 것이 제도화되어 있었다. 그 반면에 근대 한국은 국가라는 주체가 없는 상태에서 공교육이 시작되었으며 조선어 독본과 일본어라는 이중언어의 교과서를 가진 특수한 상황이었기 때문에 공교육만으로 근대 문학정전을 설명하기에는 어려운 점이 있다. 또한 근대 한국 문학의 성립은 국가의 주도가 아닌 문학 내부의 투쟁을 통한 결과이기 때문이다.[7]

문학의 장에서 투쟁을 통해 이루어지는 문학정전의 모습은 부분적으로 문학전집이라는 형태로 나타나며[8] 문학 내부의 힘

---

6) 천정환, 『근대의 책읽기』, 푸른역사, 2003, p.428.

7) 이 시기의 문학정전은 교육제도에서 사용하는 정전과 문학제도에서 구축되는 정전으로 구분되었다고 할 수 있다. 교과서에 수록된 정전보다 자율적인 문학제도에서 수행한 정전의 교육적 측면이 오히려 민중에 의한 저항과 타협을 더 이끌어냈기 때문이다. 문학 내부의 투쟁은 문학가들이 가지고 있는 여러 예술관에서 오는 투쟁이며 이는 직접적으로 지면을 통해 이루어졌다. 이러한 투쟁을 통해 합의된 기준을 통과해야만 당대의 문학적 가치를 지닌 정전으로 그 기능을 수행할 수 있었다.

8) 시인선집은 당대의 모든 작가와 작품 중에서 가장 '훌륭한' 텍스트들을 수록하는 것을 목표로 삼았다는 점에서 정전의 기능을 하였으며 민족적인 교육과 아카데미즘, 국가 이데올로기가 결여된 한국의 상황에

과 출판자본에 의해서 만들어지는 특수한 형태를 보여준다. 근대 한국의 문학정전은 다분히 문학 내부에서 도출된 결과물이기 때문에 정전 선별의 기준이 명확하게 드러나지 않는 문제점을 지니고 있다. 따라서 정전화 과정에서 이데올로기나 미적가치 등 정전선택의 기준을 파악하기 위해서는 개별 정전작품들에 대한 분석과 더불어 주변적인 상황도 참고해서 역으로 추정해야 가능하다. 따라서 당대에 문학정전의 역할을 일부분 담당하던 문학전집에 대한 연구는 근대 한국의 문학정전 연구에 대한 기초 작업이 될 것이다.

일제강점기 발간되었던 문학전집은 『조선문학명작선집』, 『신흥문학전집』, 『조선문학전집』, 『현대걸작장편소설전집』, 『현대장편소설전집』, 『현대조선문학전집』, 『현대대중문학전집』 등등이 있다.[9] 이들 가운데 『현대조선문학전집』을 대상으로 『현대조선문학전집』을 구성하고 있는 텍스트 미적가치와 이데올로기뿐만 아니라 『현대조선문학전집』의 선별기준을 살펴볼 것이다. 『현대조선문학전집』[10]을 중심으로 살펴보는 이유는 대표적 출

서, 문단의 권위를 바탕으로 매체 자본 혹은 출판 자본에 의해 발간되었기 때문에 식민지 시대의 가장 권위 있는 정전으로 존재하였다. (심선옥, 「1920-30년대 근대시의 정전화 과정」, 『한국 근대문학 재생산 제도의 구조』, 깊은샘, 2007, pp.80~81.)

공동체 구성원들이 기대하는 문학적 성취와 기능에 대한 최소한의 합의를 담고 있다는 점에서 전집은 정전으로서의 기능을 갖지 않을 수 없다. (강진호, 「한국 문학전집의 흐름과 특성」, 『돈암어문학』, 제16집, 2003, pp.356~357.)

9) 이외에 시전집, 개인전집, 여류작가전집, 아동문학전집, 대중문학전집 등의 문학전집이 있으나 특정영역에 한정된 전집류이기 때문에 적합하지 않다. 특히 시선집이나 시전집은 심선옥의 논문에서 다루어졌기 때문에 제외하였다.

판자본인 조선일보사에서 1938년에 간행되었고[11], 대표적인 문학 장르를 포함하고 있기 때문이다. 또한 문학전집에 따른 당대의 반응을 살필 수 있고 해방 이후의 정전과 전집류 편찬에 연관성이 깊기 때문이다.

Ⅱ. 『현대조선문학전집』의 구성과 편집기준[12]

1. 현대조선문학전집의 구성

현대조선문학전집은 1938년 조선일보사에서 출판된 것으로 전7권으로 되어있다. 30년대 후반에 출판된 문학전집으로 그 상태가 양호하며 문학계에서 왕성하게 활동하였던 작가들의 작품을 포함하고 있다. 그 구성을 보면 다음과 같다.

1권 : 李光洙-할 멈, 故 羅彬-물레방아, 朴花城-旱鬼, 李泰俊-福德房, 朴泰遠-距離, 張德祚-蒼白한안개, 嚴興燮-乳母, 李箕永-元致西, 李孝石-모밀꽃필무렵, 李石薰-嫉妬
短篇集(上)

10) 『현대조선문학전집』을 편의상 전집으로 약칭한다.
11) 1930년대 후반이 되면 정전구성 작업과 관련한 합의수준이 더욱 높아지고, 구체적 실행이 이루어지기 시작한다. (천정환, 앞의 책, p.437)
12) 전집의 기준들은 텍스트의 내적 선별기준과 외적 편집기준으로 나눌 수 있다. 편집기준은 전집을 각 권에 따른 페이지 수, 저작권, 텍스트의 분량 등의 기준이라면 선별기준은 텍스트에서 포함하고 있는 미적 가치나 이데올로기의 기준을 의미한다.

2권 : 朱耀燮-비소리(外三篇), 李光洙-비둘기(外八篇), 梁柱東-山넘고물건너(外五篇), 金東煥-五月의香氣(外十篇), 李殷相-五六島(外三篇), 韓龍雲-藝術家(外四篇), 鄭芝溶-不死島(外三篇), 金億-눈을때마다(外十篇), 朴八陽-失題(外三篇), 林和-하늘(外一篇), 李秉岐-봄(外十三篇), 故 金廷湜-임의노래(外四篇), 朴鍾和-密室로돌아가다(外二篇), 金午男-이렁성삽시다(外五篇), 白石-여우난곬族(外五篇), 毛允淑-장미(外一篇), 金珖燮-밤(外五篇), 金起林-追放된쥬피타(外二篇), 盧天命-사슴(外五篇), 金尙鎔-南으로窓을내겠소(外五篇), 朴龍喆-떠나가는배(外五篇), 辛夕汀-나의꿈(外五篇), 李一-봄(外六篇), 金東鳴-생각(外七篇), 金永郎-동배잎(外六篇), 朱壽元-어머니(外四篇), 趙碧岩-夕宴(外六篇), 林學洙-瞬間(外五篇), 金炯元-不純한피, 李相和-離別, 卞榮魯-간안해에게, 吳相淳-아시아의마지막 밤風景, 故 李章熙-버레우는소리

詩歌集

3권 : 金東仁-狂炎쏘나타, 張赫宙-戀風, 田榮澤-하수분(外一篇), 韓雪野-林檎, 咸大勳-體操教師, 故 李箱-날개, 安懷南-香氣, 方仁根-結婚안인結婚, 白信愛-赤貧, 韓仁澤-漁火, 李善熙-賣笑婦

短篇集(中)

4권 : 李光洙-金剛山昆盧峰登涉記(外三篇), 安在鴻-春風千里(外一篇), 李殷相-石壁遊(外三篇), 金東仁-狂畵師, 金晋燮-窓(外二篇), 鄭寅燮-埃及의旅行, 李泰俊-落書, 梁柱東-爐邊雜記(外一篇), 故 羅彬-그뭄달(外一篇), 朴花城-山城의正午(外一篇), 盧子泳-半月城巡禮記(外二篇), 故 沈熏-봄은어느곳에(外三篇), 李源朝-懷鄕(外二篇), 李善熙-鄕土有情記(外一篇), 朴泰遠-病院(外四篇), 金慈惠-고달픈女人들(外二篇)

隨筆紀行集

5권 : 朴英熙-審美的活動의價値規定(外一篇), 梁柱東-藝術論, 崔載瑞-센치멘탈論(外一篇),李源朝-古典復興論(外一篇), 金文輯-批評藝術論(外一篇), 俞鎭午-文學과性格(外一篇), 鄭寅燮-希臘古瓶의 高調詩에 對하여, 金南天-유다的인것과文學(外一篇), 金煥泰-批判文學의確立을위하여, 李軒求-빅톨, 유고오의 詩精神素論, 白鐵-文學에있어의個性과普通性의問題, 金基鎭-舊殼에서의脫出

評論集

6권 : 廉想涉-불똥, 朱耀燮-사랑손님과어머니, 李無影-半心, 故 李益相-移鄕, 姜敬愛-麻藥, 玄鎭健-B舍監과라브레터, 故 崔鶴松-脫出記, 崔貞熙-山祭, 俞鎭午-滄浪亭記, 蔡萬植-쑥국새, 崔明翊-逆說, 全武吉-無限愛, 金末峯-苦行

短篇集(下)

7권 : 柳致眞-祭祀, 蔡萬植-祭饗날, 宋影-黃金山, 洪露雀-出家, 金井鎭-十五分間(外一篇), 李無影-한낮에꿈꾸는사람들

戲曲集

구성을 보면 단편집이 3권으로 절반에 가까운 비중을 차지하며 시가집, 수필기행집, 희곡집, 평론집이 각 1권씩 차지하고 있다. 전집의 구성에서 단편집이 3권이지만 각 3권이 상은 1권, 중은 3권, 하는 6권으로 분산되어 있으며 각권의 사이를 다른 장르로 구성하고 있다. 총 5개의 장르로 크게 구분되어 편집되어 있으며 편집에 있어 가장 중심을 이루는 장르는 단편소설이었음을 알 수 있다.

전집에 수록된 작가는 단편소설 35명이며, 시가집 33명, 평론집 12명, 희곡집 6명, 수필기행집 16명이다. 수록된 작품의 수는 단편소설 37편, 시가집 174편, 평론집 18편, 희곡집 7편, 수필기행집 18편이다. 수록된 작품들의 수는 350쪽 내외의 책의 분량에 맞추어서 편집된 것으로 보이며 발행일은 2권인 시가집이 3권인 단편집(中)보다 늦은 것을 제외하면 각권은 시간적 순서대로 출간되었다.

2. 『현대조선문학전집』의 편집 기준

전집은 체계적인 기획 하에 제작되어서 전권이 일시에 출간되기보다는 한권씩 배본이 되는대로 출간되었다.[13] 각권의 배본이 많게는 3달에서 적게는 1달씩 차이가 있으며 배본이 된 후에 조선일보에 전집의 신간평이 나오고 있다. 전집의 편집기준을 명료하게 제시하고 있는 자료는 찾을 수 없으나 책의 분량, 작품의 배열, 출간형태를 고려해서 이를 추정하면 다음과 같다.

우선 전집의 한권의 가격이 1원 20전으로 다른 책들이 1원 정도였던 점에 비춰보면 약간 비싼 편에 속한다. 책의 분량은

13) 체계적인 기획 하에 제작되는 문학전집은 기획단계에서 편집방향이 정해지고 작품의 배열도 정해진다. 보통 문학전집은 작품의 발표년도, 작가의 이름, 작가의 문학사적 위치, 비슷한 미적 가치를 가진 작품들 등을 고려하여 배열한다. 한권씩 배본되는 형태로 출간되더라도 전집류는 각 장르별 혹은 작가별의 일정한 순서를 따르는 경우가 대부분이다. 그러나 전집은 이러한 순서가 일정하지 않다.

350쪽 내외이다. 7권 모두 비슷한 분량을 지니고 있다는 점을 통해 편집기준의 하나는 분량이었음을 추정할 수 있다. 이러한 편집기준은 텍스트에 미적 가치와 이데올로기 등의 선별 기준보다 편집기준이 우선이었음을 보여준다.

수록한 작품의 배열이 일정한 순서를 지니지 않고 있는데 이는 체계적인 기획 아래 준비기간을 갖지 못하고 편집하고 출간되었음을 보여준다. 전집의 구성이 세밀하지 못한 것뿐만 아니라 각 권의 텍스트 배열순서도 일정한 기준이 없다.[14]

출간된 후에 『조선일보』에 실린 「신간평」[15]을 보면 비평이라고 하기 보다는 다분히 홍보성의 예찬[16]에 가깝다. 즉, 전집을 홍보하기 위한 상업적인 기사로 보인다. 조선일보출판사가 출간한 책이기 때문에 조선일보에서 계획적으로 호의적인 기사를 실은 것으로 보인다. 전집의 외적인 편집기준에 영향을 끼친 것은 상업성을 강조하는 출판자본임을 충분히 짐작할 수 있다.

---

14) 각권의 텍스트 배열순서와 발표년도도 일정한 순서를 지니고 있지 못하다. 단편집의 각권은 텍스트의 순서 혹은 작가의 이름순으로 구성되어 있지 않다. 또한 단편집 1권의 물레방아는 1925년, 모밀꽃필무렵 1936년, 복덕방 1937년이며, 3권의 광염소나타 1930년, 날개 1936년, 하수분 1925년, 6권의 사랑손님과어머니 1935년, 탈출기 1925년에 발표된 작품이다. 이처럼 일정한 순서를 갖추지 못한 것은 편집자체가 각권의 출간에만 맞추어져 있기 때문으로 보인다.

15) 『조선일보』에 등장하는 전집관련 기사는 총 5번에 걸쳐 등장하고 특정 권이 출간된 후에 책의 제목을 포함시켜 출간된 달에 기사화된다.

16) 그리하야 이곳에 우리가 隨筆이나 紀行文을 조금도 倦怠를 느끼지 안코 가벼운 마음으로 읽을수가 잇스며 또그리하면서도 그동안에 筆者의 알몸둥이 마음과 直接부디칠수잇고 短時間에 온갖 精神的體驗을 할수잇는 理由가잇다. 나는 나에게 그러케도 만흔 感興과 기쁨을 준 이 『隨筆紀行集』이 누구에게나 그만못지안흔 -생략 (金煥泰, 「朝鮮文學全集(第三回配本)『隨筆紀行集評』」, 『조선일보』, 1938. 6. 5.)

조선일보사는 전집을 팔기위한 계획적인 마케팅을 동원하였다. 조선일보에 광고와 더불어 기획적인 신간평의 기사가 실리고 있다. 신간평의 기사를 살펴보면 신간평을 하는 문인은 직접적이든 간접적이든 전집과 관련이 있었다. 기사를 작성한 사람은 문단에서 영향력을 행사하는 중진급 이상이며 전집에 그의 작품을 수록하고 있다.[17] 또한 신간평에 전집의 작품들을 거의 전부 열거하여 독자로 하여금 더 자세한 정보를 알 수 있게 하였다. 당시의 다른 신간평이 등장하기는 하지만 대부분 일회성에 불과하며 서평보다는 신간소식으로 간단히 알리는 것에 불과했다.

이러한 편집기준의 통과와 더불어 텍스트 선별의 기준을 통과한 텍스트만이 전집의 실릴 수 있었다. 전집의 텍스트들을 살펴보면 현재 문학정전[18]에 포함되는 작품들이 꽤 많이 수록되어 있음을 알 수 있다. 단편집의 경우만 하더라도 현재 교육과정에 포함되어있는 작품들이 많다.[19] 전집의 텍스트 선별이 일정한 기준을 통하여 이루어졌음을 의미한다. 이러한 기준을 통하여 당대적 가치와 열망을 지닌, 문학적 성과와 가치가 검증[20]된 작품들을 선별할 수 있었다. 특히 1938년의 상황을 고

17) 전집에 참여한 작가들 중에 문단에 영향력을 지니고 있던 최재서, 김문집, 박영희 등이 신간평에 참여하고 있다.

18) 현재의 문학정전은 고등교육에서 사용되는 교과서를 일컫는다. 특히 고등학교 문학교과서의 수록 텍스트 목록을 지칭한다.

19) 현재 정전목록의 폭을 좁게 잡아도 단편집(상)에는 물레방아, 모밀꽃 필무렵, 봄봄, 단편집(중)에는 광염쏘나타, 하수분, 날개, 단편집(하)에는 사랑손님과어머니, B사감과라브레터, 탈출기가 포함되어 있다.

20) 강진호, 앞의 책, p.361.

려할 때[21) 『현대조선문학전집』을 비롯한 문학전집류는 해방 이후의 정전의 선택기준에서 중요한 하나의 기준으로 작용했을 가능성이 있다.[22)

Ⅲ. 『현대조선문학전집』의 선별기준과 정전제도화

1. 평론집의 문학관과 선별기준

1) 평론집의 문학관

『현대조선문학전집』은 그 편집에 참여한 인원이나 편집방향을 명확하게 파악할 수 있는 구체적인 사항이 별로 없다. 당시의 전집의 출판에 대한 기획서 혹은 참가인원 및 기획책임자를 알 수 없는 형편이다. 다만, 전집에 서북 출신의 작가들이 많이

21) 1938년 4월 1일 국가총동원법 공포되고 개정조선교육령이 실행됨에 따라 학교에서 조선어독본의 사용이 금지되고 일본어만을 사용해야 했다. 게다가 일제의 전시동원체제의 구축에 따라 한국어 독물이 줄어들고 있었다. 이는 공교육을 통한 정전이 정지되고 문학전집이 정전역할을 수행했음을 의미한다.

22) 이들 작품이 오늘날과 같은 평가를 받게 된 것은 바로 이 전집을 통해서가 아닌가 생각한다. (강진호, 위의 책, p.361.)
오늘날과 같은 평가를 받게 된 것이 이러한 전집류를 통해서 가능하다는 것은 동의할 수 있는 요소가 있다. 전집류를 통해서 지속적으로 작품의 평가에 대한 합의가 도출하였고 이러한 평가가 해방 이후까지 이어왔기 때문이다. 그러나 현재의 평가는 국가수립 이후 새롭게 전개된 정전화 과정을 통해서 이루어졌으며 이는 피교육자인 국민들에 의한 저항과 합의를 통과했기 때문이다. 작품이 지니고 있는 가치가 국가수립 이후 수행되었던 정전의 가치와 부합되었기 때문에 오늘날과 같은 평가를 받을 수 있었다.

포함되어 있고 당시의 조선일보에 대표적인 서북 출신들이 많이 참여하고 있었다는 것을 미루어 편집진에 서북 출신의 인물들이 좀 더 참여했을 것으로 추정할 수 있는 정도이다.[23)]

전집의 평론집은 문학적 가치들을 표면적으로 제시하고 있다. 이러한 문학적 가치들을 파악하기 위해서는 개별적인 평론들에 대한 접근이 필요하다. 이에 평론집의 개별적인 논문에 대하여 우선 살펴보고자 한다.[24)]

평론집을 살펴보면 문학에 대한 관점이 대략 3개 정도 추출될 수 있다. 첫째, 프로 문학에 대한 비판적인 시각이다.

> 社會主義的 리아리즘이 리아리즘으로서 一定한 限界를 가지고 있다는 點과 現實情勢는 그 熱狂時代를 지나서 적어도 批判的 精神을 가지고 본다는 事實을 無視하고 百事 萬物에 社會主義的 리아리즘을 들추어내는 態度는 센티멘타리스트의 그것이라고 밖에 볼수 없다. 더욱이 歷史的 必然性을 把握하여 가지고 現在를 批評하고 未來를 展望한다는 本來의 使命을 떠나 單純한 憎惡感으로부터 或은 社會的 제스츄어로써 그것을 利用하려고 할 때 識者의

23) 당시의 조선일보 사장이었던 방응모가 서북출신이었으며 문단에서 활동하던 많은 서북출신 문인들을 조선일보로 영입했다. 전집의 단편집에 포함된 작가 중 서북출신은 구체적으로 이광수, 이석훈, 김동인, 전영택, 함대훈, 주요섭, 강경애, 최명익, 전무길-단편집 게재순 - 등이다. 이는 단편소설작가 35명 중에 9명으로 서북출신 문인의 비중이 높은 편이라고 할 수 있다.

24) 현대조선문학전집이 전 7권이고 각 장르에 따른 작품들이 254편이 수록되어 있다. 따라서 모든 작품들에 대한 문학적 가치판단이 있어야 하나 시간 · 지면상의 제약으로 인해 가치판단을 비교적 명확하게 드러내는 평론집, 단편집과 시가집을 중심으로 논의를 전개하고자 한다.

눈엔 그것이 센센티멘탈에게 보인다. (최재서, 「쎈티멘탈론」, 『현대조선문학전집』 제5권, 조선일보사출판부, 1938, p.83)

최재서는 사회주의적 리얼리즘은 일정한 한계를 지닌 것으로 비판적 정신이 결여되었다고 언급하고 있다. 사회주의 리얼리즘이 본래의 사명을 떠나서 단순한 증악감으로 혹은 사회적 제스츄어로 이용하는 감상주의로 독자에게 비친다고 평하고 있다. 이러한 최재서의 논문이 전집에 수용이 가능했던 이유는 1935년 이후에 문단적 상황과 연관이 깊다. 즉, 악화된 현실에서 당대 문단의 심리주의적 경향이 강화되었기 때문에 문학의 사회성, 정치성보다 문학자체를 중심에 두었기 때문이다.

우리가 過去의 朝鮮 프로文學 批評을 돌아볼 때에, 우리는 그곳에 政治理論이나 社會批評은(그것도 그때 그때의 外部의 政治理論의 極히 粗雜한 反映인) 얼마든지 찾을수가 있으나, 眞正한 文學理論이나 批評을 찾아볼수가 없으며 따라서 프로文學 批評의 우리 批評文學에 對한 害毒은 얼마든지 찾을수가 있어도 別달은 貢獻은 찾어보기 힘드는것이다.(金煥泰, 「批評文學의 確立을 위하여」, 『현대조선문학전집』 제5권, 조선일보사출판부, 1938, p.287.)

위의 평론은 김두용의 평론에 반박의 글로 『조선중앙일보』에 실렸던 글이다. 김환태는 문학비평에 있어 프로문학 비평의 기준비평을 거부하고 있으며 본인이 자처하듯이 예술파적인 비평가로서 평가받고 있다.[25] 프로문학과 대칭되는 문학관을 지닌

25) 백철, 『新文學思潮史』, 신구문화사, 2003, p.447.

비평가에게 있어 프로문학은 문단에 해독만 있고 공헌이 없는 것일 뿐이기 때문에 이에 대한 비판이 강도 높게 진행되었던 것이다.

그는 글을 통해 프로문학이 문학비평의 대상이 문학이라는 상식을 망각하고 있었으며 문학의 입장에서 사회나 정치를 논한 것이 아니라 사회비평이나 정치론이 된 것을 비판하고 있다.

> 文學批評家가 社會와 政治를 論하는것을 나는 조금도 非難하지 않는다. 그러나 그가 社會批評과 政治論을 하는것이 아니요, 文學論을 하고 있다면, 그는 무엇보다도 먼저 社會나 政治를 文學과의 關係下에서 論하지 않으면 안된다. -중략- 그러므로 政治나 社會나 思想이나 宗敎는 그것이 文學속에 나타날 때는 그 本來의 목적이나 使命을 버리고 文學 그것에 奉仕하지 않으면 안된 다시 말하면 宣傳이나 敎化의 役割을 버리고, 사람을 感動시키고 기쁘게 하지 않으면 안된다.(金煥泰, 「批評文學의 確立을 위하여」, 『현대조선문학전집』 제5권, 조선일보사출판부, 1938, pp.288~289.)

그의 문학관은 외부적인 요인보다도 문학자체에 대하여 비평하는 예술지상주의의 가치관을 지니고 있었다.

> 이 곳에서 文學批評의 本質과 文藝批評家의 任務가 規定된다.
>
> 먼저 文藝批評家는 한 作品이 얼마마한 宣傳과 啓蒙의 힘을 가지고 있는가를 指示하는 사람이어서는 안된다. -중략- 그 作品에 나타난 思想과 現實이 얼마만한 程度에 있어서 作家의 想像力과 感情속에 溶解되었어는 그것을 어떤 方向으로 引導하려던 그 作者의 意圖가 얼마만한 程度에 있어서 實現되었는가, 그리고 그 結

果 그 作品이 얼마만한 程度로 우리를 感動시키고 기쁘게 하였는가를 말하지 않으면 안되다. 文藝批評이 政治論 과 社會批評과 다른 點이 實로 이 곳에 있다. 金煥泰, 「批評文學의 確立을 위하여」, 『현대조선문학전집』 제5권, 조선일보사출판부, 1938, pp.289~291.)

백철의 글은 1936년에 『조선일보』에 게재되었던 글이다. 1930년대 후반에 백철은 과거 카프의 활동에서 벗어난 상태였다. 백철은 평론에서 작가는 문학작품의 보편성을 획득하여 영원성을 지니려고 하는 특성과 유한적인 존재로서 개성적인 특성을 지니려고 하는 모순된 존재, 고민하는 존재로 논하고 있다. 따라서 백철의 글도 프로문학에 대하여 우호적이기보다는 비판적이다.

프로文學은 처음부터 方法의 缺陷을 가진것이었다. 프로레타리아的 또는 社會主義的인 리아리즘의 名目으로 一貫된 그 文學이 近代自然主義 文學以來의 平面的 리아리즘을 排斥하면서 結局 그것 以上의 平面과 固定的인것에 떨어진것은 그때문이다. -중략- 創作前에 먼저 그 산 現實을 觀念과 規範과 方針에 依하여 槪念化하고 固定化시킨 觀念的方法의 缺陷에 있었든 것이다. (백철, 「文學에 있어의 個性과 普遍性의 問題」, 『현대조선문학전집』 제5권, 조선일보사출판부, 1938, p.325.)

다른 평론들은 여류작가들에 대한 언급이나 빅톨 유고오의 시정신에 대한 평론, 역사적 방법으로서 古典復興論 등 당시의 문단에서 담론을 형성하던 평론들이 실려 있다. 이 중에 프로문학의 성격을 지니는 평론은 볼 수 없다. 이는 의도적으로 프로의 문학관이 배제되었음을 의미한다.

둘째, 문학적 평가는 미학적 측면을 통해 이루어져야 한다고 명시한 것이다.

> 評論家는 意識과 理念이 作品가운데 充分이 含有되어 있음을 認識하고 그 意識이 어떠한 階級의 産物, 어느 時代의 反映이라는 것을 알어내는것만으로는 充分ㅎ지 못하다. 그것은 「뿌레하노푸」의 所論과 같이 形式을 評論하는것을 잊어버려서는 아니된다. 卽 이 形式의 硏究는 美的 硏究領域에 屬한다. -중략- 卽 이 形式의 硏究는 美的 硏究領域에 屬한다. -중략- 作品이 製作된 때와는 相異한 社會的 條件에서 우리들에게 作用하는 藝術品의 美的 印象이다.
>
> 理念과 形象, 意識과 時代와 價値에 關한 藝術的 硏究는 複雜한것이니 眞實한 批判家는 그 藝術的 內容의 社會學的 考察과 그 形式의 美學的 硏究를 始作하지 않으면 아니된다.(박영희, 「審美的 活動의 價値規定」, 『현대조선문학전집』 제5권, 조선일보사출판부, 1938, pp.5~10.)

박영희는 1934년 1월에 『동아일보』에 「최근 문예이론의 신전개와 그 경향」이라는 전향선언문을 발표하면서 카프를 탈퇴하였다. 그해 4월에 동아일보에 발표된 위의 논문은 박영희가 프로문학에서 벗어나 문학의 심미적 가치를 탐색하는 작업의 일환이었다. 박영희는 평론에서 인간은 심미적 요구를 만족시키는 것은 미를 통하여 표현되는 내용이라고 하였다. 그는 예술이 역사가 아니며 과학이 아닌 까닭으로 예술품의 가치는 어느 사회, 어느 계급을 반영하는 것인가를 보기보다는 인간 본능의 심미적 욕구를 만족시키는 것에 두어야 한다고 하였다.

「톨스토이」의 宗敎意識을 批判하면서도 그 技藝의 雄大함을 오이려 稱讚하며 「뿌란데스」는 「빠르작크」의 思想的 無知를 論駁하면서도 그 藝術의 天才的 才能을 숨기지 못할것이라고 할것도 生物學的 意味에서 우리에게 快樂을 주는 까닭이다. 希臘神話가 지금까지 그 藝術的 價値받으니 說明하기에 困難하다는 「마륵스」의 말도 亦是 希臘神話가 지금도 快樂을 주는까닭이다. 이 理由를 社會學的으로만 說明하기는 困難하다. 그러므로 亦是 生物學的으로 그 不充分한 說明을 補充하려는것이다. 그것은 藝術이란것은 歷史가 아니며 科學이 아닌까닭이다. 藝術의 出生地는 精力의 消費에서卽情緖的 活動에서 생기는것이며 또한 歸着點도 이 情緖的世界니, -중략- 이 藝術品이 얼마나한 快樂이 있는지를 測定할 때에는 生物學的 構造와 사람의 本能에 對應하는 것이 妥當하다.(박영희, 「審美的 活動의 價値規定」, 『현대조선문학전집』 제5권, 조선일보사출판부, 1938, p.28.)

그의 다른 평론에서는 예술연구의 일정한 표준이 필요하다고 하며 예술작품이 구성된 내적 관계와 외적 관계, 즉 주관적 요인과 객관적 관계를 명확히 착안하는 것이 필요하다고 언급하고 있다. 그는 내용과 형식, 집단성과 개성의 조화를 통해 예술연구가 이루어져야 한다고 하였다.

藝術의 集團性만을 强調하다 現代의 個性의 發展된것을 無視하게 되는 傾向이지만 그렇다고해서 藝術의 意識性을 力說 하다가 藝術家의 藝術的 創造力을 萎縮시키며 그 內容問題에 偏重하다가 藝術의 形象問題를 忘却하는 일이 있다. 藝術의 內容과 形式 意識

과 形象等의 調和를 喪失하여서는 아니된다.(박영희, 「藝術文化集積에 關한 硏究方法」, 『현대조선문학전집』 제5권, 조선일보사출판부, 1938, p.43.)

김문집의 「批評藝術論」은 1937년 『동아일보』에 발표한 평론으로 가치의 재창조를 이루어내는 비평의 창조적 측면을 역설하였다. 그는 평론에서 예술은 미적 가치를 구성하는 것이며 이에 대하여 비평은 제이의 새로운 가치체를 창조하는 것이라고 하였다.

一般的인 意味의 創造의 對象은 實用價値에 있지마는 그 가운데서도 藝術的 創造의 意義는 美的 價値의 構成에 있음은 勿論이다. 이에 對해서 批評은 創造된 그 價値를 判斷함이 普遍的인 職能이지마는 그 中에도 藝術批評의 性格은 그 美的 價値 卽 作者自身에게 이미 判斷받아 造成된 그 美的 價値를 再判斷함으로써 第二의 새로운 價値體를 創造한다는데 있다.(김문집, 「批評藝術論」, 『현대조선문학전집』 제5권, 조선일보사출판부, 1938, p. 131.)

셋째, 관념론적 문학을 비판하고 현실적 문학을 옹호하고 있다. 이 시기는 현실과 문학과의 관계, 그 현실성에 대한 견해의 차이가 있었다. 양주동에게 있어 현실적 문학은 실생활의 발로로 나타나는 문학, 실용가치가 있는 문학을 의미하며 사회주의 리얼리즘을 의미하는 것은 아니었다.

以上의 所論으로써 얻은바 나의 藝術論上 基本的 歸結은 다음과 같읍니다.

A. 一切의 藝術은 生活의 律動的 表現이다. 生存上 意義가 없는 藝術은 곧 非藝術이다.

B. 藝術은 社會的, 實際的, 具體的 목적을 가졌다. 遊戱로서의 藝術은 언제나 反動的, 保守的 藝術이다.

C. 藝術의 道德性 乃至 社會性은 調和와 矛盾에서 그 對蹠的 相對的인 根本契機를 發見한다. 進步的 藝術은 언제나 矛盾의 藝術이다.(양주동, 「藝術論-나의 基本的 見解 二三-」, 『현대조선문학전집』 제5권, 조선일보사출판부, 1938, p.60.)

평론에서 표방하고 있는 문학관은 문학이 예술로서 지니고 있는 미적 가치에 보다 비중을 두고 있다. 또한 문학과 현실의 관계에 있어서도 사회주의 리얼리즘의 현실보다 실생활의 현실, 실용가치가 있는 현실을 강조하고 있다. 이는 전집에 실린 평론들이 사상성이나 관념성을 배제한 문학관을 지니고 있으며 미적 가치로 문학을, 예술을 평가하려는 입장이었음을 의미한다.

평론에 실린 다른 평론들을 보더라도 여성작가의 지위변경에 따른 당부[26], 고전부흥론을 통해 복고주의를 벗어나 역사적 방법론을 통한 고전의 해설을 역설하고 있으며[27], 문학의 포즈라는 것은 몸가짐을 이른 것으로 작가 자신도 완성된 계단에 있어야 함을 언급하고 있다[28]. 또한 소시민의 작가는 모든 것을 고발하려는 문학정신을 지녀야 한다고 언급한 평론[29]이 있으며

26) 金基鎭, 「舊殼에서의 脫出」, 『현대조선문학전집』 제5권, 조선일보사출판부, 1938.

27) 李源朝, 「古典復興論」, 『현대조선문학전집』 제5권, 조선일보사출판부, 1938.

28) 李源朝, 「現段階의 文學과 우리의 『포-즈』에 對한 省察」, 『현대조선문학전집』 제5권, 조선일보사출판부, 1938.

빅톨, 유고오의 시정신에 대한 평론[30]이 있다.

평론집은 당대에 있었던 문단의 비평경향을 단적으로 보여준다고 할 수 있다.

2) 평론집의 선별기준

평론집의 논문들이 대부분 출간 당시의 글들이었고, 일정한 경향을 지닌 논문끼리 구분해서 편집하지 않았다는 점에 비춰 볼 때, 어떠한 구체적인 기준을 가지고 논문을 선택한 것이 아니라 출간 당시의 문학적 환경을 반영하여 논문을 선택하였다고 보는 것이 타당하다. 따라서 당시의 문화적 환경을 살피고 이에 따른 선별기준을 유추해야 한다.

이 시기는 일제의 강화된 군국주의화로 민족주의 사상, 계급혁명의 정치주의가 일체 거세된 시기이며 프로 문학과 같은 외부적인 정치입장의 문학에 대한 반동에서 더 문학 자체의 입장으로 돌아온 시기였다.[31] 이러한 점은 임화의 글에서도 확인된다.

> 今日의 朝鮮文學의 論議로서 아직 各論者의 붓대에 올맛든 體溫이 채 식지않은 生氣에 찬 現代的文章이란 점이 큰 特色이다. -중략- 傾向文學의 退潮以後 하나의 歷史的反省期에 드러와서잇다할時代의論策들의다 朴英熙氏의 「審美主義적活動의價値規定」도 氏의 傾向文學批判의 標語의하나인「어든것은 이데올로기요 일흔

29) 金南天, 「유다的인것과文學」, 『현대조선문학전집』 제5권, 조선일보사출판부, 1938.
30) 李軒求, 「빅톨, 유고오의 詩精神素論古典復興論」, 『현대조선문학전집』 제5권, 조선일보사출판부, 1938.
31) 백철, 앞의 책, pp.472~473.

> 것은예술」란 思想을 形成한 主論文이요. -중략- 그것은 勿論 過去傾向文學時代에 너무 一般과, 全體에 同調했든 文學을 個性의 立場에서 反省햇다는 分明히 評價될 業績 -중략- 이 冊은 現在 우리가 가지고 잇는 또는가질수잇는바 가장조흔 朝鮮論壇의精密地圖다.[32)]

이러한 상황은 전집의 출판에도 상당한 영향을 미쳤다. 이를 단적으로 보여주는 것이 『조선출판경찰월보』에 실린 불허가출판물목록에 『현대문학전집』이 포함되었다는 것이다. 이 『조선출판경찰월보』는 사상과 표현의 자유를 통제한 기록으로 일반인이 볼 수 없도록 '비밀자료' 로 분류해 두었다. 『조선출판경찰개요』에는 이 시기 행해졌던 검열에 대한 표준이 나와 있는데 이를 살펴보면 크게 세 부류로 나누어 (1) 안녕질서(치안방해)의 사항 28개 항목, (2) 풍속괴란 신문지 출판물 검열표준 11개 항목, (3) 특수검열표준으로 6개 항목으로 총 45개 항의 검열기준을 제시하고 있다.[33)]

이 검열 항목에서 (1) 안녕질서의 항목 중 공산주의 사상을 지원하는 선전하는 기사, 대중폭동 또는 각종 쟁의, 동맹파업 등을 선동하는 기사는 검열 대상에 해당하였다. 특히 (3) 특수검열표준은 단행본에 대한 검열기준이 더 세밀하였음[34)]을 보여

32) 임화, 「現代朝鮮文學全集『評論集』을讀함」, 『조선일보』, 1938. 7. 16.
33) 정진석, 『극비조선총독부의 언론검열과 탄압』, 커뮤니케이션북스, 2008, pp.172~181.
34) 『현대조선문학전집』 평론집에 대하여 소화 13년 5월 30일에 검열된 사항으로, 「朝鮮文學은 어디로」와 「生活과 藝術과 享樂性」의 평론에 검열되었으며 검열된 이유는 朝鮮文과 朝鮮語의 생명을 보호하기 위한 노력을 기울어야 한다는 것을 역설(전자), 여흥적 향락적 문학을

주는데 『현대조선문학전집』은 검열대상이 되는 기준에 해당하여 검열에서 자유로울 수 없었다.

실제로 평론집에 대하여 『조선출판경찰월보』에서는 출판물 금지 요항에 포함시켰는데 검열의 사유는 安寧禁止(출판법에 의한 것)[35]이었지만 내용상 사회주의 문학론과 민족의식 고취가 주 이유였을 것이다.

따라서 평론집은 경무국 도서과의 검열을 피할 수 있는 평론이 일차적 선별되었고 이에 따라 사상성이 배제된 평론이 주를 이루게 된 것이다. 이에 따라 당시의 문단의 담론을 형성하던 평론들이 선별되었다. 즉 이를 도식화시키면 1차적으로 검열을 피할 수 있는 평론일 것, 2차적으로 당시의 문단의 담론을 주도하던 평론들일 것으로 요약할 수 있다. 평론집에 실린 평론들이 대부분 30년대 이후에 발표된 논문임을 보면 근대문학의 시작과 더불어 형성된 다양한 평론들이 모두 검토대상이 되었다고 볼 수 없고 따라서 전집에 한정된 선별 기준임을 알 수 있다.

따라서 평론집 선별기준은 사상성이 배제된 당대 담론의 평론이다. 이에 따라 평론집에서 박영희와 김기진이 포함되어 있다고 해도 프로문학 평론을 볼 수 없는 것이다.

사회적 환경이 이데올로기성이 강조하는 경우, 문학정전은 사회에서 요구하는 이데올로기에 편향된 사상성을 드러낸다.[36]

거부하고 새로운 사회주의 리얼리즘적 창작법을 따라야 한다고 주장(후자)했기 때문이다.(『조선출판경찰월보』 제117호, 1938. 6.)

35) 정진석, 앞의 책, p.180.

1. 출판물의 목적, 2. 독자의 범위, 3. 출판물의 발행부수 및 사회적 세력, 4. 발행당시의 사회사정, 5. 반포구역, 6. 불온한 내용이 몇 개가 담겼는지[個所], 그 분량

문학정전은 특히 국민의 정체성을 확립하는 역할도 수행하기 때문에 국가 이데올로기를 반영하려는 성향을 가지고 있다. 이는 국가가 제도를 동원하여 다양한 사회계층의 자발적 동의를 얻고자 하기 때문이다. 당시에 국가적 역할을 대신하던 문단에서 프로문학의 몰락은 문학의 사상성보다 내재적 가치에 주목하도록 하였고 이와 동시에 출판의 사회적 환경은 프로문학이나 민족성을 고취하는 내용을 검열을 통해 출판할 수 없도록 하였다. 특히 평론의 경우에는 문학의 이데올로기성을 드러내는 글에 해당함으로 인하여 더욱 제약을 받았을 것이다.

당시 문단의 환경적 요인은 평론집의 선별기준과 밀접한 관계를 가지고 있다. 평론집에서 평론을 선별할 때, 사상성은 검열로 인해 불가능하였고 문학자체에 대한 판단을 우선시 한 평론들을 선별할 수밖에 없었다. 전집의 경우에는 평론을 하나의 장르로 분류하여 전집에 포함시켰기 때문에 다른 전집류가 작품 위주로 선별되는 것과 다른 양상을 지닌 전집만의 고유한 특성이다.

이러한 선별기준은 단편집의 선별기준에도 동일하게 적용할 수 있다.

---

36) 문학은 개인이나 집단을 주체화시켜 타자와 구별하게 만든다. 문학을 통해 개인이나 집단은 공통의 경험을 가지게 되고 유사한 가치를 추구하게 된다. 문학정전의 기준은 그 독자에게 동일한 가치판단의 기준을 제공한다. 이러한 이유로 해방 이후 국가 이데올로기가 첨예하게 대립되었던 사회적 상황과 문단 내부의 치열한 이데올로기가 대립되던 당시의 문단 상황은 일부분 공통적인 특성을 지니고 있다. 따라서 전집의 텍스트들이 해방 이후 정전 선별기준에 쉽게 부합되었던 일면이 있었을 것으로 판단된다.

2. 단편집과 시가집의 선별기준

단편집의 선별기준인 미적 가치를 판단하기 위해서는 우선 단편집 개별 텍스트들에 대한 내용분석을 해야 한다. 그러나 본고는 문학의 미적 가치가 어떻게 텍스트에 내재하는가에 주안점을 두기보다는 어떠한 미적 가치들이 텍스트의 선별기준으로 작용하였으며 어떠한 체계를 이루고 있는가에 중점을 두고 있기에 내용분석을 생략하고 직접적인 결과만 제시하고자 한다.

단편집의 작품들은 당대 민중들의 생활상이나 세태, 젊은이들의 사랑 등 일상적이고 보편적인 주제를 담고 있고, 구성이나 형식에서도 전혀 흠잡을 데 없는 완결성을 보여준다.[37] 단편집에 실린 37편의 작품 중에 대략 20편이 1934년 이후에 발표된 작품들이며 프로경향의 작품과 현실의 구조적 모순을 직접 다룬 작품들은 소량에 해당한다.

단편집을 구성하고 있는 텍스트들을 주제별로 구분해 보면, 현실문제[38], 남녀문제[39], 지식인의 고뇌, 예술지향[40] 등으로

37) 강진호, 앞의 책, p.361.

38) 현실문제를 반영하지 않은 작품은 없다. 각 작품의 주제가 부각되는 이면의 자리에는 항상 현실이 존재하고 있기 때문에 그렇다. 지식인의 문제와 남녀 간의 애정문제도 그 이면에는 현실이 자리 잡고 있다. 현실문제를 주제로 삼은 작품이라고 할 때에는 현실의 부조리와 가난으로 인하여 발생하는 문제에 집중한 작품들을 가리킨다. 전집에서 이에 해당하는 작품들은 할멈, 물레방아, 한귀, 복덕방, 하수분, 임금, 향기, 적빈, 어화, 매소부, 우심, 이향, 마약, 탈출기, 산제, 등이다. 이석훈의 「질투」은 섬공간과 인간의 삶의 구체화라는 주제를 담고 있으며(김용성, 『한국문학연구의 현단계』, 역락, 2005, p.6.) 이무영의 「우심」은 소를 의인화하여 피폐한 농촌상황 일부를 간접적

나눌 수 있다. 이중에 가장 주요 부분을 차지하고 있는 것은 현실문제이다.[41] 따라서 단편집을 선별하는데 있어서 가장 중요한 기준은 현실성이라고 할 수 있다. 그러나 이 현실성은 관념적인 문학의 현실이 아닌 현실적인 문학을 가리킨다.[42]

단편집 선별기준의 첫째는 현실성이 강조된 사실주의 문학이다. 이러한 선별기준은 독자들이 받아들이기 쉬운 것을, 즉 상업성을 가장 염두한 기준이라는 것을 알 수 있다. 그러나 이러한 선별기준이 전집의 기획부터 적용되었던 것은 아니다. 전집의 1권에 해당하는 短篇集(上)이 불허가출판물목록에 포함되어 있기 때문이다.

으로 반영(이주형, 『이무영』, 건대출판부, 2001, p.69)한 것이라는 평가를 받고 있다. 최정희의 「산제」는 가난한 농촌의 현실문제에 관심을 갖게 함으로써 소작인의 애환을 그린 작품(정찬범, 『전후시대 우리문학의 새로운 인식』, 박이정, 1997, p.182)이라는 인식이 일반적이다. 위에서 언급된 작품들은 문학사에서 일반적으로 현실문제를 주제로 삼은 것으로 기술하고 있다.(백철, 『신문학사조사』, 신구문화사, 2003, pp.414~596,)

39) 남녀문제에 대한 텍스트는 모밀꽃필무렵, 사랑손님과어머니, 결혼안인결혼, 고행, B사감과라브레터 등이 이에 포함된다.

40) 이에 해당하는 작품은 전자는 거리, 후자는 광염소나타에 해당한다.

41) 전집의 수록작품 중에 37개 중에 15개의 작품이 이에 해당한다.

42) 전집 작품들에서 경향성을 드러내는 작품은 한귀, 탈출기이다. 이들의 작품은 구조적인 현실의 모순을 찾아내고 이를 타파하고자 하는 목적을 가진 현실이지만 나머지 작품들은 이러한 관념론적인 현실이라고 보기에는 무리가 있다.

이러한 현실인식은 30년대와 20년대의 현실에 대한 문학적 태도의 차이가 있기 때문이다. 30년대의 작가들에게 있어 문학은 현실을 떠나서 존재할 수 없다는 문학관을 지닌데 비해 20년대 작가들은 그 현실을 떠나서도 문학은 존재할 수 있다는 문학관을 지니고 있었기 때문이다.(백철, 위의 책, p.476.)

출판 전의 기획단계에서는 특정한 주제와 현실을 지닌 작품만을 선별하려고 했던 것이 아니라 제반의 주제와 현실에 대한 작품을 선별하려고 한 것으로 보인다. 하지만 전집의 1권의 발행이 검열에 의하여 막히고 지연되자 검열에 의하여 특정 작품들은 배제된 것으로 보인다.[43)]

이러한 기준은 시가집에도 동일하게 적용할 수 있다.[44)] 시가집에 포함된 시와 시조는 모두 174편이다. 시가집에는 현재에도 그 문학적 가치를 인정받는 시인뿐만[45)] 아니라 당시의 활동이 왕성한 시인들을 포함하고 있다. 선택의 원칙이나 배열의 방법이 드러나지는 않지만[46)] 상업성과 문학성을 고려한 시가집의

43) 『조선출판경찰월보』 제114호에 출판물 금지 요항에 안녕금지(출판법에 의한 것)으로 『현대조선문학전집』의 1권인 단편집(상)이 포함되어 있다. 이 발행날짜는 1938년 2월 2일이고 이 무렵 원고는 기획의도대로 적용된 작품들이 실렸을 것으로 추정된다. 이 중에 동업자, 노파, 방황은 현대조선의 사회제도를 저주하고 조선인의 비애를 강조한다는 이유로 검열되었고 출판된 단편집(상)에서는 위의 작품들을 볼 수 없다.(『조선출판경찰월보』 제114호, 1938. 3.)

44) 시가집의 경우도 단편집, 평론집과 마찬가지로 안녕금지(출판법에 의한 것)으로 검열당했다. 특히 일본의 조선통치를 저주하고 민족의식을 고양했다는 점에서 단편집과 평론집보다 다양한 작품을 기획했던 것으로 추정된다.(『조선출판경찰월보』 제115호, 1938. 4.)

45) 주요한, 양주동, 김동환, 한용운, 정지용, 김억, 박팔양, 임화, 이병기, 김소월, 백석, 김광섭, 김기림, 노천명, 신석정, 김영랑, 변영로 등등 현재의 교과과정에서 다루고 있는 작가들이 대거 포진해 있으며 현재 시의 정전에 포함되어 있는 작품도 아무리 적게 잡아도 20여 편이 넘는다.

46) 詩의本質은 本質로서만은알수업고 亦 全體的生活圖式안에 占領하고 잇는位置를 알어야 비로서 理解할수잇다. -중략- 詩가 한 個人의 엣센스이라하면 그것은 또한 한 社會의 總決算이다. 잘되거나 못되거나 그한卷은 그社會와時代의座標가될수잇다. 우리는 그러한 詩集을 重大視하지안을수업다. -중략- 이詩集은 讀者와同一한 全圖로써 同屬

선별기준은 서정시라고 할 수 있다.

프로문학의 경향을 지닌 시인은 박팔양, 임화, 이상화를 제외하고 수록되어 있지 않으며 그 중에서 카프시라고 할 수 있는 것은 박팔양의 「길손」을 제외하고는 없다. 「길손」을 제외한 박팔양과 이상화의 시들은 프로문학의 성격을 지니고 있지 않다. 그러나 전집이 발행되었을 무렵에 문학적 상황에서 프로문학들이 배제되었던 것은 아니었다. 1935년 삼천리의 서적시장조사기[47]를 살펴보면 역사소설류가 가장 베스트셀러에 해당하고 뒤이어 카프의 작품들이 많은 판매량을 보이고 있었기 때문이다. 따라서 검열로 인하여 카프의 작품들은 선정될 수 없었고 서정시가 선별기준으로 작용했을 것이다.

1) 텍스트 선별기준

전집이 완벽한 의미에서 전집이 되는 경우는 특정 작가에 대한 전집일 경우일 뿐이다. 전집은 사실상 선집의 범위를 벗어나지 못한다. 이러한 이유로 전집에 선별은 하나의 비평적인 평가의 문제이다.[48]

된것은 아니니 選擇의原理라든가 排列의方法이 最後까지以上의目的에 符合치는 안혓스나 一望裸에 그發展을 觀察하기엔 부족함이업다. (崔載瑞, 「發展과成果 -『현대조선문학전집 시가집』을 읽고-」, 『조선일보』, 1938. 4. 8.)

47) 춘원의 「단종애사」, 「이순신」, 「마의태자」 등의 歷史小說類 등이 잘 팔니게 되엿고, 오늘날까지 내려오는 동안 그 중 만흔 판매부수를 차지하엿스며 또 한편으로는 새로운 思潮에 영향바다. 「캅프作家 7人集」이니 「캅프詩人集」 등의 새로운 문예서적류가 그 다음에 가는 好成績을 나타내는현상이라고 한다.(「書籍市場調査記, 漢圖 · 以文 · 博文 · 永昌等書市에 나타난」, 『삼천리』 제7권9호, 1935.10.1. p.138.)

48) 要컨대『누구의』라는 全集의事實『나라의 時代의』라는 選拔의事業이

단편집 선별기준의 1차 기준은 전집에 공통적으로 작용했던 검열이었다. 2차 기준은 1차 기준을 통과한 작품들 중에서 상업성과 문학적 가치가 높은 작품들이었다. 1930년대까지 등장한 근대 한국의 미적 가치들은 자연주의, 사실주의, 모더니즘, 유미주의, 사회주의, 등등이 두루 나타나나 단편집에 게재된 작품들은 주로 현실성이 강조된 사실주의적 작품이다.

당대의 현실이 반영된 주제가 주를 이루고 있지만 프로문학이 배제되어 있다. 이것은 검열로 인하여 문학의 사상성이 배제되었음을 의미함과 동시에 당대의 문단에서 프로문학이 쇠락한 것을 반영한 결과라고도 할 수 있다. 이에 단편집은 주된 선별기준은 문예적 가치가 뛰어난 작품들이었으며 주로 사실주의 작품들이 선정되었다. 프로문학의 성향을 드러내는 일련의 텍스트들이 선별과정에서 배제되었음은 검열로 인한 배제기준으로 문학의 이데올로기가 강하게 작용했음을 추정할 수 있다.

마찬가지로 시가집을 수록할 때 의도적으로 사상성이 강조된 프로의 시와 시인이 배제되었다는 것은 시가집의 1차 선별기준은 검열이었으며 이로 인해 사상성을 지닌 문학들이 제외되었다는 것을 의미한다. 이 외에도 전위적인 성격을 지닌 작품도 제외되어 있는데, 이는 형식에서 전형성을 요구했다는 것을 의미한다. 시가집의 선별기준은 평론집이나 단편집과 동일한 설명이 가능하다. 즉, 문예적 가치를 구현한 텍스트들이 전집에

된다. 그러므로 前者가 完璧한 意味의 全集이라면 候者는 항상 選集의 範圍를 나서지 못한다. 그만큼 候者엔 前者에서 보지못하든 編纂의意識이란것이 重要한 役割을 하며 그事業은 前者보다 훨신 어려운 事業이다.(쌍두마차, 「全集의 編纂意識」, 『동아일보』, 1938.3.26.)

수록될 수 있었다. 프로문학의 시나 전위적인 모더니즘 시는 독자의 이해를 구하기가 어렵다. 따라서 상업성을 고려해야 하는 출판자본의 입장에서는 독자가 접했을 때, 비교적 쉽게 독자의 선택을 받을 수 있는 사실주의 소설과 서정시를 선정했을 것이다.

이를 간략하게 도식화하면 다음과 같다. 평론집, 단편집, 시가집은 공히 검열기준이 1차적 기준으로 작용하였다. 검열을 통과하지 못하면 출판을 할 수 없었기 때문이다. 이에 검열의 항목을 피하여 출판할 수 있는 작품들이 1차적 기준이었다. 2차적 기준으로는 상업성과 문학성의 고려라 할 수 있다. 2차 기준은 상업적인 선별기준과 문학적인 선별기준을 동시에 만족시킬 수 있는 작품이어야 했다. 이로 인해 단편소설은 주로 사실주의 소설이 선택되고 시가집에서는 서정시가 주로 선택되었다. 이외에도 문학성이 뛰어난 작품들도 포함하고 있다.

특히 2차 기준으로 작용한 문학성을 요약하여 말하면 한국적인 가치와 정서였다. 당시의 단편집에 선별되었던 작품이 지닌 한국적인 특성들은 다음 세대로의 전승이라는 정전의 역할을 수행하였음을 알 수 있다.

> 朝鮮의作家로써 우리가 文學史上에 남겨노흠바 뚜렷한 存在가 잇다면 이는 正히 朝鮮文學의 中興期라고도볼수잇는 오늘의 作家들일것이다 -중략- 實로 그들은 다음의世代로 이어갈 朝鮮文學의 生命을 左右할바 運命線에 섯다. 이것은 作家各自가 意識하고 意識못하는 如何를떠나 客觀的으로 體然한現實로써 우리아페 나타나고잇는 것이다. -중략- 作家는 作品을通하야 歷史와 世紀와

더부러 死活을 함께한다.(李軒求, 「現代朝鮮文學全集 短篇集(中)을읽고」, 『조선일보』, 1938. 5. 6.)

2) 전집류와 정전제도화 양상

전집을 출간하는데 있어 가장 중요한 기준은 바로 상업성이다. 전집이 공공성을 지닌 국가기관이 아닌 출판자본에 의해서 출간되었다는 것은 문학적 가치나 이데올로기보다는 상업적인 목적이 우선임을 의미한다. 전집의 출판자본은 상업성에 충실하여 효과적인 마케팅을 진행하고 더불어 독자들이 가장 선호하는 작가, 작품을 선별하였기 때문에 상당한 판매량을 보인다.[49] 이러한 판매량은 당대인들이 기대하는 문학적 성취와 기능에 대한 일치를 이끌어냈다. 이로 인해 이후에 간행되는 전집류들은 『현대조선문학전집』이 포함하고 있는 작품들을 많이 수용하고 있다.[50]

『현대조선문학전집』은 당대의 정전제도의 구축양상을 구체적으로 보여주고 있다. 당대의 문학성을 지닌 것으로 인정받는 작품들이 선별기준을 통과했고 이러한 작품들로 인하여 많은 판매량과 더불어 독자들의 자발적인 동의를 이끌어냈다. 이렇게 구조화된 단계는 전집의 텍스트들이 정전의 반열에 올라가는

49) 전집은 거의 모든 권이 재판에 들어갔으며 가장 많이 판매된 경우에는 4판이상의 판매량을 보였다. 희곡집의 경우 1940년까지 배판이 이루어지며, 단편집의 경우 1941년까지 배판되어 출판된다.

50) 『현대조선문학전집』 시가집에서 -중략- 새로운 텍스트로 박용철, 김영랑, 김상용, 임학수, 조벽암, 신석정, 노천명, 김광섭, 백석을 발굴하여 수록하였다. 이 새로운 시인과 시의 목록은 현대조선시인선집과 현대서정시선에 다시 수록되면서 1930년대 시단을 대표하는 정전 텍스트로 수용되었다.(심선옥, 앞의 책, p.95.)

양상을 규명해준다.[51)]

이러한 제도화과정을 여실하게 보여주는 것이 전집에 수록된 여성작가들의 텍스트이다. 기존 여성작가들의 텍스트는 논의의 대상에서 벗어나 있었으나 전집을 통해 여성작가들이 제도권의 주류로 들어왔음을 의미함과 동시에 이들도 정전의 반열에 올랐음을 의미한다.

문단 내에서 여성작가들은 소수였으며 상대적으로 낮은 지위를 가지고 있었다. 그러나 여성작가들의 왕성한 활동을 통하여 1937년에는 『현대조선여류작가선집』이 발간되었으며 1939년에는 『여류단편걸작집』이 발간된다. 그 사이에 전집이 놓여 있다. 전집의 평론집에는 金基鎭이 「舊殼에서의 脫出-朝鮮의 女性作家 諸氏에게-」의 논문을 통해 여성작가 강경애, 박화성 등의 작품에 대하여 평하고 백신애, 최정희, 장덕조, 김오남, 주수원, 노천명, 장정심, 김자혜, 이선희 등의 여성작가 전반에 대하여 감상을 언급하였다. 지금의 여성작가는 과거의 작가들보다 높은 지위에 있음을 언급하며 앞으로의 당부사항을 전하고 있다. 이러한 여성작가들에 대한 평론과 여성선집류의 출간은 특정한 장르와 성격의 선집이 아닌 정전적 성격을 지니는 『현대조선문학전집』에 여성작가들이 포함될 수 있었던 이유일 것이다.

그러나 동일한 여성작가들이 『현대조선여류작가선집』, 『현대조선문학전집』과 『여류단편걸작집』에 선정되어 있으나 동일한

51) 전집에 수록된 작품들은 공히 1939년에 발간된 전집류에서 거의 수용된다. 특히 전집에서 처음으로 전집류에 실렸던 작가들도 이후에 전집류에서 발견할 수 있다.

작품이 선정되어 있지 않다. 이것은 정전화 과정에서 여성작가와 그 작가의 작품이 고정된 형태로 안착되지 못했음을 보여준다.[52] 이런 불완전한 정전화는 해방 이후의 정전화 과정에서 여성작가들과 작품들이 1930년대 후반의 위치보다 훨씬 작게 위치될 수밖에 없었던 이유였을 것으로 판단된다.[53]

단편집에서는 여성작가의 텍스트를 7편정도 수록하고 있다.[54] 또한 시가집에 모윤숙의 시 2편과 , 노천명의 시 6편이 수록되어 있다는 점 등을 볼 때 이전의 전집이나 선집과 다른 여성작가의 지위를 확인할 수 있다.[55]

이는 편찬인의 의도가 반영되어 의도적으로 여성작가들의 작

---

52) 김기진이 평론에서 언급한 여류작가들은 1937년에 조선일보사에서 편찬한 『현대조선여류문학선집』에 모두 포함되어 있는 작가들이다. 비록 임순득은 이 선집의 여류작가의 작품에 대하여 남성에 의존적이고, 자연주의적 묘사에 멈추었다는 점, 그리고 애정의 문제에 국한되었다고 평하고 있지만(한국여성문화학회, 『한국 여성문학 연구의 현황과 전망』, 소명출판, 2008. p.355.) 1939년 『여류단편걸작집』에도 공히 이들 여류작가들이 포함되어 있다. 하지만 각 선집, 전집의 동일 작가의 작품들은 전부 다르다.

53) 1946년에 편찬된 『조선대표작가전집』에는 17권 여류작가집과 25권 강경애가 포함되어 있으나 1948년 『조선문학전집』에는 여성작가가 포함되어 있지 않다. 이후 공교육의 교과과정에서도 여성작가는 거의 배재되는 현상을 볼 수 있다.

54) 이에 해당하는 작가와 작품은 朴花城의 「旱鬼」, 張德祚 「蒼白한안개」, 白信愛 「赤貧」, 李善熙 「賣笑婦」, 姜敬愛 「麻藥」, 崔貞熙 「山祭」, 金末峯 「苦行」 등이다. 이들 작품은 『현대조선여류문학선집』에서 배재되어 있던 작품들이다. 그리고 1939년 조선일보사에서 편찬한 『여류단편걸작집』에서도 배재되어 있다.

55) 1938년 이전에 발간되었던 전집류에서 여성작가들이나 작품은 선정되어 있지 못하다. 일례로 1937년에 발간된 『현대장편소설전집』에 여성작가는 보이지 않는다.

품이 선별되어 수록되었다고 볼 수 있다. 물론 여성작가의 텍스트도 편집기준과 선별기준을 통과한 텍스트임에 틀림없다. 그러나 수록의 의도가 텍스트의 선별기준이 아닌 여성작가의 비중과 문학적 비중을 고려하여 일정 부분 선별한 것이든 독자를 고려하여 선별한 것이든 혹은 선별기준에 부합되지 않더라도 전집에 수록되는 순간 그 작품은 이미 선별기준을 통과한 우수한 작품으로 이미 정전의 반열에 오르기 때문이다.[56)]

1930년대 후반의 문학의 장에서 전집류가 지닌 위상을 보여주는 일례가 바로 『현대조선문학전집』이다. 문학의 장에서 한 나라, 한 시대의 대표로 인정되는 전집은 그 자체만으로 선별을 통과한 특별함이 있는 작품으로 권력을 지니고 있다. 이러한 권력은 선별기준에 대하여 고려하게 만들며 작가나 작품에 대한 의미의 확대 · 재생산이 용이하게 만든다. 전집류에 실려 있는 작품들은 그 자체만으로 문학성이 있는 것으로 판별되며 공교육 내지 자발적 수용을 통하여 독자에게 문학성에 대한 기준으로 작용하는 것이다.

『현대조선문학전집』은 출판 권력의 헤게모니에 의해 정전의

56) 여러 사람의 작품을 모은 전집에서 선별된 작품은 한 나라와 한 시대를 대표하는 것으로 인정됨으로 후에 간행되는 출판물에 강한 영향력을 발휘한다. 이러한 영향력 때문에 당대에도 선별기준에 대한 공평문제가 있었던 것으로 보인다.

이제 벌서 우리文壇은 現代長篇小說全集, 朝鮮文學全集(古代篇), 現代朝鮮文學全集等 三種을 가짐은 盛事라 欣喜不己 하는바이나 果然 그編纂意識 卽選拔의基準에 잇어 우리文學을 沮像치안코, 公平을 期하엿는지 反省할 必要가 잇다 생각한다. 벌서 文壇엔 이 數三種의 全集編纂을 中心으로하고 아름답지 못한 流言이 돌고잇지 안흔가? (쌍두마차, 「全集과編纂意識」, 『동아일보』, 1938. 3. 26)

선별기준이 선정되고 선별을 통과한 정전이 선정 이후에 사회적 영향력을 발휘하는 초기의 모습을 단선적으로 보여준다. 특히 『현대조선문학전집』은 해방 이후까지 영향력을 보이고 있다.

해방 이후의 이데올로기적 대립이 격화된 문학적 조건들은 1930년대 후반과 비슷한 면모를 많이 지니고 있다. 이로 인하여 『현대조선문학전집』에 수용된 작품들은 보다 쉽게 공교육의 교과과정으로 흡수될 수 있었고[57] 1946년 조광사에서 수정 · 재출판을 기획하여 3권을 발간하였다. 이후 1985년 한국학술진흥원에서 영인본을 발간하였고 1992년 국학자료원에서 영인본을 발간하였다. 『현대조선문학전집』에 수록된 작품들은 해방 이후 공교육의 정전목록에 많은 수가 포함되고 있을 뿐만 아니라 출판자본에 의해서 간행되는 전집류에도 필히 포함되고 있다.

Ⅳ. 결 론

1938년에 조선일보사에 의해 간행된 『현대조선문학전집』의 평론집과 단편집과 시가집을 중심으로 편집기준과 선별기준에

57) 전집이 사상성을 배제하는 검열로 인하여 카프계열의 작가와 작품을 많이 선별할 수 없었다. 이러한 사유는 해방 이후 이데올로기의 극한 대립으로 인하여 카프계열의 작가와 작품을 배제하려는 국가이데올로기와 일치하는 면이 있었다. 이러한 조건들은 전집에 수록된 작가와 작품이 공교육과 해방 이후 출판된 전집류에 영향을 보다 많이 줄 수 있었던 이유이다.

대하여 살펴보았다. 또한 이를 통해 정전화 과정의 제도적 측면을 살펴보았다.

『현대조선문학전집』의 편집기준은 원고의 분량과 출판자본의 상업성이다. 이는 외적인 기준에 해당하는 것으로 선별 기준보다 우선시되는 기준이었다. 왜냐하면 선별기준을 통과한 작품이라도 원고의 분량이 너무 긴 작품들은 제한된 공간에 보다 많은 작품을 실어야 하는 전집에서 배제되었기 때문이다.

『현대조선문학전집』의 1차 선별기준은 검열의 통과였다. 이는 평론집, 단편집, 시가집 모두 『조선출판경찰월보』의 출판금지 대상에 포함되어 있기 때문이다. 보통 安寧禁止의 사유로 검열이 되었지만 출판사 내의 선별기준을 통과한 작품도 검열되어 배제되었던 것을 볼 수 있었다.

『현대조선문학전집』의 2차 선별기준은 상업성과 문학성이었다. 전집에 선정된 작품은 상업적인 선별기준과 문학적인 선별기준을 동시에 만족시킬 수 있어야 했다. 이로 인해 단편소설은 주로 사실주의 소설이 선택되고 시가집에서는 서정시가 주로 선택되었다. 이외에도 문학성이 뛰어난 작품들도 포함하고 있다.

『현대조선문학전집』은 당대의 정전제도의 구축양상을 구체적으로 보여주고 있다. 당대의 문학성을 지닌 것으로 인정받는 작품들이 선별기준을 통과했고 이러한 작품들로 인하여 많은 판매량과 더불어 독자들의 자발적인 동의를 이끌어냈다. 이렇게 구조화된 단계는 전집의 텍스트들이 정전의 반열에 올라가는 양상을 규명해준다. 특히 여성작가들의 경우를 살펴보면 이러한 현상을 단선적으로 보여주어 정전의 제도화 과정의 일례를 볼 수 있다. 이러한 면모는 『현대조선문학전집』에 포함된 작품들이 해방 이후에 정전화 과정에 영향을 주었는지를 알 수 있게 한다.

『현대조선문학전집』은 전집류가 활발히 발간되던 1930년대 후반에 그 시작을 알리는 것이었다. 특히 한 나라와 한 시대를 대표하는 정전적 성격을 지닌 것으로 대표적인 출판자본에 의해서 출간되었다는 점, 검열로 인하여 선별기준이 편향되었다는 점 등은 해방 이후의 정전화 과정에서 나타난 여러 현상들과 비슷한 점을 지닌다.

『현대조선문학전집』은 1930년대 후반 문단을 통해 이루어지고 있던 정전화 과정을 여실하게 보여주고 있다. 그 선별기준의 환경적 요인은 해방 이후의 환경적 요인과 유사하므로 인하여 현재까지 그 영향력을 미치고 있다. 특히 오늘날 이루어지고 있는 전집류에서는 다수의 복합적인 요소들로 인해 정전화 과정을 파악하기 힘들다. 『현대조선문학전집』은 이러한 복합성을 제거하고 초창기 전집류 편찬의 모습을 단선적으로 파악할 수 있게 함으로써 전집류의 정전 제도화 과정을 여실히 보여준다.

〈참고문헌〉

『동아일보』
『삼천리』
『여류단편걸작집』
『조선출판경찰월보』
『조선일보』
『현대장편소설전집』
『현대조선문학전집』
『현대조선여류문학선집』

강진호, 「한국 문학전집의 흐름과 특성」, 『돈암어문학』, 제16집, 2003.
김용성, 『한국문학연구의 현단계』, 역락, 2005.
박용찬, 「한국전쟁 전후 현대시의 국어교과서 정전화 과정 연구」, 『어문학』제91집, 한국어문학회, 2006.
백 철, 『신문학사조사』, 신구문화사, 2003.
심선옥, 「1920-30년대 근대시의 정전화 과정」, 『한국 근대문학 재생산 제도의 구조』, 깊은샘, 2007.
이주형, 『이무영』, 건대출판부, 2001.
윤여탁, 「교재구성을 위한 현대시 정전」, 『리얼리즘의 시 정신과 시 교육』, 소명출판, 2003.
정재찬, 「문학정전의 해체와 독서현상」, 『독서연구』제2호, 한국독서학회, 2005.
정진석, 『극비조선총독부의 언론검열과 탄압』, 커뮤니케이션북스, 2008.

정찬범, 『전후시대 우리문학의 새로운 인식』, 박이정, 1997.
천정환, 『근대의 책읽기』, 푸른역사, 2003.
한국여성문화학회, 『한국 여성문학 연구의 현황과 전망』, 소명출판, 2008.
한수영, 「문학교과서와 소설 교육의 이데올로기」, 『한국근대문학연구』제14호, 한국근대문학회, 2006.
황패강, 『한국 고전문학의 이론과 과제』, 단국대학교출판부. 1997.
제레미 M. 호손 저, 정정호 외 역, 『현대 문학이론 용어사전 』, 동인, 2003.
프랭크 렌트리키아 · 토마스 맥로프린 공편, 정정호 외 역, 『문학연구를 위한 비평용어』, 한신문화사, 1994.

근대적 면방직공장의 등장과 기술인력 양성제도의 형성*

서 문 석**

Ⅰ. 서 론

이 논문은 근대적 공장이 등장하면서 이 공장에 근무하는 기술인력들이 어떻게 양성이 되었는가를 근대적 교육제도를 통해 확인해 보는 것이 목적이다. 이를 통해 근대적 공장의 기술인력들이 근대적 일상에 노출되는 과정에 대해 검토해 봄으로써 근대적 공장이 노동하는 인간의 일상생활에 끼치는 일면을 확인할 수 있을 것이다.

근대적인 공장이란 산업혁명 이후에 자본주의경제체제에서 등장한 대량생산체제의 주체이다. 이 공장은 대규모의 설비가 갖추어져 있으며 상당수준의 자동화와 강력한 동력을 갖춘 기계를 중심으로 시스템을 형성하고 있다. 이 기계는 투자효율성을 높이고 감가상각이 끝나면 더 효율적인 새로운 설비로 교체

---

* 이 논문은 『동양학』 제50집(단국대학교 동양학연구소, 2011.8)에 게재되었던 것을 재수록하는 것임을 밝혀둔다.

** 단국대학교 경제학과 조교수.

하기 위해 수명을 다할 때까지 쉼 없이 연속으로 가동된다.

근대적 공장에는 이런 설비 이외에도 이 기계를 조작하여 가동시킬 수 있는 기술인력들이 필요하다. 이들은 기계가 정상적으로 가동할 때는 기계가 가동되는 것을 보조하는 역할을 하지만 기계가 고장이 나거나 새로운 기계로 대체해야 하는 경우에는 핵심적인 역할을 하게 된다. 따라서 근대적인 공장에서는 기계와 인간은 불가분의 관계에 놓이게 된다. 그러나 기술인력들은 24시간 가동시킬 수 있는 기계와는 전혀 다른 존재이다. 즉 휴식을 통해 재충전의 기회를 가져야만 지속적으로 노동을 할 수 있는 인간이다.

자본주의 이전의 사회에서는 근대적 공장에서 나타나고 있는 기계와 인간의 대립이 존재하지 않았다. 무엇보다도 기계가 등장하지 않았을 뿐만 아니라 대량생산을 위하여 끝없이 효율이 추구되는 일도 없었다. 왜냐하면 주문을 소화하는 주문생산방식이었기 때문에 대량생산을 해야 할 필요가 없었기 때문이다.

하지만 근대적인 공장에서는 기계와 인간의 대립이 처절하게 드러났다. 따라서 이윤획득이 최고의 목표인 공장에서는 효율성을 최대한 높이기 위해서 기계의 가동에 맞추어 기술인력들을 편성하고 노동을 강제했다. 따라서 이제 동일한 시간과 장소에서 작업지시자의 지시에 철저하게 복종하는 형태의 노동이 일반화되었다. 노동이 인간의 자아를 실현하는 수단이 아니라 자신의 생존을 위해 자신을 파괴시키는 모순에 직면하게 되었다.

이렇게 근대적 공장이 대규모의 기술인력을 필요로 했기 때문에 기술인력들을 대량으로 양산할 필요가 있었다. 이런 배경 속에서 자본주의경제체제는 기술인력의 양성제도를 만들게 되었다. 이것이 바로 근대적 공장과 연관되어 있는 근대 공업교육의 일면이다.

세계 어느 나라에서든지 근대적 공장이 등장한 분야는 면방직공업이다. 이것은 면제품이 필수품적인 성격을 가지고 충분한 수요를 확보하고 있다는 수요적 측면과 더불어 기계화가 상대적으로 쉽다는 공급적 측면까지 동시에 가지고 있기 때문이다. 따라서 이 논문에서는 근대적 면방직 공장의 모습과 그 공장의 기술인력으로 공급될 수 있는 기술자양성제도의 연관성을 살펴볼 것이다.

이 논문은 제Ⅰ장 서론에 이어, 제Ⅱ장에서는 근대적 면방직 공장의 등장과 운영에 대하여 검토한다. 제Ⅲ장에서는 한국 근대의 섬유분야 기술인력의 양성제도인 경성고등공업학교와 경성공업학교의 교과과정을 통해 기술인력 양성과정에 대해 살펴볼 것이다. 그리고 제Ⅳ장에서는 이상의 연구들을 바탕으로 결론을 맺기로 한다.

Ⅱ. 근대적 면방직공장의 등장

1. 시대적 배경[1)]

산업혁명 이후에 등장한 근대적 공장이 한반도에 등장하기 시작한 것은 일본을 비롯한 외세의 침략이 본격화되었던 19세

1) 서문석, 「일제의 산업정책과 조선인자본의 형성」, 『동양학』 제41집, 단국대 동양학연구소, 2007, pp.4~6. 참조.

기말로 볼 수 있을 것이다. 그러나 근대적 공장의 전형적인 모습을 갖추기 시작한 것은 일제 강점기에 등장했던 공장들을 시초로 볼 수 있다.

기본적으로 조선을 강점한 일제는 각종 법령을 정비하고 철도를 비롯한 각종 사회간접자본시설들을 확충해 나가기 시작했다. 물론 이런 일련의 작업들은 식민지경영을 효율화하기 위한 것이었다.

식민지 조선은 식민지경영이 본격화된 1910년대에 상품시장과 원료공급지라고 하는 식민지의 기본적인 역할에 한정되었다. 따라서 공업부문에서는 조선회사령이 실시되어 공장의 설립이 억제되었지만 농업부문에서는 토지조사사업과 산미증식계획으로 이어지는 적극적인 농업진흥정책이 시행되었다.

이런 총독부의 입장을 확인할 수 있는 것은 1920년 9월에 열린 '산업조사위원회' 였다.[2] 이 위원회는 당시 일본 본토에서 공황을 해결하기 위해 설립되었던 산업조사위원회의 사례를 학습한 측면이 있다. 더불어 경성상업회의소가 산업에 대한 방침을 세우기 위한 기구를 설립하자고 주장하는 것에도 영향을 받은 것으로 보인다.[3] 1921년 9월에 개최된 이 위원회는 조선의 각

2) 산업조사위원회의 설립과 구성, 그리고 산업정책의 형성과정에 대한 자세한 내용은 전성현, 「1920년 전후 조선 상업회의소와 조선 산업정책의 확립」, 『역사와 경계』 제 58집, 부산경남사학회, 2006을 참고.

3) 설립의 필요성과 내용은 〈경성일보〉, 1920.12.22 ; 1920.12.28 ; 1921.1.13 ; 〈매일신보〉, 1921.1.13, 1.14 ; 조선상업회의소가 3.1운동 이후 조선의 변화에 대응하면서 자신들의 이익을 관철시키기 위한 시도 중의 하나가 바로 '조선산업철도에 관한 건', '평원철도예산에 관한 건', '조선이입관세철폐연기에 관한 건' 을 조선총독부에 청원하는 것이었다. 그런데 이 청원이 계속 무산되자 장기적이고 계획적인 산업방침

지역 상업회의소가 조선총독부에 제출한 자문안을 토대로 답신안을 만들었다. 이 위원회의 기조를 밝힌「조선 산업에 관한 일반방침」에서는 조선에서의 산업계획은 '제국산업정책의 방침에 순응' 하여 '특히 일본, 중국, 러시아 등 인접지방의 경제적 사정' 을 고려해서 결정되어야 한다고 밝히고 있다. 이어「조선 산업에 관한 계획 요항」에서는 농업부문에서는 '제국(인용자-일본)의 식량충실에 공헌하기 위해 산미의 개량증식' 에 대해 언급하고 있다. 하지만 공업에 관해서는 공산품을 제조하는 공업의 발달 도모, 공업 경영을 용이하게 하는 지원, 소공업의 보호와 발달에 대해 선언적인 수준에서 언급하고 있을 뿐이다.[4)]

답신서가 만들어지는 과정을 살펴볼 수 있는 속기록에는 조선의 공업이 유치하고 대다수의 공업은 미미하지만 당장 특별한 해결책을 사용하지는 않을 것임을 밝히고 있다. 그리고 공업발달을 위한 보조금은 확정되지 않았고, 관세는 조선과 일본과의 경제적 장벽을 제거한다는 원칙에 부합하는 수준에서 부과하겠다는 내용들이 있다. 이 위원회가 제시하고 있는 산업정책의 전반적인 분위기는 '내지(인용자-일본) 공업과의 마찰을 회피' 하고 '빈약한 총독부 예산으로는 산업의 진흥을 생각할 형편이 못되었' 기 때문에 '장래를 위해 자원을 조사' 하는 수준에 머무르고 있었다.[5)]

의 필요성을 절감하게 되었고 이 과정에서 위원회가 설립되었다(전성현,「1920년 전후 조선 상업회의소와 조선 산업정책의 확립」,『역사와 경계』 제 58집, 부산경남사학회, 2006, pp.182~183).

4) 朝鮮總督府 編,『産業調査委員會會議錄』, 1921, pp.29~32.

5) 朝鮮總督府 編,『産業調査委員會會事速記錄』, 1922, pp.75~83; 鈴木武雄,『朝鮮の經濟』, 日本評論社, 1942, p.211.

그러나 1910년대에 관철되었던 이런 입장은 1920년대에 들어서면서 변화하기 시작하였다. 세계 제1차 대전 이후 일본 경제가 전후공황에 빠지자 일본 내부의 자본은 새로운 투자처를 찾아 나설 수밖에 없는 상황이 되었다. 뿐만 아니라 기업운영에 관련된 여러 가지 규제조치들이 시행되면서 일본 내에서 기업경영환경은 점차 악화되었다. 이런 상황 속에서 일본의 자본이 찾아낸 가장 효율적인 투자처는 식민지조선이었다.

일본 내부의 이런 상황뿐만 아니라 조선총독부도 조선 내에서 일정정도 산업이 발전하는 것이 통치에 도움이 된다는 수준의 인식의 전환을 하였다. 그러자 조선총독부는 식민지의 각종 혜택을 강조하면서 일본 자본의 조선투자를 적극적으로 유치하였다. 이런 적극적인 유치 전략은 만주사변과 중일전쟁을 계기로 극대화되었다.

만주사변을 일으킨 일제는 병참기지가 필요했기 때문에 조선을 병참기지로 활용할 구상을 하였다. 따라서 일제의 조선에 대한 식민지정책이 '중농정책(重農政策)'에서 '농공병진정책(農工竝進政策)'으로 전환되는 계기가 되었다. 조선총독부도 이런 상황을 배경으로 군수품을 생산할 수 있는 중화학공장들을 적극적으로 유치하면서 식민지조선은 공업화과정을 밟기 시작했다.

이렇게 조선의 산업관련 정책이 중요한 전환점을 맞게 된 것은 1936년 개최된 '조선산업경제조사회'였다. 이 조사회의 공업관련 핵심주제는 중요산업통제법을 회피하기 위하여 조선에 진출했던 기업들에게 법의 시행여부를 결정하는 문제였다. 일본정부가 제국 내에서 이 법을 모두 적용시키겠다는 입장을 결정하면서 결국 조선 내에서도 중요산업통제법이 적용되기로 되었다. 조선총독부를 비롯한 자본가들은 이 법이 실시되는 것에 대해 반대했지만 결국 1937년 3월에 이 법은 시행하기로 결정되었다. 이 법에서는 조선총독이 통제업종을 지정하며 운용도 조선총독부의 권한[6]에 둠으로써 자신들의 이익도 일부 관철시킬 수 있었다.

이 조사회의 답신서를 보면 '농공병진정책'을 수행하기 위하여 공업에 대한 진흥을 언급하면서 시설계획까지 밝히고 있다. 그리고 국책상 중요한 공업을 진흥시키기 위해 장려금을 교부하거나 각종 편의 및 특전을 제공하기로 하였다.[7]

이 조사회의 답신안을 살펴본 조선의 산업계는 "조선의 산업원칙을 종래의 농업편중주의, 식량공급지로서의 존재에서 그 방향을 전환하여 농공병진주의, 그리하여 일만경제(日滿經濟) 블럭으로서의 연결체가 되며 그 원료공업지로 체계가 서 나갈 것"[8]으로 평가했다. 그러나 이 위원회에서도 1920년대의 산업조사위원회 때와는 다르지만 산업일반에 대한 진흥을 당위적으로 언급한 수준을 넘어서지 못하고 있다.

하지만 중일전쟁으로 전선이 크게 확대되자 일제의 입장은 확실하게 변화되었다. 일제는 조선에 대한 식민지정책을 '대륙전진병참기기화정책(大陸前進兵站基地化政策)'으로 전환하였

---

6) 〈매일신보〉, 1936. 6. 9, 7. 29, 8. 8, 8. 16;『조선중앙일보』, 1936. 1. 14, 5. 16.

7) 朝鮮産業經濟調査會 編,『朝鮮産業經濟調査會諮問答申書』, 1936,「조선 산업경제개발에 관한 일반방침」, p.1,「제3 공업에 관한 건」, pp.35~44.

8) 朝鮮産金組合 編,「朝鮮産業經濟調査會 :經過及答申案全貌」,『鑛業朝鮮』 제1권 제5호, 1936, p.40.

다. 그 계기가 된 것은 1938년 9월에 개최된 '시국대책조사회'에서였다. 이 회의에서 채택된 답신안에는 총 18개 항목에 대한 입장이 정리되어 있다. 전체적으로 보면 전쟁을 수행하기 위하여 내선일체를 중심으로 만주, 중국과의 연계를 강화하면서 해운, 통신, 항공, 육상교통기관 등 군수품 공급을 원활하게 할 수 있는 방안이 제시되고 있다. 그 중에서 '군수공업확충에 관한 건' 에는 조선이 '대륙정책에서의 전진병참기지' 로 설정되어 각종 공업 중에서 특히 군수공업의 비약적 발전이 중요하다고 주장하고 있다. 따라서 각종 시설계획의 목표연도를 1941년으로 잡고 경금속, 석유 및 그 대용품, 소다, 황산암모늄, 폭약, 공작기계, 자동차, 철도차량, 선박, 피혁 등의 확충계획목표와 그 방법을 구체적으로 밝히고 있다.[9)]

2. 대규모 면방직공장의 설립

이미 언급한 면방직공장은 거의 대부분의 나라의 산업혁명 과정에서 선도적인 역할을 하였다. 면방직분야는 필수의류를 생산하기 때문에 수요가 충분할 뿐만 아니라 섬유공업 중에서도 기계화가 가장 용이한 분야이다. 따라서 산업혁명 초기에 기계제공장을 설립하고 산업혁명을 주도하였다.

식민지조선에서도 면방직분야에서 가장 이른 시기에 대규모 공장들이 출현했다. 일제강점기에 설립된 대규모 면방직공장들

9) 朝鮮總督府,『朝鮮總督府時局對策調査會諮問答申案試案』, 1938, pp.180~193.

은 크게 세 개의 설립시기로 나누어 볼 수 있다. 제1기는 일제 강점 이후 1931년 만주사변 때까지의 시기이다. 이 시기는 앞에서 언급한 바와 같이 세계 제1차 대전 직후부터 시작된 일본 내의 경영여건 악화로 새로운 투자처를 찾던 시기였다. 제2기는 만주사변 이후 중일전쟁까지의 시기이다. 이 시기는 가장 적극적으로 대규모 면방직공장이 설립되던 시기였다. 제3기는 중일전쟁 이후의 시기로 전시동원체제가 형성되고 적극적으로 군수공장들이 설치되는 동시에 일본 내에 있던 설비의 일부가 폭격을 피해서 조선으로 이설되는 시기이다.

제1기에 설립된 대규모 공장은 조선방직주식회사와 경성방직주식회사였다. 조선방직주식회사는 식민지조선에 근대적 기계를 갖춘 대규모 면방직공장의 효시가 된 공장이었다. 이 공장은 1917년 부산에서 설립되어 1922년부터 조업을 시작하였다. 설립당시 15,200추의 방기와 610대의 직기를 보유한 최초의 대규모 기계제 공장이었다.[10)]

1919년에 김성수를 중심으로 하는 한국인들의 합자로 한국인에 의해 설립된 최초의 대규모 면방직공장이 경성방직주식회사였다. 이 공장은 100대의 직기로 1923년부터 조업을 시작하다가 1930년대 후반에 방적설비까지 갖추었다.

제2기에 설립된 공장은 일본의 대표적인 면방직기업인 동양방적의 인천공장과 경성공장, 종연방적의 광주공장과 경성공장이었다. 이 공장들은 원면에서부터 방적, 직포, 염색, 가공에

---

10) 大韓紡織協會, 『紡協創立 十周年 記念誌』, Ⅱ部 會員工場編-1面 沿革編; 曺晟源, 「植民地期朝鮮棉作綿業の展開構造」, 東京大學 博士學位論文, 1992, p.104.

이르는 일관생산체제를 갖춘 근대적 공장들이었다. 먼저 1933년에 설립된 동양방적 인천공장은 31,488추의 방기와 800대의 직기를 보유한 일관생산체제를 갖춘 공장이었으며 1936년에 설립된 경성공장은 40,532추의 방기와 1,440대의 직기를 보유한 식민지기 최대 규모의 공장이었다.

1935년에 설립된 종연방적 광주공장은 38,368추의 방기와 1,510추의 직기를 갖춘 동양방적 경성공장과 더불어 최대 규모의 최신식 설비를 갖춘 공장이었다. 그리고 1936년에 설립된

〈표 1〉 중일전쟁 이전에 설립된 근대적 면방직공장

設立日	會社名	設立地	設立當時 設備		종업원(1938년)	
			紡機(錘)	織機(臺)	남자(명)	여자(명)
1917.11 (1922.01)	조선방직(주)	부산 범일동	15,200	610	520	2,910
1919.10 (1923.03)	경성방직(주)	서울 영등포동	-	100	366	1,612
1933.12 (1934.10)	東洋紡績(株) 仁川工場	仁川 萬石洞	31,488	800	390	1,400
1936.12 (1937)	京城工場	서울 永登浦洞	40,532	1,440		
1935.08 (1934.9)	鐘淵紡績(株) 光州工場	光州 林洞	38,368 (35,000)	1,510 (1,000)	2,700**	
1936.10 (1935.7)	京城工場	서울 文來洞	30,240	600	3,000**	

자료 : 大韓紡織協會, 『紡協創立 十周年 記念誌』, Ⅰ-7, Ⅱ-21, 31, 41, 47, 107, 117면 ; 일본방직연구소, 『방직연감』, 1938 ; 강이수, 「1930년대 면방대기업 여성노동자의 상태에 대한 연구」, 이화여대박사학위논문, 1992, 부록.

주 : 1) 위의 자료에서 설립일이 Ⅰ부와 Ⅱ부가 서로 달랐는데 이것은 회사의 설립과 조업개시일의 차이로 추정된다. ( )안에 있는 것은 Ⅱ부의 설립일 기록임.

2) '**' 는 1937년의 수치임.

〈표 2〉 중일전쟁 이후에 설립된 근대적 면방직공장

會社名	設立日	設立地	解放當時 設備			
			紡機(錘)		織機(臺)	
			設置	未設置	設置	未設置
大日本紡績(株) 京城工場	1939.4	서울, 永登浦, 堂山洞	0		417	
帝國製麻纖維(株) 仁川工場	1939.4	仁川市 鶴翼洞	7,388* 10,856		132	
郡是紡績(株) 大邱工場	?	大邱市 七星洞	19,928	15,672	0	408
吳羽紡績(株) 大田工場	1942.12	大田市 柳川洞	0	15,848**	0	0
朝鮮大和紡績(株) 倉洞工場	1942.12	京畿, 양주, 倉洞里	0	0	150	0
朝鮮紡織(株) 大邱分工場	1941.2	大邱市 砧山洞	?	?	?	?
朝鮮麻紡績(株) 全州工場	1942.12	全州市 鎭北洞	0	5,700**	0	?
朝鮮紡織(株) 春川工場	1941.2	春川 ?	0	?	0	?

자료 : 大韓紡織協會, 『紡協創立 十周年 記念誌』, Ⅰ-7, Ⅱ-21, 31, 41, 47, 53, 59, 65, 91, 107, 117, 118면에서 작성.

주 : 1) 조선방직 대구분공장은 1943년 12월 조업을 개시했다는 기록이 있지만 그 구체적 내용은 미상임.
2) '*' 는 麻紡績機를 가리킴.
3) '**' 는 해방 이후 40년대 후반에 설치된 것으로 보아 해방 시에 미설치된 것으로 추정.

종연방적 경성공장은 30,240추의 방기와 600대의 직기를 갖춘 대규모 면방직공장이었다.

이 시기에 설립된 공장들은 대개 30,000추의 방기와 1,000대의 직기, 그리고 2,000~3,000명의 기술 인력들을 보유하고 있었다.

제3기에 설립된 공장은 대일본방적 경성공장, 제국제마 인천공장, 군시방적 대구공장, 오우방적 대전공장, 조선대화방적 창동공장, 조선방직 대구분공장, 조선마방적 전주공장, 조선방직 춘천공장 등이었다. 그러나 이 공장들은 전시 통제 하에서 본격적으로 가동되지 못하고 있다가 일제가 패망하면서 적산설비로 남았다.

이렇듯 1910년대 후반에 설립되기 시작했던 면방직공장들은 1930년대에 전성기를 맞으면서 일본의 대규모 방적자본들이 본격적으로 조선에 투자하기 시작하였다. 따라서 이런 대규모 공장에는 많은 기술인력이 필요하게 되었다. 이런 필요에 부응하기 위하여 식민지 조선에서도 기술자양성제도가 형성되기 시작했다.

Ⅲ. 기술자 양성 제도의 형성

일반적으로 과학기술인력을 분류하는 기준은 다양하다. 그중에서 과학기술자(기술자), 현장기술자(기술공), 기능자(기능공) 등으로 구분하는 것이 가장 일반적이다.[11] 일제강점기에 대규

11) 기술자(engineer)란 이공계 대학을 졸업하고 전공부문에 종사하는 자이고, 기술공(technician)은 현업에 다년간 취업하여 실기 면에서 능숙하고 기술적 이론을 이해하는 자, 그리고 기능공(craftsman)은 기술면에 종사하는 자 중에서 기술자, 기술공과 단순육체노동자를 제외한 자를 가리킨다(경제기획원, 『제1차 기술진흥 5개년계획, 1962~1966: 제1차 경제개발5개년 계획 보완』, 1962, p.14). 또 다른 정의를 보면 과학기술자란 연구개발, 계획 및 관리업무를 담당할 수 있는 4년제 이공계 대학 졸업자들을 가리키며, 현장기술자는 2년제 전문직

모 면방직공장에서 근무하는 기술분야 종사자들은 크게 세 부문으로 나누어 볼 수 있다. 그 첫째는 고등공업학교 방직학과에서 전문적인 섬유기술자로 훈련된 기술자(engineer) 및 기술공(technician), 공업교육을 받은 기능공(craftsman), 교육기관에서 공업교육을 받지 않고 입사 후 생산현장에서 기술을 전수받은 직공(skilled worker, unskilled worker) 등으로 구분할 수 있을 것이다.[12]

이 장에서는 기술자를 양성하는 하나의 체계로서 양성제도를 살펴보기 위하여 교육기관에서 교육을 받지 않고 공장에 입사한 후 공장 내에서 필요한 기술을 전수받는 직공의 경우는 제외하고 기술자 및 기술공, 기능공을 대상으로 양성제도를 살펴보기로 한다.

기술교육을 받은 후 생산현장에서 가공 및 생산설계, 기술과 공정의 지도관리 업무를 담당할 수 있는 기술인력을 의미한다. 그리고 기능자는 실업교육과 훈련을 받은 후 제작, 제조, 기기운전 업무 등을 담당하는 기술인력을 말한다(대한민국정부, 『제2차과학기술진흥5개년계획, 1967~1971년』, 1966. pp.92~93; 『과학기술부40년사』, p.40, 190).

12) 일제강점기에 일본과 식민지조선에 설립되었던 제국대학에는 섬유관련학과가 없었다. 다만 지금의 전문학교 수준인 고등공업학교에만 섬유관련분야 학과가 있었다. 따라서 식민지조선에서는 경성고등공업학교 방직학과가 유일한 섬유관련 고등공업교육기관이었다. 따라서 면방직공장에 가장 전문적인 기술자는 해방 이후에 기술공으로 분류되었던 전문학교 출신 현장기술자들이 기술자 역할을 하는 수준이었다. 그리고 기능공들은 식민지에서의 공업교육이 억제된 가운데 관립공업전습소에서 출발한 경성공업학교 염직과가 유일한 섬유관련 분야 기능공 양성학교였다(서문석, 「일제하 고급섬유기술자들의 양성과 사회진출에 관한 연구」, 『경제사학』 34호, 경제사학회, 1997. 참조).

1. 기술자 및 기술공 양성제도[13)]

우리나라의 기술자 및 기술공, 기능공의 양성제도는 1899년에 설립된 '상공학교'가 최초의 공업교육기관이었다. 이 학교는 1904년에 농업과가 신설되면서 '농상공학교'로 개편되었다. 그러나 섬유부문 기술자의 배출은 1907년 2월 '농상공부소관공업전습소관제'에 의해 설립된 '관립공업전습소'에서 시작되었다. 이후 이 전습소는 1910년 9월에 '조선총독부공업전습소관제'에 의해 총독부로 편입되어 '조선총독부 공업전습소'로 개편되었다. 이후 1912년 4월 조선총독부 중앙시험소가 설립된 뒤에는 이 시험소의 '부속 공업전습소'로 되었다. 1915년 3월에는 '조선총독부 공업전습소 특별과 규정에 의해 공업전습소에 수업연한 3년의 특별과가 개설되어 염직과, 요업과, 응용화학과가 설치되었다.[14)]

공업전습소에 설립되었던 특별과를 기반으로 1916년 4월에 경성공업전문학교가 설립되었다. 그리고 1922년 3월에는 이 학교가 경성고등공업학교로 개칭되었고, 부속 공업전습소는 경성공업학교로 분리되었다. 1944년 4월에 경성고등공업학교는 京

13) 서문석, 「일제하 고급섬유기술자들의 양성과 사회진출에 관한 연구」, 『경제사학』 34호, 경제사학회, 1997, pp.86~92. 참조

14) 「商工學校官制」, 『(舊韓國)官報』, 1899. 6. 24; 「農商工學校官制」, 『(舊韓國)官報』, 1904. 6. 8; 「農商工部所管工業傳習所官制」, 『(舊韓國)官報』, 1907. 2. 7; 「朝鮮總督府工業傳習所官制」, 『朝鮮總督府官報』, 1910. 9. 30; 「朝鮮總督府中央試驗所官制」, 『朝鮮總督府官報』 1912. 3. 28; 「朝鮮總督府 工業傳習所 特別科 規程」, 『朝鮮總督府官報』 1915. 3. 15.

城工業專門學校로 개칭되었고 6월에는 '관립공업전문학교규정'이 공포되어 전시하에서 전문학교체제로 개편되었다.[15)]

1) **(前)京城工業專門學校 染織科**의 교육과정

이 학교는 1916년 4월 '조선총독부 전문학교관제'[16)]와 '경성공업전문학교규정'에 의해 설립되었다. '조선교육령에 기초하여 공업에 관한 전문교육'을 하는 곳이며 '조선의 공업발전에 필요한 기술자 또는 경영자를 양성'하는 것을 취지로 한다고 교육강령에서 밝히고 있다. 학제는 3년의 수업연한에 매년 3학기로 구성되어 있었는데 제 1학기는 4월 1일부터 8월 31일까지, 제 2학기는 9월 1일부터 12월 31일까지, 제 3학기는 1월 1일부

15) 「京城工業專門學校規程」, 『朝鮮總督府官報』 1916. 4. 1; 「京城高等工業學校規程」, 『朝鮮總督府官報』 1922. 4. 1; 「官立工業專門學校規程」, 『朝鮮總督府官報』, 1944. 6. 30.

16) 1903년 3월에 공포된 勅令 第 61號의 專門學校令에 의해 일제는 1915년에 '專門學校規則'을 제정하고 조선인을 교육하는 전문학교에 대하여 이 규정에 따르도록 하였다(「專門學校規則」, 『朝鮮總督府官報』, 1915.3.24). 이를 근거로 1916년 4월에 공포된 '朝鮮總督府 專門學校官制'에는 京城專修學校, 京城醫學專門學校, 京城工業專門學校를 조선총독부 전문학교로 설치하고 경성전수학교는 법률경제에 관련된 지식을, 경성의학전문학교는 의술에 관련된 지식과 기능을, 경성공업전문학교는 공업에 관련된 지식기능을 가르치는 곳으로 규정하였다(「朝鮮總督府專門學校官制」, 『朝鮮總督府官報』, 1916.4.1) ; 이 학교를 모체로 하여 1922년에 京城高等工業學校가 설립되었고, 1944년에 京城工業專門學校로 다시 개편되었다. 따라서 1916년 설립된 공업전문학교를 (前)京城工業專門學校(일제하에서는 元 京城工業專門學校)라고 하고 1944년에 개편된 경성공업전문학교를 (後)京城工業專門學校라고 부른다. 그리고 1922년부터 1944년까지 존재했던 경성고등공업학교('高工'이라고 불림)가 이들을 총괄하여 대표하는 명칭으로 사용되는 것이 일반적이다.

터 3월 31일까지였다. 학과는 염직과, 응용화학과, 요업과, 토목과, 건축과를 두었으며 1917년에 광산과를 신설하였다. 입학자격은 조선인의 경우는 '16세 이상의 고등보통학교 졸업자나 그 이상의 학력이 있는 자' (일본인의 경우에는 '17세 이상의 중학교 졸업자나 그 이상의 학력이 있는 자')로 제한하였다.

경성공업전문학교 염직과의 교과과정은 〈표 3〉과 같다. 이 교육과정은 조선총독부 공업전습소 특별과(염직과)의 교육과정을 거의 그대로 답습한 것이었다. 다만 방직원료, 기직법 등이 신설되었고 공업경제법령, 공업위생 및 공업부기 등이 보강되었을 뿐이다.

각 과목들의 시간배정 상황을 보면 설계 · 제도 · 공장 실습 및 실험이 전체 교육시간의 28% 정도를 차지할 정도로 많은 시간비중을 차지하고 있다. 그 외에 5%이상을 차지하고 있는 과목이 염색법 및 염색제기계, 분해 및 의장, 기직 및 역직기 등이며 교양과목으로는 언어가 상대적으로 큰 비중을 차지하고 있었다.

교양과목들을 제외한 전공과목들을 1915년의 조선총독부 공업전습소 특별과(염직과)의 교과과정과 비교해 보면 분석화학실습이 3년 동안 3시간에서 8시간으로 늘어났으며, 분해 및 의장이 4시간에서 7시간으로, 염색법 및 염색제기계가 5시간에서 7시간으로 늘어났다. 이에 반해 도화는 4시간에서 2시간으로 줄어들었으며, 특히 설계, 제도, 공장실습 및 실험은 44시간에서 33시간으로 크게 줄어들었다. 즉 실험실습과목의 시간을 줄이는 대신 전공과목에 대한 시간을 조금씩 늘린 것이다. 이런 변화는 전체적으로 실무교육부문은 경성공업학교로 넘기고 섬유관련 전공과목의 심도를 높이는 방향으로 진행된 것이었다.

2) **京城高等工業學校 紡織學科**의 교육과정

1922년 3월에 경성공업전문학교가 경성고등공업학교로 개편되었다. 수업연한은 경성공업전문학교와 같은 3년이었고 방직학과, 응용화학과(요업부, 색염부 및 응용화학부), 토목학과, 건축학과, 광산학과로 구성되었다.[17] 1938년 4월에 機械工學科와 電氣工學科가 신설되었고 토목학과와 건축학과가 土木工學科와 建築工學科로 개편되었고 광산학과가 2학년부터 採鑛部와 冶金部로 분리되었다.[18]

졸업생 중에서 研究生도 받아들였는데 이들은 이미 이수한 과목 중에서 특수한 사항에 관하여 연구하고자 하는 졸업생들로 2년 기한으로 재학하였다. 또한 한 과목이나 몇 과목을 선택하여 이수하고자 하는 사람은 選科生으로 수학하도록 하였다.

설립 당시 방직학과에는 22개의 과목에 주당 39시간의 교육시간이 배정되었는데 이것이 일제강점기의 기본적인 교과과정이었다. 교과과정은 〈표 3〉에서 알 수 있듯이 경성공업전문학교의 교과과정에 비해 조선어, 제조화학, 분석화학실습, 원료

17) '朝鮮總督府諸學校官制' 가 공포되면서 朝鮮總督府專門學校官制, 朝鮮總督府師範學校官制, 朝鮮總督府中學校官制, 朝鮮總督府高等普通學校官制, 朝鮮總督府女子高等普通學校官制 등이 폐지되고 교육체제가 재편되었다. 이 과정에서 京城工業專門學校도 '京城高等工業學校規程' 에 의해 개편되었다(「朝鮮總督府諸學校官制」, 「京城高等工業學校規程」, 『朝鮮總督府官報』, 1922.4.1).

18) 『朝鮮總督府官報』, 1938. 4. 2.

〈표 3〉 경성공업전문학교 염직과(1916년), 경성고등공업학교 방직학과(1922, 1931년), 경성공업전문학교 방직과(1944년)의 교과과정

1916년의 교과과정				1922년의 교과과정				1924년의 교과과정				1931년의 교과과정				1944년의 교과과정			
학년 / 과목명	1	2	3	학년 / 과목명	1	2	3	학년 / 과목명	1	2	3	학년 / 과목명	1	2	3	학년 / 과목명	1	2	3
修身	1	1	1	修身	1	1	1	修身	1	1	1	修身	1	1	1				
體操	1	1	1	體操	1	1	1	體操	1	1	1	體操	3	3	3				
國語	2	2	2	國語	3	0	0	國語	3	0	0	國語	3	0	0				
朝鮮語	2	2	2																
英語	3	3	3	英語	3	3	3	英語	3	3	3	英語	3	3	3				
數學	3	0	0	數學	5	0	0	數學	5	2	0	數學	5	0	0	數學	140	70	0
物理學 및 物理實驗	3	2	0	物理學	3	0	0	物理學	4	0	0	物理學 및 實驗	3	2	0	物理	140	105	0
化學	4	0	0	化學	2	0	0	化學	2	0	0	化學	2	0	0	化學	105	0	0
製造化學	0	2	0																
分析化學實習	5	3	0																
機械工學一斑	0	3	0	機械學	0	3	0	機械工學	0	3	0	機械工學	0	3	0	機械	70	105	35
電氣工學一斑	0	0	2	電氣工學	0	0	2	電氣工學	0	0	2	電氣工學	0	0	2	電氣工學	0	0	70
織物原料	1	0	0	紡織原料	2	0	0	紡織原料	2	0	0	紡織原料 및 試驗法	2	1	0	纖維材料	70	70	
原料 및 製品試驗,鑑定	0	0	1													纖維試驗	70	70	
機織法	2	2	2	機織法	0	2	4	機織法	2	2	2	機織法	2	2	2	機織	70	70	0
紡績機構	0	0	1					紡織機構學	0	1	2	紡織機械製圖	0	2	5	纖維機械	70	70	105
				紡績	0	2	2	紡績	0	3	2	紡績	0	2	3	紡織		70	70
染色法 및 染色諸機械	2	3	2	染色法	0	3	0	色染法	0	3	0	色染法	0	2	0	色染仕上	0	70	70
染織物仕上 및 整理法	0	0	1	染織物仕上	0	0	1	染織物仕上	0	0	2	染織物仕上	0	0	2				
				組織法	2	0	0	組織法	2	2	0	組織法	2	2	0				
分解 및 意匠	0	3	4	分解 및 意匠	0	4	6	織物分解 및 意匠	0	4	4	織物分解 및 意匠	0	3	4				
圖畫	2	0	0	圖案	3	0	0	圖案	3	0	0	圖案	3	0	0				
工場建築法	0	0	1	工場建築	0	0	1	工場建築	0	0	1	工場建築	0	0	1				
工業經濟法令	0	0	1	工業經濟	0	0	1	工業經濟	0	0	1	工業經濟	0	0	1	工業經營	0	0	70
工業衛生 및 工業簿記	0	0	1																
				工場法令	0	0	1	工場法令	0	0	1	工業法令	0	0	1				
				實習	11	16	13	實習	6	8	14	實習	6	6	9	實驗實習	175	280	350
設計,製圖,工場實習 및 實驗	7	12	14	製圖	3	4	3	製圖	3	4	3	製圖	3	4	0	設計製圖	175	105	105
								紋織法	0	1	0	紋織法	0	1	0				
								莫大小	0	1	0	莫大小	0	0	2				
								應用力學	2	0	0	應用力學	0	2	0				
												機械製作法	1	0	0				
																增課	105	105	315
																道義	35	35	35
																體練	70	70	70
																敎練	112	112	112
																人文	70	70	
																編組			70
合計	38	39	39	合計	39	39	39	合計	39	39	39	合計	39	39	39	合計	1477	1477	1477

주 : 1) 여기에서 국어는 일본어이고, 합계는 주당 수업시수이다.
2) 1916년의 교과과정은 1학년 1학기에 '염색법 및 염색제기계' 가 1시간이 배정되었고, 설계제도공장실습 및 실험이 8시간으로 되어 있는 부분을 위와 같이 조정하였음. 2학년 3학기에 '분석화학실험' 이 없고 '설계제도공장실습 및 실험' 이 15시간으로 되어 있던 부분을 위와 같이 조정하였음. 3학년3학기에 '공업경제 및 법령' 은 없고, '설계제도공장실습 및 실험' 이 15시간이던 것을 위와 같이 조정하였음.
3) 1916년 교과과정의 '국어' (일본어)는 조선인에게, '조선어' 는 일본인에게 부과하고, '영어' 는 선택과목이기 때문에 합계가 각각 33, 34시간이고, 여기에 2시간의 '국어' 와 3시간의 '영어' 가 부과되었다.
4) 1916년, 1922년, 1924년, 1931년은 각각 주당수업시수를 나타낸 반면 1944년에는 학기당 수업시수를 나타낸 것임
자료 : 「京城工業專門學校規程」, 『朝鮮總督府官報』, 1916.4.1 ; 「京城高等工業學校規程」, 『朝鮮總督府官報』, 1922.4.1 ; 「京城高等工業學校規程中左ノ通改正ス」, 『朝鮮總督府官報』, 1924.8.21 ; 「京城高等工業學校規程中左ノ通改正ス」, 『朝鮮總督府官報』, 1931.3.12; 「官立工業專門學校規程」, 『朝鮮總督府官報』, 1944.6.30; 서문석, 「일제하 고급섬유기술자들의 양성과 사회진출에 관한 연구」, 『경제사학』 34호, 경제사학회, 1997에서 재인용.

및 제품시험감정, 공업위생 및 공업부기 등의 교과목이 폐지된 반면에 방적, 조직법, 공장법령, 실습 등이 개설되었다. 공업일반에 대한 교육이 감소된 대신 섬유분야 교육이 늘어난 것이 특징이다.

이후 교과과정이 여러 차례 개편되었는데 그 중에서 전공분야까지 개편되었던 것은 1924년과 1931년의 개편이었다. 1924년에는 문직법, 막대소(메리야스), 응용역학, 방직기구학 등이 신설[19]되어 섬유분야에 대한 전공교육이 강화되었으며, 1931년에는 기계제작법, 방직기계제도 등 섬유기계관련 과목이 신

설[20]되었다.

그 외에도 1928년에 소폭으로 교육과정이 개편되었는데 '실습'이 1, 2, 3학년 각각 매주 6, 8, 14시간씩 배정되어 있다가 4, 6, 12시간으로 줄고, '체조'가 1, 1, 1시간씩 배정되어 있었는데 이것을 3, 3, 3시간으로 늘렸다.[21] 이것은 모든 고등교육기관에 '체조' 시간을 늘리는 것이었는데 체조시간에 이루어지는 야외교련교육은 시간 수에서 제외한다는 규정이 있는 것으로 보아 교련시간을 확보하기 위한 것으로 판단된다.

1931년에는 1924년의 교육과정에 紡織機械製圖, 機械製作法 등이 신설되었으며 1938년에 다시 교과과정이 일부 개편되어 각 학년에 3시간씩 배정되던 영어가 2시간씩으로 줄고, 독일어가 1시간씩 새로 편성되었다. 또한 같은 해 5월 21일에 각 학년에 각각 2시간씩 배정되던 영어가 3학년에서 1시간으로 줄이고, 실습시간도 각각 6, 6, 9시간에서 6, 6, 8시간으로 1시간 축소한 대신 支那語를 3학년에서 2시간 편성했다.[22]

3) 경성공업전문학교 방직과의 교육과정

1944년 6월에 경성고등공업학교는 경성공업전문학교로 개편되었다. 수업연한은 경성고등공업학교와 동일한 3년이었고 방직과, 화학공학과, 전기화학과, 토목과, 건축과, 기계과, 원동기과, 전산과, 전기통신과로 구성되었다.[23] 각 학과의 교과과

---

19) 『朝鮮總督府官報』, 1924. 8. 21.
20) 『朝鮮總督府官報』, 1931. 3. 12.
21) 『朝鮮總督府官報』, 1928. 9. 13.
22) 『朝鮮總督府官報』, 1938. 4. 2; 5. 21.
23) 『朝鮮總督府官報』, 1944. 6. 30.

정은 다음의 〈표 3〉과 같다.

경성고등공업학교의 교과과정은 설립당시의 교과과정이 사소한 변화를 거치면서도 계속 유지되었고, 이것은 일본 본토에 있는 고등공업학교의 일반적인 교과과정과도 유사한 형태였다.[24)]

2. 기능공 양성 제도

이미 언급한 바와 같이 1899년 설립된 '상공학교'로부터 시작된 우리나라의 공업교육은 일제강점기에 들어서면서 조선총독부 공업전습소로 격하되어 운영되기 시작하였다. 이 공업전습소는 1916년에 경성공업전문학교가 설립되면서 이 학교의 부속 공업전습소가 되었으며 1922년에 경성공업전문학교가 경성고등공업학교로 개편되면서 경성공업학교로 독립하였다. 이 학교는 전문학교 수준의 경성고등공업학교와는 달리 중등공업교육을 통해 기능공을 양성하는 교육기관이었다.

1) 상공학교 및 농상공학교

농상공학교의 전신인 상공학교는 '상업과 공업에 필요한 실학을 교육'하는 곳으로 상업과와 공업과를 설치하였다. 예과 1년과 본과 3년으로 구성된 4년의 수업연한을 설정하였다.[25)] 그러나 이후 상공학교는 교직원의 인사발령은 있었으나 편성된 예산이 취소되어 학생을 모집하거나 운영하지는 못했

24) 서문석, 「일제하 고급섬유기술자들의 양성과 사회진출에 관한 연구」, 『경제사학』 34호, 경제사학회, 1997, pp.91~92.

25) 「商工學校官制」, 『(舊韓國)官報』, 1899, 4. 29.

다.[26)]

이후 이 학교는 1904년에 농상공학교로 개편되어 '농상공실업에 필요한 학리와 기술을 교수' 하는 것을 목적으로 농업과, 상업과, 공업과를 설치하였다. 입학자격은 만 17세 이상 25세 이하의 신체건강한 자로 國文, 漢文, 讀書, 作文 등의 시험을 치러야 했다. 교육연한은 상공학교와 동일했고, 봄학기는 1월 4일부터 6월 30일까지, 가을학기는 9월 1일부터 12월 30일까지로 하였다.

교과과정은 매일 5시간의 교육시간에 예과과정에서는 本國歷史, 本國地誌, 萬國歷史, 萬國地誌, 化學, 物理學, 經濟學, 筭術, 圖畵, 外國語를 배웠지만 본과의 구체적인 교육과정은 정해지지 못했다.[27)]

1906년까지 재학하던 이 학교의 재학생들 중에서 농과는 농상공부 소관의 수원농림학교로, 상과는 선린상업학교로, 공과는 공업전습소 2학년에 편입되었다.[28)]

2) 관립공업전습소

1906년에 '학부 직할학교 및 공립학교관제' 가 공포되고 1907년 2월에 '농상공부소관공업전습소관제' 와 '관립공업전습소규칙' 이 공포되면서 관립공업전습소가 본격적으로 운영되었다.[29)] 이 공

---

26) (校費停止)度支部에서 光武四年度 豫算書編定하는데 商工學校와 女學校와 農業學校의 豫算은 停止하였다더라(『皇城新聞』, 1900. 1. 19).

27) 「農商工學校規則」, 『(舊韓國)官報』, 1904. 8. 22.

28) 『서울工高九十年史』, 1989, p.51.

29) 「學部直轄學校及公立學校官制」, 『(舊韓國)官報』, 1906. 8. 31; 「農商

업전습소는 1907년 4월에 개소식을 하고 학생 74명으로 수업을 개시하였다. 染織科 · 陶器科 · 金工科 · 應用化學科 · 木工科 · 土木科 등 6個科로 수업이 진행되었다.30)

이 관립공업전습소는 '공업에 관련된 기술을 전습하는 것을 목적'으로 하고 있으며 수업연한은 2년으로 하였다. 각 학과는 각각의 전습과정을 개설하고 있었으며 공통으로 배워야 할 과목들도 있었다(〈표 4〉 참조).

입학자격을 보면 나이는 만 15세 이상 25세 미만의 남자였으며 '공업가의 자제 또는 장래 공업에 종사할 자와 공업에 관한 직무에 종사하고자 하는 지망이 확고한 남자'로 구체화되었다. 제1회 입학생들은 총 1,111명이나 지원하였기 때문에 선발시험을 치러야했으며 이 중에서 67명만이 합격이 되었다. 입학시험은 일어, 한문, 산술, 구두시험 등이었다. 이곳에 입학한 학생들은 모두 기숙사생활을 하였으며 "생도수당은 월 6원이었는데 당시의 巡査 월급 6~7원에 비하면 많은 편"31)이었다고 한다.

이 학교에서는 졸업생들에게 전공교육을 강화한 수업연한 1년의 '전공과'를 설치32)하였고 각 도에서 추천한 자를 대상으로 1년 이내의 기간 동안 실기만을 배우는 '실과'도 두었다. 1908년

工部所管工業傳習所官制」, 『(舊韓國)官報官報』, 1907. 2. 7;, 「官立工業傳習所規則」, 『(舊韓國)官報官報』, 1907. 3. 8.

30) 「駐韓日本公使館記錄 農工商務部事務公績」, 1906. 4.20, 4.29; 대한매일신보 1907. 4. 21[출처 : 국사편찬위원회 한국사데이터베이스 http://db.history.go.kr].

31) 「黃完秀 同門 懷古」, 『서울工高九十年史』, 1989, p.50.

32) 「工業傳習所規則中改正件」, 『(舊韓國)官報』, 1908. 4. 6.

〈표 4〉 **官立工業傳習所**의 **開設學科 및 傳習課程**

學科名	傳習課程(1907년)	傳習課程(1910년)	傳習課程(1916년)
染織科(織物科)	色染, 機織	色染, 機織	織物科-染物分科, 織物分科
陶器科	陶器, 磁器	陶磁器	轆轤分科, 模型分科, 陶畵分科
金工科	鑄工, 鍛工, 附仕上, 板金細工	鑄工, 鍛工, 附仕上, 板金細工	板金細工分科, 鑄工分科, 鍛工分科, 仕上分科
木工科	造家, 家具	造家, 家具, **車輛**	造家分科, 紙物分科, 車輛分科
應用化學科(化學製品科)	化學製品, 分析	化學製品, 分析	製紙分科, 製品分科
土木科	測量, 製圖	測量, 製圖, **道路**	**폐과**

주 : 1916년에 염직과가 직물과로, 응용화학과가 화학제품과로 학과명이 개편되었음.

자료 :「官立工業傳習所規則」,『(舊韓國)官報』, 1907. 3. 8, 1910. 4. 9;「京城工業專門學校規程」,『朝鮮總督府官報』 1916. 4. 1.

에 졸업한 제1회 졸업생 중에서 전공과에 진학한 졸업생은 전체 47명 중에서 21명에 이를 정도로 많은 졸업생들이 전공과에 입학하였다. 특히 염직과에는 전체 8명의 졸업생 중에서 7명이 전공과에 입학하였다.[33]

일제강점 이후 관립공업전습소는 조선총독부 공업전습소로 개편되면서 토목과가 폐지되었다. 이어 1912년에 조선총독부 중앙시험소 관제가 공포되면서 중앙시험소 부설기관으로 바뀌게 되었다.[34]

그리고 이미 설명한 바와 같이 공업전습소 특별과를 기반으

33)『서울工高九十年史』, 1989, pp.54~55.

34)「朝鮮總督府工業傳習所官制」,『朝鮮總督府官報』, 1910. 9. 30;「朝鮮總督府中央試驗所官制」,『朝鮮總督府官報』, 1912. 3. 27.

로 1916년 경성공업전문학교가 설립되면서 공업전습소는 경성공업전문학교 부속 공업전습소로 전환되었다. 이 전습소에서는 '공업에 종사할 徒弟를 양성' 하는 것을 목적으로 한다고 밝히고 있다.[35] 이를 계기로 木工科, 金工科, 織物科, 化學製品科, 陶器科를 설치하고 교과과정도 개편하였다(〈표 4〉 참조). 1918년에는 부속 공업전습소 金工科의 板金細工分科를 金屬細工分科로 바꾸고, 수업연한도 3년으로 늘리면서 교과과정까지 개편하였다.[36]

1910년대 공업전습소의 교과과정의 변화를 살펴보면 전체적으로 큰 변화는 없으나 각 학과의 전습과정들이 늘고 있는 것이 확인된다. 사회경제적 수요에 따라 차량, 도로, 제지 등의 전습과정이 신설되었으며 도기과의 경우는 전습과정을 세분화되고 있다.

직물과의 교과과정을 구체적으로 살펴보면 〈표 5〉와 같다. 1916년과 1918년의 교과과정을 비교해 보면 가장 큰 차이는 수업기한이 2년에서 3년으로 늘어났다는 것이다. 그리고 섬유관련 과목 전체의 시수가 22시간, 25시간을 차지하여 전체의 60~70% 수준을 차지할 정도로 많았다는 점이 두드러졌다. 그러나 섬유관련 과목이 분할된 1918년의 교과과정을 보면 실제로 섬유관련 과목의 대부분은 각종 실습이 차지하고 있었다. 이것은 공업전습소가 실습위주의 공업교육을 진행하고 있었다는 것을 보여주는 것이다.

35) 「京城工業專門學校規程」, 『朝鮮總督府官報』 1916. 4. 1
36) 『朝鮮總督府官報』, 1918. 2. 20.

〈표 5〉 경성공업전문학교 부속 공업전습소 직물과 교과과정(1916년, 1918년)

	1916년					1918년					
	1학년		2학년			1학년		2학년		3학년	
	時數	課程	時數	課程		時數	課程	時數	課程	時數	課程
修身	1	修身의 要旨	1	左同	修身	1	修身의 要旨	1	左同	1	左同
國語	4	讀方, 解釋, 會話, 書取, 暗誦, 作文	4	左同	國語	4	讀方, 解釋, 會話, 書取, 暗誦, 作文	4	左同	2	左同
朝鮮語 및 漢文	4		4								
數學	2	工業算術	2	工業數學 初步	數學	2	工業算術	2	左同		
理科	2	實用物理, 實用化學	2	左同	物理	2	實用物理	1	左同		
					化學	4	實用化學	2	左同		
圖畫	3	自在畫, 用器畫			圖畫 및 圖案	3	自在畫, 用器畫	2	圖案	2	左同
					應用機械學 및 製圖			3	機構學, 發動機, 機械製圖	4	左同
色染法	22	木棉, 絹, 麻織物의 染色	25	左同	色染法	2	織物原料, 精練	2	漂白, 浸染	2	浸染, 捺染
機織法		織物原料 및 織物準備工程		染織物諸機械 및 ハーネス裝置, 織物分解 및 仕上	機織法	2	機織法	2	機織法, 紋織法, 力織機	2	力織機, 染織物整理
圖案		染織物의 意匠 및 圖案		左同							
實習		各種 染織物		左同	實習	12	色染, 機織	15	色染, 化學分析, 機織	21	左同
體操	2	體操, 敎鍊	2	左同	體操	2	體操, 敎鍊	2	左同	2	左同
合計	36		36		合計	36		36		36	

자료 : 「京城工業專門學校規程」, 『朝鮮總督府官報』 1916. 4. 1; 1918. 2. 20.

3) 경성공업학교

1922년 3월에 조선제학교관제가 공포되고 경성공업전문학교가 경성고등공업학교로 개편되면서 부속 전습소가 관립경성공업학교로 독립되었다.[37] 그러나 경성공업학교는 1918년의 개편된 내용에서 별다른 변화가 없었다.

Ⅳ. 결 론

본 논문은 근대적 공장이 설립되면서 이 공장에 근무하는 기술인력들이 필요하게 되고 이들을 어떻게 기술인력으로 양성되는가를 근대적 교육제도를 통해서 확인해보았다. 이를 위해서 근대적 면방직공장들이 등장하는 배경과 설립 상황을 살펴본 후 기술인력의 양성과정을 기술자 및 기술공을 양성했던 경성고등공업학교와 기능공을 양성했던 공업전습소의 교과과정을 중심으로 살펴보았다.

연구 결과는 첫째, 1910년대 근대적 면방직공장이 설립되기 시작하는 시기에 근대적인 기술인력양성제도도 형성되었다는 것이다. 기능공을 양성하는 공업전습소 등이 1910년을 전후로 이루어지다가 경성공업전문학교가 설립되는 1910년대 중반에 본격화되었다는 점이다. 기술자를 양성하는 경성고등공업학교도 1910년대 후반부터 본격적으로 교육이 진행된 것으로 드러났다.

37) 「京城高等工業學校規程」, 『朝鮮總督府官報』 1922. 4. 1; 『京城高等工業學校一覽』 1936, pp.1~4.

둘째, 섬유기술자를 양성했던 경성고등공업학교 방직학과는 1930년대로 갈수록 섬유관련 과목이 점차 확대되어 전문공업교육이 더욱 활성화되었다. 특히 1924년에는 문직법, 막대소(메리야스), 응용역학, 방직기구학 등이 신설되어 섬유분야에 대한 전공교육이 강화되었으며, 1931년에는 기계제작법, 방직기계제도 등 섬유기계관련 과목이 신설되었다.

셋째, 기능공을 양성했던 공업전습소 염직과(직물과)는 1916년의 경우 전체 시수의 약 60~70%가 섬유 관련 실습으로 이루어져 있었다. 그리고 1918년에는 수업연한이 2년에서 3년으로 늘어나는 등 섬유관련 실무교육이 확대심화되었다.

결론적으로 근대적 공장의 설립으로 대표되는 근대적 기술인력에 대한 수요는 이들을 양성하는 제도를 형성시켰다. 그리고 이것을 통해 근대적 기술을 익혔던 기술인력들은 근대적인 공장을 기반으로 이전 시대와는 전혀 다른 근대적 일상생활을 영위하게 되었다.

그러나 본 논문은 기술인력 양성제도에서 훈련된 인력들이 근대적 공장에서 실제로 활동하였는가에 관한 문제에 대한 실증적인 분석은 하지 못했다. 연구대상 시기가 식민지상황이었기 때문에 식민지교육의 한계를 가질 수밖에 없었고 대부분이 일본인들에 의해 설립된 근대적 공장에서 한국인 기술인력들이 활동할 공간이 아주 적었다. 이런 현상은 공업전습소 졸업생들에게서도 나타났지만 기술인력의 상층인 경성고등공업학교 졸업생들에게는 더욱 심각하게 나타났다. 즉 근대적 공장의 출현으로 근대적 교육을 받았다고 하더라도 근대적인 일상생활을 하는 데까지 나아가기는 힘든 일이었다는 것이다. 이 식민지근대성의 문제에 대한 실증은 향후 연구과제로 미룬다.

〈참고문헌〉

『京城日報』, 『每日申報』, 『時代日報』, 『東亞日報』, 『朝鮮中央日報』.
『殖銀調査月報』
『朝鮮總督府官報』

경성방직, 『京城紡織五十年』, 1969.
경제기획원, 『제1차 기술진흥 5개년계획, 1962~1966: 제1차 경제개발5개년 계획 보완』, 1962.
국사편찬위원회 한국사데이터베이스 http://db.history.go.kr.
권태억, 『한국근대면업사연구』, 일조각, 1989.
권혁태, 「日本纖維資本の海外進出と植民地」, 一橋大 博士學位論文, 1997.
金子文夫, 「1920年代における朝鮮産業政策の形成」, 『近代日本の經濟と政治』, 山川出版社, 1986.
김낙년, 「식민지기 조선 공업화에 관한 논점」, 『경제사학』 35호, 경제사학회, 2003.
______, 『일제하 한국 경제』, 해남, 2003.
대한민국정부, 『제2차과학기술진흥5개년계획, 1967~1971년』, 1966. pp.92~93.
大韓紡織協會, 『紡協創立 十周年 記念誌』, Ⅱ部 會員工場編-1面 沿革編; 曺晟源, 「植民地期朝鮮棉作綿業の展開構造」, 東京大學 博士學位論文, 1992.
鈴木武雄, 『朝鮮の經濟』, 日本評論社, 1942.
삼양사, 『삼양 오십년』, 1974.

서문석, 「일제의 산업정책과 조선인자본의 형성」, 『동양학』 제41집, 단국대 동양학연구소, 2007.

______, 「일제하 고급섬유기술자들의 양성과 사회진출에 관한 연구」, 『경제사학』 34호, 경제사학회, 1997.

______, 「일제하 대규모 면방직공장의 고급기술자 연구」,『경영사학』 30호, 한국경영사학회, 2003a.

______, 「일제하 고급섬유기술자들의 양성과 사회진출에 관한 연구」, 『경제사학』 34호, 경제사학회, 2003b.

______, 「일제하 대규모 면방직공장의 조선인 고급기술자 연구」, 『경영사학』 31호, 한국경영사학회, 2003c.

小林英夫, 「1930年代朝鮮工業化政策の展開過程」, 『朝鮮史研究會論文集』, 1967.

______, 「近代東アジア史像の再檢討」, 『歷史評論』 482, 1990.

송규진, 「1920~1931년 조선총독부의 관세정책과 조선무역구조의 성격」, 『한국사학보』, 한국사학회, 1999.

穗積眞六良, 『わが生涯を朝鮮に』, 友邦協會, 1974.

鈴木武雄, 『朝鮮の經濟』, 日本評論社, 1942.

鈴木正文, 『朝鮮經濟の現段階』, 帝國地方行政學會 朝鮮本部, 1938.

전성현, 「1920년 전후 조선 상업회의소와 조선 산업정책의 확립」, 『역사와 경계』 제 58집, 부산경남사학회, 2006.

朝鮮貿易協會 編, 『朝鮮貿易史』, 東洋經濟新報京城支局, 1943

朝鮮産金組合 編, 「朝鮮産業經濟調査會 :經過及答申案全貌」, 『鑛業朝鮮』 제1권 제5호, 1936.

朝鮮産業經濟調査會 編, 『朝鮮産業經濟調査會諮問答申書』, 1936.

朝鮮總督府 編, 『産業調査委員會會事速記錄』, 1922.

朝鮮總督府 編, 『産業調査委員會會議錄』, 1921.

朝鮮總督府, 「朝鮮關稅制度ハ如何ニ改正スヘキヤ」, 『關稅制度事業の經過』.

朝鮮總督府, 『朝鮮總督府時局對策調査會諮問答申案試案』, 1938.

朝鮮總督府法務局 編, 『朝鮮時局關經濟關係法令例規集』, 1939.

曺晟源, 「植民地期朝鮮棉作綿業の展開構造」, 東京大 博士學位論文, 1993.

鐘紡柱式會社社史編纂室, 『鐘紡百年史』, 鐘紡株式會社, 1988.

주익종, 「後發者와 後後發者-일제하 朝鮮紡織(株)와 京城紡織(株)-」, 『경제사학』 32호, 경제사학회, 2002.

______, 「일제하 한국의 식민정부, 민간기업, 그리고 공업화」, 『경제사학」 35호, 경제사학회, 2003.

차명수, 「세계농업공황과 일제하 조선경제」, 『경제사학』 15, 경제사학회, 1991.

차병권, 「일제하에 있어서 한국의 무역정책-관세정책을 중심으로」, 『일제의 경제침탈사』, 현음사, 1971.

허수열, 「식민지기 조선인 자본의 성장」, 『경제사학』 17호, 경제사학회, 1993.

______, 「식민지적 공업화의 특징」, 김종현 편저, 『공업화의 제유형(II)』, 경문사, 1996.

______, 「일제하 조선의 각종 수익률」, 『경제사학』 34, 경제사학회, 2003.

高橋龜吉, 『現代朝鮮經濟論』, 東京, 千倉書房, 1935.

堀和生, 「朝鮮殖産銀行と植民地産業金融」, 『朝鮮史研究會論文集』, 1983.

______, 『朝鮮工業化の史的分析』, 東京:有斐閣, 1995.

「五道踏破旅行」에 나타난 일제 식민지 교통 체계 연구*

김 재 관**

Ⅰ. 서 론

이광수의 「오도답파여행」(이하 기사 제목을 언급할 경우 「여행」으로 표기)은 1917년 6월 29일부터 같은 해 9월 12일까지 〈매일신보〉에 연재된 기행문이다. 총 53신이 연재된 「여행」은 〈매일신보〉 뿐만 아니라 〈매일신보〉가 속해있던 〈경성일보〉의 지면에도 게재되었다.[1] 「여행」은 경성일보사 감사였던 나카무

---

* 이 논문은 『語文論集』 46집(중앙어문학회, 2011.3)에 게재되었던 것을 수정 · 보완하여 재수록하는 것임을 밝혀둔다.

** 단국대학교 동양학연구원 연구교수.

1) 황민호, 「총론-1910년대 조선총독부의 언론정책과 〈매일신보〉」, 수요역사연구회 편, 『식민지 조선과 매일신보 1910년대』, 신서원, 2003, pp.17~19.

통감부가 인수했던 〈大韓每日申報〉는 한일병합 이후 〈매일신보〉로 이름을 바꾸고, 대한제국의 기관지였던 〈大韓新聞〉의 후신인 〈漢陽新聞〉을 통합하여 국한문판과 한글판 두 종류를 발간했다. 이로써 〈매일신보〉는 조선총독부의 기관지이자 한국어로 된 유일한 신문이 되었다. 도쿠토미 소호(德富蘇峰)는 데라우치 마사다케(寺內正毅) 총독과 '산문

라 겐타로의 의뢰를 받고[2] 연재한 것으로 6월 26일부터 같은 해 8월 18일까지 충남, 전북, 전남, 경남, 경북 등의 오도를 여행하면서 작성한 기행문이다. 그는 첫 도착지인 공주에서부터 「여행」의 원고를 작성해서 6월 29일자 〈매일신보〉 1면에 게재한다. 이후 목포에 도착해서 이질로 원고 작성과 게재를 잠시 중단했다가, 8월 18일 작성하고 9월 12일에 게재한 기사를 끝으로 장편 기행문 「여행」의 연재를 마친다. 「여행」의 작성 일시와 게재 일자가 다른 것은 〈매일신보〉에서 우편으로 원고를 받아 기사화했기 때문이다.[3]

이광수의 기행문 「여행」이 매일 발간되는 〈매일신보〉에 연재되기 위해서는 목적지로 가는 교통수단이 있어야 하며, 현지에서 쓴 기사를 송고할 수 있는 통신망이 전제되어야 한다. 이광

정리에 관한 취극서' 라는 약정서를 교환하고, 〈매일신보〉와 〈경성일보〉의 감독으로 취임하여 무단통치기 조선의 언론을 주도하였다. 그는 경성일보사의 조직을 '경성일보 편집국, 매일신보 편집국, 영업국' 의 3개 부서로 나누고, 각 편집국에서 〈경성일보〉와 〈매일신보〉를 발간하게 했다. 또한 1910년 12월 말에 〈매일신보〉를 경성일보사 구내로 옮기게 하고 〈경성일보〉와의 일관된 체제를 유지하게 했다.

2) 이광수, 「무부츠 옹(無佛翁)의 추억」, 김원모 · 이경훈 편역, 『春園 李光洙 親日文學, 동포에 告함』, 철학과현실사, 1997, p.245.(원문은 「無佛翁の憶出」, 〈京城日報〉, 1939.3.11.)

"옹(〈경성일보〉 아베 미츠이에(阿部充家) 사장 : 인용자 주)과 처음 만난 그 다음해인 타이쇼(大正) 6년(1917년), 동경에 있는 나에게 당시 매일신보 감사였던 나카무라 겐타로(中村健太郎) 씨로부터, 여름 방학을 이용해 시정(始政) 5년 민정시찰(民情視察)을 위해 조선을 행각(行脚)해 보지 않겠냐는 편지가 왔다. · · ·중략· · · 그리하여 나는 소위 오도답파(五道踏破) 여행길에 오른 것인데"

3) 「여행」이 연재되던 시점의 〈매일신보〉 소재 기사들을 보면 긴급기사는 기사문 끝에 〈뎐보〉(예: 동릭뎐보)라고 표시하고 있다. 〈뎐보〉 이외의 기사는 우편으로 송달된 원고를 기사화했을 가능성이 높다.

수는 「여행」을 연재하기 위해 경부선과 호남선은 물론이고 이와 연계된 각종 근대교통수단을 이용한다. 그리고 「여행」의 원고를 식민지 조선의 우편제도를 이용하여 〈매일신보〉에 송고했다. 그의 여행 방식은 전대의 여행 방식과 다르다. 그의 여행은 부여에서 강경으로 이동할 때를 제외하면 철저하게 근대교통수단을 이용한다. 그는 전대의 여행자들에 비하여 빠른 속도로 목적지로 이동하며 「여행」에서 조선의 인문지리를 기술한다. 그의 「여행」이 연재될 수 있었던 배경에는 인류의 여행 방식을 바꾼 철도 등의 근대교통수단이 있기에 가능했던 것이었다.

증기라는 새로운 에너지원을 이용하는 철도와 기선이 등장하면서 인류의 여행 방식은 전대와 비교할 수 없을 정도로 넓은 지역을 빠른 속도로 이동하는 식으로 이루어지게 되었다.[4] 철도의 등장 이후 여행자들은 전대에 비하여 비용과 시간도 줄이면서도 안전하고 편안하게 여행을 할 수 있었다. 근대인은 자연지형을 개조하고 선로를 부설하여 철도 교통의 속도를 향상시켰으며, 자연 발생적인 도로에서 파생되는 위험성을 제거했다. 공간과 공간을 직선으로 연결하는 철도는 국토에 대한 인식도 바꾸었다. 철도는 국토의 전역으로 뻗어 나갔으며, 심상에서만 존재하던 공간이 실체적인 국토로 인식되었다. 철도가 이룬 여행 시간의 단축은 더 많은 공간을 실체로 인식할 수 있게 하였으며, 새로운 공간을 기대하게 하였다.[5]

---

4) 빈프리트 뢰스부르크, 이민수 역, 『여행의 역사』, 효형출판, 2003, p.232, p.261.

기술이 발전하면서 여행 환경에서 유동성이 중요한 조건이 되었으며, 이로 인해 여행의 방식도 목적지에 빠르게 도착하는 방식으로 전개되었다.

철도의 등장으로 지방은 분화된 공간으로 인식되지 않게 되며, 국토라는 거대 공간에 복속되는 하위 단위가 된다. 이광수의 「여행」은 이러한 인식을 반영하고 있으며, 이는 선행 연구에서 밝혀졌듯이 「여행」은 조선총독부의 식민지 지배 정책과 밀접한 연관관계를 맺고 있다.[6] 또한 「여행」은 당시 〈매일신보〉에 연재되었던 '시찰단(視察團)'의 견문기인 '시찰기' 등의 기반이 있었기 때문에 장편 여행기로 나타날 수 있었다.[7] 그러나 이광수의 「여행」이 출현할 수 있는 물질적 · 제도적 기반에 대한 연구는 부족하다. 특히 60여 일 동안 충남, 전북, 전남, 경남, 경북, 강원도까지 방문하는 일정[8]이 실현되기 위해서는 이들 장소를 연결하는 교통체계가 존재해야 한다. 철도, 해운, 자동차, 버스 등이 간선과 지선으로 연계되어 있어야 하는 것이다. 이미 철도와 문학의 연관성을 분석한 연구[9]가 적지 않지만, 식민지 조선의 교통체계와의 상관성에 대해서는 간과하고 있다. 「여행」에는 1917년 식민지 조선의 모든 교통수단이 등장하는

---

5) 볼프강 쉬벨부쉬, 박진희 역, 『철도여행의 역사』, 궁리, 1999, pp.45~50. 참조.

6) 정혜영, 「〈오도답파여행〉과 1910년대 조선의 풍경」, 『현대소설연구』 40호, 2009, pp.313~335, 김현주, 「근대 초기 기행문의 전개 양상과 문학적 기행문의 '기원' -국토 기행을 중심으로」, 『현대문학의 연구』 16호, 2001, pp.95~129.

7) 신지연, 『글쓰기라는 거울』, 소명출판. 2007, pp.116~118.

8) 「五道踏破旅行道程」, 〈每日申報〉, 1917.7.28.

9) 구인모, 「일본의 식민지 철도여행과 창가」, 『정신문화연구』 제32권 제3호, 2009, pp.195~223. 김동식, 「철도의 근대성-「경부철도노래」와 「세계일주가」를 중심으로」, 『돈암어문학』 제15집, 2002, pp.39~67. 김중철, 「근대 기행 담론 속의 기차와 차내 풍경-1910~20년대 기행문을 중심으로」, 『우리말글』 통권 33호, 2005, pp.307~332.

데, 이들은 지역과 지역을 간선과 지선으로 연결시키고 있다. 이처럼 식민지 교통체계는 적지 않은 기간이 소요되는 「여행」을 가능하게 하는 물질적 · 제도적 기반이었으며, 〈매일신보〉에 장편 여행기의 연재를 가능하게 하는 문학적 기반이기도 했다. 이광수가 「여행」에서 다양한 교통수단을 이용하는데, 지역과 지역을 연결하는 이들 교통수단은 식민지 교통제도의 실체를 드러내는 것이었다. 또한 이는 식민지 지배의 우수성을 보여주는 표상으로 작동하기도 했다.

따라서 본고는 「여행」의 연재를 가능하게 했던 일제강점기 초기 식민지 교통체계에 초점을 두고 「여행」의 의미를 분석하고자 한다. 이를 위해 2장에서는 「여행」 예고 기사를 통해 〈매일신보〉의 「여행」기획 의도를 분석할 것이다. 3장에서는 「여행」에 등장하는 식민지 교통수단의 특성과 「여행」에서 나타난 식민지 교통체계의 의미를 밝힐 것이다. 이를 통해 〈매일신보〉 기획 변경이 초래한 식민지 근대 교통체계의 구조를 살펴보고, 이러한 교통체계를 기반으로 연재된 「여행」에서 나타난 근대적 여행의 방식과 그 의미를 밝히고자 한다.

Ⅱ. 「오도답파여행」 예고 기사로 본 <매일신보>의 기획의도

〈매일신보〉는 6월 16일 1면에 「五道踏破徒步旅行」이란 표제로 '여행' 의 취지와 이를 취재할 기자를 예고한다. 〈경성일보〉 또한 1917년 6월 26일 석간 1면의 「社告」를 통하여 매일신보기자 이광수의 글이 게재될 것임을 예고한다.

新政의 實施后임의 六星霜을 閱ᄒᆞ야 朝鮮은 今世面目一新의 秋에 當ᄒᆞ얏도다. 社會의 耳目되고 朝鮮唯一의 言論機關되ᄂᆞᆫ 我社ᄂᆞᆫ 夙히 社員을 派遣ᄒᆞ야 各地方을 編歷ᄒᆞ며 有志를 尋訪ᄒᆞ야, 新政普及의 政勢를 察ᄒᆞ며, 經濟, 産業, 教育, 交通의 發達, 人情風俗의 變遷을 觀察ᄒᆞ고 並ᄒᆞ야 隱沒ᄒᆞᆫ 名所舊蹟을 深ᄒᆞ며 名賢逸士의 蹟을 廣히 此를 天下에 紹介코져홈이 已久ᄒᆞ얏더니, 今回에 好機를 得ᄒᆞ야 此를 決行ᄒᆞ게 되야 爲先 江原, 慶尙南北, 全羅南北의 五道에 恒ᄒᆞ야 徒步로 此를 踏破케ᄒᆞ고져 ᄒᆞᄂᆞᆫ도다. ···중략··· 願컨ᄃᆡ 地方의 人士ᄂᆞᆫ 我社의 此擧를 贊同ᄒᆞ심과 同時에 多大同情으써 各般의 便宜를 付與ᄒᆞ소서.[10)]

그런데 〈매일신보〉와 〈경성일보〉의 알림 기사에는 몇 가지 차이가 있다. 첫째 〈경성일보〉는 〈매일신보〉와 달리 이광수가 여행할 다섯 지역의 명칭을 열거하지 않고 '各地方' 으로만 표기하고 있다. 〈매일신보〉는 이광수의 오도답파여행 출발을 알리는 6월 26일 기사에서도 기존의 5개 지역과 함께 '忠淸南北' 을 추가하고 있다.[11)] 그렇지만 오도답파여행에 대한 〈경성일보〉의 첫 「社告」는 구체적인 지역 명을 제시하지 않는다.[12)]

둘째 〈매일신보〉 기사(1917.6.16)에서는 '地方人士' 에게만 편의 제공을 당부하고 있는 것에 비하여, 〈경성일보〉는 '地方有志' 이외에도 '官憲' 의 원조를 구하고 있다.[13)] 지방 관리와 헌병

10) 「五道踏破徒步旅行」, 〈每日申報〉, 1917.6.16.

11) 「五道踏破徒步旅行 特派員出發」, 〈每日申報〉, 1917.6.26.

12) 〈매일신보〉에도 같은 내용의 謹告가 실리는데, 내용은 26일자 〈경성일보〉의 사고와 같다.

13) 「社告」, 〈京城日報〉, 1917.6.26.

"相成候處此擧の成功と否とは全く官憲並に地方有志の御援助の如

대의 협조를 요구하는 이 사고는 오도답파여행이 조선총독부 행정력의 지원을 받음을 알려준다. 이는 「여행」이 단순한 탐방기가 아님을 알려준다. 이광수는 「여행」에서 도청 소재지, 문화 고적지, 개항 이후 성장한 신흥 도시, 모범 농촌 등을 방문하는데, 이들 도시는 일제의 식민지 지배정책과 관련되어 있는 곳이었다. 이들 지역에 도착한 이광수는 총독부와 매일신보사의 통보를 받은 지역 유지들의 환대를 받았고, 관헌의 적극적인 행정 지원을 받았다.[14)]

셋째 〈매일신보〉의 최초 예고기사에는 주최자가 '매일신보사'로 공지된다. 그런데 6월 26일자 〈매일신보〉의 「謹告」에서는 '매일신보사 · 경성일보사' 를 병기함으로써 이 기획이 공동 주최임을 알리고 있다. 이는 신문사의 표기순서만 바꾸었을 뿐, 〈경성일보〉의 「社告」 또한 같다. '오도답파여행' 은 매일신보가 속한 경성일보사의 감사(이광수는 〈매일신보〉 감사로 표현, 주 2 참조)였던 나카무라 겐타로(中村健太郎)의 편지를 받고 수락한 것[15)]이었음에도 〈경성일보〉는 〈매일신보〉와 달리 '오도답파여

何に"

14) 이광수, 「무부츠 옹(無佛翁)의 추억」, 김원모 · 이경훈 편역, 『春園 李光洙 親日文學, 동포에 告함』, 철학과 현실사, 1997, p.245.

"조선인 기자로서는 효시라 하여, 회사나 총독부(원문:本府)로부터도 각지 관헌(官憲)에 통첩이 가는 등, 가는 곳마다 실로 면목 없을 정도의 성대한 환영을 받았던 것이다."

15) 황민호, 앞의 글, p.17. 참조.

'오도답파여행' 제안을 〈경성일보〉의 감사였던 나카무라 겐타로(中村健太郎)가 했다는 점과 〈매일신보〉가 경성일보사에 소속된 하나의 편집국에서 발간되었다는 점으로 볼 때, 이 기획은 〈매일신보〉의 독자적인 기획이 아니라 경성일보사 차원에서 이루어진 것임을 알 수 있다. 그러나 〈경성일보〉는 〈매일신보〉 기사의 전문을 기사화하지

행' 출발 당일에야 「社告」를 낸다.

위의 세 가지 차이를 통해 볼 때, 「여행」의 주요 대상 독자는 조선인이었음을 알게 해준다. 〈매일신보〉의 독자들은 『무정』의 작가인 이광수를 알고 있었고, 그의 사상과 문장력을 인지하고 있었다. 그렇기 때문에 〈매일신보〉는 「五道踏破徒步旅行」이란 예고 기사를 통해 조선인 독자의 관심을 유발하고자 했다.[16] 그러나 일문 신문인 〈경성일보〉의 독자들에게 이광수는 매일신보기자에 불과했기에,[17] 〈경성일보〉는 기사의 기획과 준비(이광수의 섭외, 이광수의 귀국, 여행 준비) 과정이 마무리되고 출발이 이루어진 당일에야 공식적으로 기사를 낸다. 즉 나카무라 겐타로를 통해 '오도답파여행'에 대한 이광수의 의사를 타진하고, 그가 6월 18일 이후 도쿄를 떠나[18] 경성에서 '오도답파여행' 준비 과정을 지켜본 후, 26일 아침 배달되는 25일자 석간에

않는다.

16) 「五道踏破徒步旅行」, 〈每日申報〉, 1917.6.16.

"又其特派員으로는 雜誌 「青春」寄稿家로 全道學生의 喝仰을 受ᄒᆞ며 我社의 紙上에 農村啓發, 朝鮮教育家論, 小說 無情 等을 連載ᄒᆞ야 文名이 天下에 轟振ᄒᆞᆫ 春園 李光洙 君이 其任에 當ᄒᆞ기로 되얏도다."

17) 「社告」, 〈京城日報〉, 1917.6.26.

〈경성일보〉의 「社告」는 〈매일신보〉와 달리 이광수의 작가적인 이력을 전혀 소개하지 않는다. '每日申報記者 李光洙を' 로만 표기함으로써 이광수는 작가로서 초빙된 것이 아니라, 경성일보사의 하위 부서인 매일신보의 기자로 격하된다.

18) 波多田節子, 「이광수의 제2차 유학시절에 대해서」, 『한국현대문학과 일본』 한국현대문학회 2008년 제3차 전국학술대회 자료집, 2008, p.57.

하타노 세츠코(波多田節子)는 『學之光』제13호에 실린 「卒業生 諸君에 들이는 懇告」의 끝에 '1917,6,18夜' 라고 기록되어 있은 것으로 볼 때, 이 글이 나카무라 겐타로의 제안을 수락하고 도쿄를 떠나기 직전에 쓴 글이라고 추정한다.

「社告」를 통해 기사화한다. 〈매일신보〉와 〈경성일보〉에 같은 내용으로 실린 「社告」는 이광수가 26일 새벽 오전 8시 30분 남대문발 남행열차로 떠났음을 알리는 것이자, 이광수의 여정이 공식적인 일정임을 알리는 기사라 할 수 있다.

이는 「여행」에서 기술되는 내용과도 밀접한 관련을 맺고 있는데, 〈매일신보〉의 독자들에게 조선총독부 체제가 시작된 이후(新政 實施后)의 문명 변천을 알리고자 했던 의도와도 부합된다. 이는 〈경성일보〉 연재기사와의 비교를 통해서도 알 수 있다. 〈매일신보〉의 기사는 순행적 구성에 따라 여정을 기술되는 반면에, 〈경성일보〉의 기사는 여정의 일부를 생략하거나 같은 지역을 묘사함에 있어서도 차이를 보여 준다. 이는 〈매일신보〉가 여행의 취지처럼 총독부 식민체제 이후의 발전상을 조선인에게 상세하게 알리는 것에 주력하고 있었음을 알게 해준다.

〈경성일보〉의 기사도 1회에서 3회까지는 〈매일신보〉의 제1신부터 제4신 일부까지의 내용과 같고, 여정의 경로 또한 비슷하다. 그러나 〈매일신보〉의 제10신의 내용에 해당하는 〈경성일보〉의 7월 6일 「湖南より」에서부터는 기사의 내용이 일치하지 않는다. 이는 전주 도착 이전까지 『매일신보』에 송고한 기사를 〈경성일보〉에서 번역 게재하다가, 전주 이후부터는 이광수가 〈경성일보〉 원고를 직접 작성했기 때문인 것으로 보인다.

> 나는 경성일보 편집국장인 마쓰오(松尾)씨로부터도 경성일보 쪽에도 기행문을 실어 달라고 부탁을 받았으므로, 전주 부근부터 일본어와 조선어 양쪽으로 기행문을 썼던 것인데, 마쓰오씨는 조선인의 손으로 씌어졌다는 진기함 때문이었는지, 나의 소우로우 문

체(候文體;경어인 소우로우(候)라는 말을 사용하는 일본 문어체의 일종으로 중세 이래 편지나 공문서 등에 사용한 문체)로 된 기행문을 초호(初號) 3단의 커다란 표제를 붙여 2면 상단 머리기사로 다루어 주었다.[19]

> 全州에서부터 나는 ≪京城日報≫에도 紀行文을 쓰라는 請囑을 받아서 거기서 木浦까지 가는 동안에는 兩新聞에 다 썼다. 그러다가 木浦에서 赤痢에 붙들려서 重痛하고 나서부터는, 卽 木浦 · 多島海 · 慶州等의 紀行文은 ≪京城日報≫에 게재하는 分을 내가 쓰고, ≪每日申報≫에는 당시 거기서 執筆하던 親友 沈友燮君이 飜譯하시기로 되었었다.[20]

그런데 이광수의 회고는 실제와 일치하지 않는 내용이 있다. 최초의 〈경성일보〉「여행」 기사는 「湖西より」라는 표제로 6월 30일 1면 하단에 4단 기사로 게재되었으며, 일본어로 작성한 전주 기사가 게재되기 이전의 기사도 7월 1일과 7월 2일 1면 하단에 각각 4단 기사로 게재된다. 또한 〈경성일보〉의 마쓰오 편집국장이 자신의 일문 기사를 2면 상단에 배치했다는 내용도 일치하지 않는다. 이광수가 전주부터 직접 작성하기 시작했다는 〈경성일보〉 기사인 「湖南より」는 7월 6일부터 게재되는데, 이 기사도 1면 하단에 3단으로 게재되었다. 이후의 기사들도 목포에 도착해 적리(赤痢)로 기사 작성이 불가능하게 되면서 게재를 일주일간 쉬겠다고[21] 한 7월 17일자에만 1면 하단에 1단 기

19) 이광수, 「무부츠 옹(無佛翁)의 추억」, 김원모 · 이경훈 편역, 『春園 李光洙 親日文學, 동포에 告함』, 철학과 현실사, 1997, pp.245~246.
20) 이광수, 「半島江山-序文」, 『全集10』, 1939, p.529.

사로 게재된다. 이 기사를 제외하고 〈경성일보〉의 「여행」의 일문 기사는 석간 1면의 하단에 3~4단으로 배치되었다. 20년 전의 일을 회고하는 것이라 면수와 단수 등의 기사 위치에 대한 기억은 부정확할 수도 있다.

이렇게 〈매일신보〉와 〈경성일보〉의 「여행」 관련 기사가 일치하지 않는 이유는 「여행」의 주요 독자를 조선인으로 삼았기 때문이며, 「여행」에서 신구대립 구도를 통해 우월한 것으로 묘사되는 조선총독부 정책의 주요 선전 대상도 조선인이었기 때문이다[22]. 이는 「여행」의 첫 기사인 제1신이 게재되기 전 날인 7월 28일 〈매일신보〉에 실린 「五道踏破旅行道程」에서도 확인된다. 〈경성일보〉에는 이 기사가 실리지 않았는데, 〈매일신보〉가 일자별로 28개의 여행 지역(단기 경유 지역 포함)을 상세하게 명시한 것은 『무정』의 작가 이광수를 알고 있는 조선인 독자의 관심을 유도하기 위한 것으로 볼 수 있다.[23] 즉 "特派員의 文名은 임의 天下에 定評이 有ᄒᆞᆫ바 그 紀行文의 多趣多味ᄒᆞᆷ은 多言을 要치 안이ᄒᆞᄂᆞᆫ 바일지라" [24]처럼 〈매일신보〉를 통해 이광수의 조선어적 어법에 길들여진 조선어 언중(言衆)이 「여행」의 주

---

21) 「五道踏破記事休揭」, 〈京城日報〉, 1917.7.17.

22) 이광수가 작성·송고한 것을 경성일보에서 취사선택해서 게재했을 가능성도 있다. 일본어 원고를 동시에 작성하기 시작했다는 '전주' 이후의 지역인 '광주' 는 〈경성일보〉에 없다. 〈경성일보〉는 〈매일신보〉에 연재되는 「여행」의 전문을 게재할 생각이 없었던 것으로 추정해 볼 수 있다.

23) 『무정』의 연재는 6월 14일에 126회로 끝나자마자, 6월 16일부터 이광수가 「여행」을 연재할 것이라는 예고기사를 내보내는 것도 『무정』의 독자층을 의식한 것으로 판단된다.

24) 「五道踏破旅行道程」, 〈每日申報〉, 1917.7.28.

독자임을 알리는 것이다. 이에 비해 〈경성일보〉의 기사는 일본어 번역이라는 매개과정을 거쳤다는 점과 〈매일신보〉 기사 내용을 취사선택했다는 점[25]에서 〈경성일보〉 편집자의 언론검열을 거친 기사의 성격을 지니게 된다.[26] 따라서 두 신문의 「여행」 예고기사의 회수와 세세한 설명의 차이는 「여행」의 대상 독자를 바라보는 시선의 차이를 알려 주는 것이다. 「여행」은 〈매일신보〉, 〈경성일보〉의 공동기획이었지만, 처음부터 〈매일신보〉의 주독자인 조선인들을 대상으로 하는 것이었다.

65일로 예고된 여정[27]을 담은 장편 여행기가 연재되기 위해서는 이를 기술할 수 있는 문장 능력이 요구된다. 이미 〈매일신보〉에 「여행」과 유사한 기행문인 조중환(趙重桓)의 「周遊三南」(〈每日申報〉, 1914.6.13~7.10)과 10회 이상 연재되는 견문기들

25) 실제로 〈경성일보〉 기사에서 충남도청이 소재한 '공주(公州)'를 떠나 '부여(夫餘), 강경(江景), 군산(群山)'을 거쳐 전북도청 소재지인 '전주(全州)'에 도착하기 전까지를 다루고 있는 〈매일신보〉의 6개 기사가 생략되었다. 「오도답파여행」 판본에 대한 비교는 본고의 주제를 벗어나므로 다른 논의에서 논구하기로 한다.

26) 정백수, 『한국근대의 식민지 체험과 이중 언어 문학』, 아세아문화사, 2000, p.150.
정백수는 〈매일신보〉에 게재되는 논설들이 작자(기자)에서 편집자(총독부의 언론 검열)를 경유하여 신문독자에게 바로 전달되었지만, 『무정』과 같은 문학이 독자에게 전달되는 과정은 비교적 언론검열을 적게 받았다고 분석하고 있다. 그런데 「여행」은 문학 영역에 속했지만, 조선총독부의 시정을 홍보하는 논설적 성격도 지니고 있었기 때문에 〈매일신보〉와 〈경성일보〉에 게재된 내용은 상위 기관인 〈경성일보〉 편집자에 의해 검열을 받고 실린 것이다.

27) 「五道踏破旅行道程」에는 6월 20일 경성에서 출발해서 9월 10일 경성으로 돌아오는 것으로 일정을 제시하고 있는데, 이미 26일 출발을 알리는 기사(「五道踏破旅行 特派員出發」)가 실린 것으로 볼 때 출발일이 20일로 표시된 것은 脫字로 보인다.

이 연재된 적이 있었지만 「여행」의 기술 분량에는 미치지 못했다.[28] 그런데 이광수는 126회 분량의 『무정』을 연재했을 정도로 문장 능력이 입증되었고, 『청춘』, 『학지광』, 〈매일신보〉 논설을 통해 사상가로서의 능력도 입증하고 있었다. 게다가 『무정』의 성공으로 대중적인 인지도까지 확보하고 있었다. 따라서 〈매일신보〉의 「여행」은 『무정』으로 작가적 위치를 확립한 이광수라는 검증된 존재와 그의 지명도를 인지하고 있는 조선인들을 주요 독자로 하는 기행문이었다. 3차례에 걸친 예고기사[29]와 여정출발기사[30], 출정기[31] 등을 실은 〈매일신보〉 기사에 비하여 〈경성일보〉가 한 차례의 '사고(社告)' 만으로 「여행」의 게재를 알린 것은 독자층이 다른데 기인하는 것으로 〈경성일보〉 독자들에게 식민지 지배의 당위성을 선전할 필요성이 적었기 때문이다.

III. 식민지 교통체계와 여행의 종합 안내서, 「오도답파여행」

〈매일신보〉는 「五道踏破旅行道程」(6.28)을 통하여 「五道踏破徒步旅行」(6.16)에서 여행 방법으로 밝힌 도보를 기차와 기선을

28) 신지연, 『글쓰기라는 거울』, 소명출판, 2007, pp.116~118.
신지연은 趙重桓의 「周遊三南」과 「周遊三南」 이후 〈매일신보〉에 10회 이상의 분량으로 연재된 다양한 견문기들이 있었기에 이광수의 「여행」 연재도 가능했던 것으로 분석하고 있다.

29) 「五道踏破徒步旅行」(1917.6.16), 「謹告」(1917.6.26), 「五道踏破旅行道程」(1917.6.28)

30) 「五道踏破旅行 特派員出發」, 〈每日申報〉, 1917.6.26

31) 「旅程에 오르면서」, 〈每日申報〉, 1917.6.26.

이용하는 것으로 변경되었음을 밝힌다. 〈매일신보〉는 계절적 요인으로 여정과 여행 방법 등이 최초 기획과 달라졌으며, 추후에도 변경될 수 있음을 공지하고 있다.

> 本社 五道踏破旅行의 特派員 春園生은 二十六日 午前 八時三十分 南大門을 出發ᄒᆞ얏다. 此計劃은 最初 徒步로 五道를 踏破코져 ᄒᆞ얏스나 時季가 不順ᄒᆞᆷ으로 汽車汽船을 利用ᄒᆞ야 重要地를 多數訪問키로 變更ᄒᆞ야 · · · 중략(인용자 주) · · · 此 道程과 日程은 天候其他의 關係로 多少 變更될ᄂᆞᆫ지 未知ᄒᆞ나 될 수 잇ᄂᆞᆫ ᄃᆡ로ᄂᆞᆫ 此를 實行코저 決心ᄒᆞ얏다.[32]

〈매일신보〉의 계획 변경 사유인 '不順한 時季'가 내포하는 의미는 '한 여름'이라는 계절적 특성으로만 국한되지는 않는 것 같다. 1917년 당시 오십여 일 동안 지속된 가뭄으로 인해 조선 민중의 삶은 아동인신매매가 횡행할 정도로 피폐한 상황이었다.[33] 이광수가 여행의 도정에 오르는 26일에야 가뭄이 극심했던 중부지방에 많은 비가 내리는데, 비가 올 때까지 〈매일신

---

32) 「五道踏破旅行道程」, 〈每日申報〉, 1917.7.28.

33) 「旱魃의 騷動, 심지어 ᄋᆞᄒᆡ들을 판다」, 〈每日申報〉, 1717.6.24.

"본년은 엇지ᄒᆞᆫ ᄉᆡ닭인지 쟝마털에 드럿스나 남션디방의 일부를 제ᄒᆞ고ᄂᆞᆫ 아즉도 한방울의 강우가업셔서 각디의 논은 거북등과 ᄀᆞᆺ치 떠지고 모들은 모다말나 죽ᄂᆞᆫ 이 경황을 ᄯᅡ라 쌀갑도 졈졈 등귀ᄒᆞ야 지ᄂᆞᆫᄃᆡ 특히 강원도 황ᄒᆡ도 방면의 ᄉᆡ골에셔ᄂᆞᆫ 모든 사ᄅᆞᆷ의 ᄉᆡᆼ활난이 말ᄒᆞᆯ수업ᄂᆞᆫ 비극을 일우ᄂᆞᆫᄃᆡ · · · 중략 · · · 쇼문을 듯건ᄃᆡ 젼남디방에셔ᄂᆞᆫ 결쳐에 ᄆᆡᄆᆡᄒᆞ기를 목뎍ᄒᆞ고 실팔세 이하 팔십여명을 동디(同地: 인용자 주)로부터 배에 실고 황ᄒᆡ도에 보ᄂᆡ여 동디와 및 인천부근에셔 비밀히 파ᄂᆞᆫ 등 비참ᄒᆞᆫ 일이 하도 만흠으로 텬긔가 이ᄃᆡ로 지쇽되다가ᄂᆞᆫ 엇더ᄒᆞᆫ 디경에 이를ᄂᆞᆫ지 모르겟다더라."

보〉에는 가뭄 관련 기사들이 연일 게재되고 있었다.[34] 이러한 때에 조선인들의 삶의 공간에 밀착해서 관찰할 수 있는 도보 여행의 방법은 총독부의 선정(善政)을 알리기 위한 기획 의도를 벗어날 가능성이 높은 여행 방법이었다.[35] 애초의 도보 여행이 기차와 기선을 타고 이동하는 것으로 변경되었지만, 이러한 여행 방법의 변경은 조선총독부 시정 6주년 현황을 보다 더 명료하게 드러내며 의도하지 않은 상황을 초래한다. 이는 조선총독부가 1915년 개최한 '시정오년기념조선물산공진회(始政五年記念朝鮮物産共進會, 이하 '공진회'로 표기)'의 취지와 부합되는 것이기도 했다.

「여행」의 내용 중 적지 않은 부분을 차지하는 것은 조선총독부의 식산정책을 각 도청장관과 경무부장 등으로부터 듣고 기술하는 것이다. 이는 〈매일신보〉가 이 여행기를 연재하는 주요 목적이기도 했다. 1915년 조선총독부는 식민통치 5주년을 기념하는 '공진회'를 개최하여 일제식민지배의 정당성과 우수성을 알리고자 했다. 「여행」에서 기술되는 조선의 농업, 상업, 임업,

---

34) 「夜間斷水 十七日夜부터 물을 節約ᄒᆞ라-미리 기러두지 마라」, 〈每日申報〉, 1917.6.19., 「降雨ᄂᆞᆫ 何時에나 洽足ᄒᆞᆯ가-부족ᄒᆞᆫ 비와 비두쉬 인소」, 〈每日申報〉, 1917.6.20., 「旱災가 甚ᄒᆞᆫᄃᆡ 自動車妓生이 무엇이냐-가징ᄒᆞᆫ 불냥소년 됴즁응 ᄌᆞ의 이약이」, 〈每日申報〉, 1917,6.24.

35) 김중철, 「근대 기행 담론 속의 기차와 차내 풍경-1910~20년대 기행문을 중심으로」, 『우리말글』통권 33호, 2005, pp.320~322. 참조.

전통적인 여행방식인 도보여행은 여행자와 주위 풍경이 분리되지 않으며, 여행자는 근접한 공간 안에서 대상을 주시하고 몰입하게 된다. 이렇게 볼 때 〈매일신보〉의 도보여행은 가뭄 등으로 피해 받는 조선인들의 삶을 가까운 거리에서 경험할 수밖에 없다는 점에서 애초의 기획 취지에서 벗어날 수 있는 가능성을 지니고 있었다.

광업 등의 방향은 선행 연구[36]에서 밝히고 있듯이 조선총독부의 식산정책과 부합하는 것이었다. 오히려 「여행」은 조선총독부의 식산정책을 설명하는 것에만 그치지 않고, 이러한 식산정책이 실현될 수 있는 물질적 · 제도적 토대를 「여행」에 등장하는 교통체계를 통해서 드러내고 있다.

조선총독부는 '공진회'의 출품 품목을 13부로 분류하였는데[37], 「여행」에서도 이 부류의 사업 현황에 대해 관헌과의 문답, 서술자의 관찰 등을 통해 서술하고 있다. 그런데 조선의 모든 생활 영역을 전시한[38] '공진회'에서 주목되는 것은 제9부 '土木及交通'이다. 조선총독부는 '공진회'를 준비하는 과정에서 남만주철도주식회사와 협의해서 일원화된 운송 대책까지 마련할 정도로 출품품목 운송과 관람객 편의를 위해 '교통' 영역을

36) 정혜영, 「〈오도답파여행〉과 1910년대 조선의 풍경」, 『현대소설연구』 40호, 2009, pp.317~319.

정혜영은 「오도답파여행」을 1915년 개최된 조선물산공진회와 관련시켜 조선총독부 정책과의 유사성을 분석하고 있다. 이 연구는 조선물산공진회의 개최 현황, 기획 취지와 「오도답파여행」 기획의 유사성을 비교함으로써 「오도답파여행」이 게재된 시기 조선의 복합적인 상황을 분석하고 있다.

37) 朝鮮總督府(1916), 『始政五年記念朝鮮物産共進會報告書』 第一卷, pp.80~82.

조선물산공진회의 출품계획은 제1부 農業, 제2부 拓植, 제3부 林業, 제4부 鑛業, 제5부 水産, 제6부 工業, 제7부 臨時恩賜金事業, 제8부 教育, 제9부 土木及交通, 제10부 經濟, 제11부 衛生及慈惠救濟, 제12부 警務及司獄, 제13부 美術及考古資料 등의 13 개 항목으로 구성되어 있다.

38) 앞의 책, p.84, p.262.

1915년 9월 16일부터 10월 31일까지 개최된 조선물산공진회는 17,739명의 출품자가 40,444건의 물품을 출품하였으며, 총 출품가액은 44,263圓, 총인원 1,164,383명이 관람했다고 한다.

특별 관리했다.[39] 조선총독부는 철도운수와 기선(汽船)운수의 항목을 분리 설정하고 운임의 할인 등을 통해 일제 지배의 당위성을 표상하는 물품을 '공진회'로 집결시켰다. 즉 지방에 산재한 조선의 모든 것들이 식민지 교통체계를 통해 이송되었고, 이는 '공진회' 전시장에서 식민지배의 우수성을 알리는 표상으로 진열되었다. 즉 '공진회'의 성공적인 개최 여부는 교통체계의 지원에 달려 있는 것이었으며, '공진회'의 출품 품목 중에서 교통체계는 별도로 '철도국특설관'을 신축해서 선전할 정도였다.[40]

조선총독부는 '공진회'에서 식민지 교통체계의 우수성을 선전할 것을 계획하였는데 여기에는 모형, 도표, 사진 등을 활용되었다.[41] 철도와 해운을 중심으로 하는 간선교통망 구축 현황과 1911년부터 1916년까지 진행된 제1기 치도공사(治道工事)에 의해 건설되고 있는 신작로 등의 건설 현황을 홍보하였다. '공진

39) 앞의 책, p.231.

"總督府鐵道國ニテハ鐵道院及南滿洲鐵道株式會社ト交涉ツテ一般觀覽人, 出品人及出品輸送ノ便利ヲ圖"

40) 김태웅, 「1915년 경성부 物産共進會와 일제의 政治宣傳」, 『서울학연구』18호, 2002, p.151.

41) 朝鮮總督府, 『始政五年記念朝鮮物産共進會報告書』第一卷, 1916, pp.81~88.

"第九部 土木及交通 道路, 港灣, 水道等土木事業ニ關スル各種ノ施設經營狀況及郵便, 電信, 電化其ノ他通信事業ノ狀況ヲ展示シ且新業ニ關スル知識ヲ普及シ以ラ人文開發ノ資ニ供スル爲關係官廳ヨリ模型, 圖表, 寫眞等ヲ出陳シ又水運事業ニ付テハ當業者ヲ勸誘シ相當ノ出品ヲ爲サシムルコト

第九部 第三十五類 : 道路, 開鑿, 修築ノ計劃及成績, 港灣修築ノ計劃及成績, 水道下水ノ計劃及成績

第三十六類 : 鐵道, 軌道布設ノ計劃及成績, 水陸運送ノ方法及成績, 荷造包裝及運送用具, 通信及航路標式ニル關スル施設及成績"

회' 개최 당시 철도는 1905년 1월 개통된 경부선, 1906년 4월 개통된 경의선, 1914년 1월 개통된 호남선, 1914년 8월 개통된 경원선을 축으로 하는 '×자형' 간선철도망이 완성된 상태였다.[42] 해운은 한반도의 주요 항구를 연결하는 연안 항로로 1912년 설립된 조선우선주식회사(朝鮮郵船株式會社)에 의해 8개 항로에서 정기적인 기선이 운항하고 있었다.[43] 연안 항로는 철도가 부설되지 않은 지역이거나, 신작로 등이 건설되지 않은 곳에서 승객과 화물을 운송하고 있었다.[44] 일제는 주요 철도역과 항만을 잇는 1·2·3등 신작로 건설에도 주력하였는데 1916년까지 34개 노선 2,690km의 도로망을 구축하고 간선철도망과 연계시켰다.[45] 1917년 6월 26일 남대문 역을 출발하여, 8월18일 마지막 원고를 작성하는 경주까지 60여 일 동안 남선의 여

---

42) 정재정, 『일제침략과 한국철도(1892~1945)』, 서울대학교 출판부, 1999, pp.117~147. 참조.
간선철도 이외에 이들 철도와 연계되는 지선도 여러 노선이 개통되었는데, 이광수의 「여행」에서 이용하는 노선은 마산선(군사적인 목적으로 건설한 '마산-삼랑진' 간의 지선으로 1905년 1월 개통)과 군산선('이리-군산' 간의 호남선 지선으로 1912년 개통) 군산선, 전라선('이리-전주' 간의 협궤 철도로 전북철도주식회사가 1914년 11월 개통)이 있었다.

43) 本山實, 「日帝下의 韓國海運」, 『해양한국』, 1991, p.64.

44) 허우긍 · 도도로키 히로시, 『개항기 전후 경상도의 육상 교통』, 서울대학교 출판부, 2007, pp.218~222.
"식민지 초기 연안항로는 철도와 경쟁관계로 대립하였는데, 철도망이 확장되면서 쇠퇴하였다. 그렇다고 연안항로 노선이 폐지된 것은 아니며, 철도를 중심으로 하는 교통체계에서 하위 교통수단의 역할을 수행했다."

45) 손정목, 「일제강점기 도로와 자동차에 관한 연구」, 『도시행정연구』, 1989, p.39.

러 도시를 방문할 수 있었던 바탕에는 이러한 식민지 조선의 교통체계가 구축되어 있었기 때문이다. 「여행」에서 기술되는 그의 여정을 교통수단 별로 정리하면 다음과 같다.

교통수단	여 정	교통수단 별 특성
철 도	京城-鳥致院	京釜線(幹線鐵道)
	江景-群山	湖南線(幹線鐵道)
	群山-裡里	群山線(支線鐵道)
	裡里-全州	全羅線(支線鐵道-輕鐵)
	全州-大場驛-裡里	全羅線(支線鐵道-輕鐵)
	裡里-松汀里	湖南線(幹線鐵道)
	光州-木浦	湖南線(幹線鐵道)
	釜山-馬山	京釜線-馬山線(支線鐵道)
	馬山-大邱	馬山線-京釜線(支線鐵道)
전 차	釜山鎭-東萊溫川	釜山軌道(株)-東萊線
자동차	鳥致院-公州	乘合自動車(新作路)
	松汀里-光州	乘合自動車(新作路)
	三千浦-晉州	乘合自動車(新作路)
	馬山-三浪津	乘合自動車(新作路)- '1番車' 명시
	東萊溫川-海雲臺	自動車(택시)
해 운	夫餘(窺岩津)-江景	나룻배
	木浦-麗水	順天丸(沿岸航路-朝鮮郵船)
	麗水-三千浦	海神丸(沿岸航路-朝鮮郵船)
	統營-閑山島	警備船(統營警察署 지원)
	統營-馬山	海神丸(沿岸航路-朝鮮郵船)
자전거	裡里-金馬(益山)-裡里	
	大邱-永川-慶州	蔚山街道(新作路)
	慶州-佛國寺-慶州	蔚山街道(新作路)
인력거	全州驛-銀杏屋(全州市內)	
도 보	公州-利仁-夫餘	徒步(利仁 一泊)

이광수가 이용한 교통수단을 분석하면 대체로 철도가 개통된 지역은 간선 · 지선 철도를 이용하여 이동한다. 경성의 남대문역을 출발하여 조치원까지는 경부선을 이용한다. 강경에서 군산까지, 군산에서 이리까지는 호남선과 군산선을 이용하며, 이리에서 전주까지는 사철(私鐵)인 전라선을 이용한다. 전주에서 호소카와 모리다치(細川濩立) 후작의 '조선농장(朝鮮農場)'이 있는 대장역(大場驛)에 내렸다가 이리로 돌아올 때도 전라선을 이용한다. 이리에서 광주로 가기 위해 송정리까지 호남선을 이용하며, 송정리에서 목포까지 호남선을 이용한다. 부산에서 동래온천까지는 1916년 전철화 공사가 완료되어 운행에 들어간 궤도전차를 이용한다. 부산에서 휴가를 보낸 뒤 마산으로 향할 때는 경부선을 경유하여 마산선을 이용하며, 마산에서 대구까지는 「大邱에셔(一)」(8.25)의 "大邱驛에셔는"의 표현으로 볼 때 경부선을 이용한 것으로 보인다.

해운의 경우에는 경전선(삼랑진-송정리) 철도가 개통되지 않은 시점이라 목포에서 여수까지는 기선인 순천환(順天丸)을 탑승하며, '삼천포, 통영, 마산 구간'은 여수에서 갈아탄 해신환(海神丸)을 이용한다. 순천환(順天丸)과 해신환(海神丸)은 남해연안을 운항하는 조선우선주식회사 소유의 기선이다. 특이한 것은 철도가 없는 부여에서 경부선 철도의 부설로 쇠퇴한 강경까지 나룻배를 이용하는데, 이 배위에서 그는 퇴락한 조선의 모습을 상징하는 듯한 '악공(樂工)'과 '소복(素服) 입은 이팔 여인(二八 女人)'과 같이 한다. 그는 나룻배를 타고 가는 동안 관찰자의 시선에서 벗어나 동승한 사람들과 정서적으로 교감하는 모습을 표현한다. 이는 도보로 이동하면서 사람들과 정서적 교감을 나눌 환경이 만들어진 '공주-이인(利仁)-부여' 구간에서도 없었던 것이며, 근대 교통수단을 이용할 때에는 표현되지 않는 것이었다.

철도가 부설되지 않은 도청소재지인 '공주, 광주, 진주'는 승합자동차(乘合自動車)를 이용하여 이동한다. 당시 승합자동차 노선은 철도역과 인근 주요 도시를 연결하는 중요한 교통수단이었다.[46] 이광수는 1913~4년에 개설된 '공주-조치원-청주' 노선의 승합차를 이용하며,[47] 호남선 송정리역에서 광주로 이동할 때는 '송정리-광주' 노선, 조선우선주식회사의 해신환(海神丸)에서 내린 삼천포에서는 '삼천포-진주' 노선을 운행하는 승합차를 이용한다.[48] 해신환(海神丸)을 이용해 마산에 도착해 삼랑진으로 이동할 때는 '일번차(一番車)'인 승합차를 이용하는데, 이 구간은 마산선 철도가 개통된 지역이라 신작로의 건설이 더디게 진행되는 지역이었다.[49] 동래온천에서 해운대로 나갈 때

46) 손정목, 앞의 글, pp.63~64.
당시의 승합자동차는 포드사에서 제작한 8인승 소형차였다. 승합자동차 영업은 1912년 8월 대구에서 일본인 大塚金次郎이 '대구-경주-포항' 간을 운행한 것이 시초이다.

47) 「여행」 第三信에는 '鳥致院셔 淸州와 公州, 公州에셔 論山에 ᄀᆞᄂᆞᆫ 自動車ᄂᆞᆫ 實로 君(金甲淳)의 經營이다(〈每日申報〉, 1917.7.1)'라는 내용이 있는데, 이는 철도(경부선 조치원역, 호남선 논산역)와 도시를 연결하는 승합자동차 노선이 운행되고 있었음을 알려주는 것이다.

48) 손정목, 앞의 글, p.64.

49) 허우긍 · 도도로키 히로시, 앞의 책, pp.215~222.
1917년 당시 마산에는 진주를 포함하여 각 지역을 운행하는 승합자동차 노선이 있었다. 각 노선은 식별번호를 부여받았던 것으로 보이며, 삼랑진으로 가는 승합자동차의 번호는 '一番車'로 추정된다. 승합자동차 노선에 번호가 부여된 것은 다음 기사에서도 확인된다.
"忠淸北道 忠北自動車運輸組合 營業의 忠北 永同間 發着時刻은 左와

도 자동차를 이용하는데, '승합자동차' 보다는 전화 요청으로 운행했던 '택시' 였을 가능성이 높다.[50]

1917년 당시 자전거는 기계력을 이용하지 않는 교통수단 중에서는 꽤 빠른 속도를 낼 수 있는 것이었다. 당시 〈매일신보〉 기사에는 달리던 자전거에 부딪쳐 다치는 교통사고 기사[51]와 자전거를 이용한 날치기 범죄 기사들이 실렸을 정도[52]로 '자전거' 라는 교통수단 또한 근대 교통의 특성 중 하나인 속도감을 내포하고 있는 도구였다.[53] 이광수는 이리에서 백제 고적지인 금마의 미륵사지를 탐방할 때와 경주와 불국사 등의 신라 고적을 탐방할 때 자전거를 이용한다. '날씨 때문에 公州에서 麻谷寺까지 자전거로 다녀오고 싶은 마음을 포기' [54]한 적이 있지만,

---

如히 變更ᄒᆞ고 二番車ᄂᆞᆫ 廢止되얏더라(「乘合自動車 時刻變更」, 〈每日申報〉, 1917.8.9)."

50) 손정목, 앞의 글, pp.77~79, 허우긍 · 도도로키 히로시, 앞의 책, pp.242~244.

부산은 전차 노선이 있었지만 경성부처럼 시내버스 운영도 계획했다. 그러나 실제 운행은 이루어지지 않았고, 1923년 4월 부산과 동래온천 간을 운행하는 승합자동차 노선이 생긴다. 당시 동래온천은 부산의 시외 지역이었으며, 동래선 전차궤도도 부산시내와 시외를 연결하는 전차궤도였다. 이렇게 볼 때 이광수가 친우와 함께 동래에서 해운대로 이동할 때 이용한 교통수단은 '택시' 였을 가능성이 높다. 1933년에는 동래온천과 해운대를 운행하는 승합자동차 노선이 하루 10회 운행하는 등 주요 노선으로 자리 잡는다.

51) 「危險ᄒᆞᆫ 自轉車 써러져셔 죽은 ᄉᆞ름」, 〈每日申報〉, 1916.1.7., 「疾走自轉車 ○세아를 치여」, 〈每日申報〉, 1916.10.15.

52) 「自轉車專門 타고 다라나ᄂᆞᆫ 도적」, 〈每日申報〉, 1916.11.28.

53) 1917년 7월 30일자 〈每日申報〉에 실린 德昌號自轉車商會의 자전거 광고에는 "十日之程을 一日行止ᄒᆞᄂᆞᆫ것" 이라고 자전거의 縮地感을 강조하고 있다.

54) 「五道踏破旅行 第四信」, 〈每日申報〉, 1917.7.3.

승합자동차가 운행하지 않거나 도시 인근 지역을 다녀올 때는 자전거를 이용한다. 또한 다만 산재해 있는 문화 유적을 빠른 속도로 둘러보기에는 자전거가 편리했을 것이다. 예외는 대구에서 영천을 거쳐 경주까지 이동하는 과정에서 자전거를 이용한다는 점이다. 이 구간에는 1912년부터 '대구-경주-포항' 간을 운행하는 승합자동차 노선이 있었고, 짧지 않은 거리임에도 자전거를 이용하여 이동한다. 18里(약 72km: 일본식 1里는 4km)[55]를 자전거로 이동한 이유는 명확하지 않다. 특이한 것은 이 여정에 경관이 일행으로 합류하는데, 다른 교통수단에 비하여 상대적으로 느린 자전거를 이용하면서도 현지인과의 대화가 서술되지 않는다는 점이다. 공주에서 부여를 향해 도보로 걸어가는 여정 중 주막에서의 대화를 서술했는데, 영천에서 일박을 했으면서도 현지인과의 교류는 없다.[56]

이처럼 「여행」은 식민지 남단의 각 지역을 연결하는 교통 체계를 보여주고 있다. 이는 배타성과 유일성을 지녔던 오도의 각 지역이 식민지 교통 체계로 인하여 동시성의 공간 안에 배치되고 있음을 보여주는 것이다.[57] 「여행」은 철도 중심의 식민지 교통체계로 유통되는 〈매일신보〉라는 전국적 미디어의 기획으로 연재되었다. 그렇기 때문에 일제의 중앙집권적 힘이 작동하

55) 「五道踏破旅行 徐羅伐에셔」, 〈每日申報〉, 1917.8.29.
"昨日 九里 今日 四里 合 十三里를 왓고 여기서 또 경주가 不過 五里다."

56) 이것이 당시로서는 속도감 있는 자전거라는 교통수단에서 초래되는 특성 때문인지 아니면 동행한 경관 때문에 현지인들과의 대화에서 제약을 받은 것 때문인지에 대해서는 보다 세밀한 고찰이 필요하다.

57) 박천홍, 『매혹의 질주 근대의 횡단』, 산처럼, 2002, pp.123~124.

는 간선철도망을 여정의 주축으로 삼은 「여행」은 식민지 상황에 대한 밀도 있는 관찰과 분석을 결여할 수밖에 없다. 그것은 도시와 도시를 점과 점을 잇는 직선처럼 달리며 실제의 삶을 파노라마처럼 스쳐가며 인상으로만 남게 하는 철도 같은 근대 교통수단이 초래한 것이기도 하다.[58)]

> 釜山셔 滿洲平野를 向ᄒᆞ고 들이ᄃᆞᆺ난 急行列車가 큰 눈깔을 부르 쓰고 왈칵왈칵 달아난다. 文明ᄒᆞᆫ 世上, 科學의 世上, 競爭의 世上이다. 저 조흔 交通機關, 모든 文明의 利器ᄂᆞᆫ 利用만 ᄒᆞ면 富가 폭폭 쏘다지ᄂᆞᆫ 것이다.[59)]

지역과 지역을 근대적인 교통수단으로 이동하면서 이광수는 도보구간(공주-이인-부여)과 나룻배 구간(부여-강경)을 제외하고, 식민지 하층 조선인들과의 대화를 서술하지 않는다. 오히려 그는 전대에 비하여 이동 시간이 짧아진 근대 교통수단에 의지하여 경로에서 느끼며 배가되는 감상을 생략하고, '출발지·도착지'의 정보와 감상만이 서술할 뿐이다. 그렇기 때문에 「여행」은 경성과 부산을 연결하는 피서특별열차를 타고 오는 '탐량단(探涼團)'과 조우할 수 있는 것이다.

7월 30일 새벽 3시 통영(統營)에서 해신환(海神丸)을 타고 당일 오전 마산(馬山)에 도착하였으나, 이광수는 이곳을 건너뛰고 동래온천(東萊溫川)으로 직행한다. 그가 계획된 여정을 수정하고 그곳으로 간 이유는 〈매일신보〉와 〈경성일보〉가 공동으로

58) 볼프강 쉬벨부쉬, 박진희 역, 『철도여행의 역사』, 궁리, 1999, p.71.
59) 「五道踏破旅行 釜山에셔(二)」, 〈每日申報〉, 1917.8.17.

주최한 '탐량단'이 같은 날 부산(釜山)에 도착했기 때문이다. 그는 '탐량단'을 인솔하고 온 경성일보와 매일신보의 사장인 '아베 미쓰이에(阿部充家)'를 찾아간다.

동래에 도착한 이광수는 동래온천에서 여흥을 즐기는 탐량단과 일부 일정을 같이 한다. 그렇지만 그가 '탐량단'에 합류하는 과정이 자신의 의지에 의한 것은 아닌 것 같다. 그는 「여행」 제27신에 해당하는 「東萊溫川에셔(1)」에서 "三十日 早朝에 馬山浦에 내렸다. 가만히 생각하니, 本社 探涼團이 지금 東萊에 있을 듯. 朝飯도 안 먹고 停車場에 뛰어 나와 三浪津行 一番車를 잡아 탔다."[60]라고 쓰고 있다.[61] 그런데 제29신에 해당하는 내용을 보면 그가 「여행」의 연재 이외에도 '탐량단'의 일정과 관련된 기사 작성을 의뢰받았음을 암시하고 있다.

---

60) 「東萊溫川에셔(一)」, 〈每日申報〉, 1917.8.8.

61) 이광수, 「토쿠토미 소호 선생과 만난 이야기」, 김원모 · 이경훈 편역, 앞의 책, pp.281~282(원문은 「德富蘇峰先生に會ふの記」, 『大東亞』, 1942. 5.).

「여행」의 여정은 마산을 거쳐 부산으로 이동하는 것이었음에도, '탐량단'에 합류하기 위하여 그는 동래온천, 해운대, 부산을 먼저 탐방하고 마산의 여정을 진행하며, 마산에서 대구로 이동한다. 이는 '탐량단'을 인솔하고 온 아베 사장의 지시에 의한 것일 가능성이 크며, 또한 경성일보사의 감독이었던 토쿠토미 소호(德富蘇峰)와의 면담 때문이었을 수도 있다. 이광수는 후일 토쿠토미 소호가 "목포에서 다도해를 지나 여수에 이르는 그 문장이 좋았어요. 목포 부윤에게 말한 부분 등 솜씨가 좋았어. 국민신문(원문: 國民)으로 와주지 않겠는가."라고 말했다고 회고하고 있다. 이 시기는 "내가 충남, 전남북을 돌고 부산에 닿자, 소호 선생께서 조선에 오셨다는 것이었다. 나는 무부츠 옹에게 이끌려 역 호텔 누상에서 소호 선생으로부터 아침 대접을 받으면서 약 한 시간동안 이야기했는데" 처럼 마산의 일정을 생략하고 부산으로 직행했던 시기와 일치한다.

一週日이나 連히 두고 本社 探凉團을 爲ᄒᆞ야 海雲臺와 東萊溫川을 紹介ᄒᆞ얏스니까 ᄂᆡ가 다시 紹介ᄒᆞᆯ 必要ᄂᆞᆫ 全혀 업다. ᄂᆞᄂᆞᆫ 本來 보고 십흔 것을 보고 쓰고 십흔 것을 쓰ᄂᆞᆫ 사ᄅᆞᆷ이니까 어떤 地方이나 人物을 紹介ᄒᆞᄂᆞᆫ 데는 極히 拙劣ᄒᆞ다.[62]

이광수가 말하는 '탐량단' 이란 경성일보사와 매일신보사가 공동 주최한 여행상품으로 정식명칭은 '동래해운대탐량단(東萊海雲臺探凉團)' 이다. 경성일보는 7월 14일 석간 3면에, 매일신보는 7월 15일 2면에 「東萊海雲臺探凉會」라는 제목으로 최초 모집광고를 싣고,[63] 이후 수차례에 걸쳐 모집광고를 게재한다. 7월 17일과 18일에는 「探凉團을 歡迎ᄒᆞᄂᆞᆫ 南鮮」이라는 제목으로 2회에 걸쳐 동래와 해운대의 관청과 업소의 준비 상황을 보도한다. 이외에도 25일에는 1면에 「東萊海雲臺探凉大會」라는 제목으로 해운대와 동래온천의 사진을 삽입한 그래픽 광고를 싣는다.[64] 이 광고에서는 탐량단 회원의 구성을 소개하는데, 조선인들은 귀족(貴族), 진신(縉紳, 벼슬 아치의 통칭)이 되고, 일본인들은 관민신사(官民紳士)를 망라한 단체가 중심이 되었다

62) 「海雲臺에셔」, 〈每日申報〉, 1917.8.10.
63) 「東萊海雲臺探凉會」(광고), 〈每日申報〉, 1917.7.15.
"盛夏凉을 趁ᄒᆞᄂᆞᆫ 情이 切ᄒᆞᆫ시에 恰好ᄒᆞ도다. 七月二十九日(日曜日) 三十日(大祭日 二日이 續ᄒᆞᄂᆞᆫ 安息日에 此機會를 利用ᄒᆞ야 京仁人士가 一團이 되야 兩社主催로써 溫泉場과 海水浴場인 東萊, 海雲臺의 二勝地 訪問探凉團을 組織實行ᄒᆞ게 되얏쇼이다. 往途ᄂᆞᆫ 七月二十八日 南大門驛發 歸途ᄂᆞᆫ 三十日 釜山驛發 夜行列車를 選定 二日 一夜間에 悠悠仙境에 浴場을 洗ᄒᆞᆷ을 得ᄒᆞ나이다 計劃, 規定의 詳細ᄂᆞᆫ 逐次發表 請컨ᄃᆡ 續續 入會ᄒᆞ심을 希望ᄒᆞ나이다."
64) 〈경성일보〉는 7월 24일 조간 1면에 광고.

고 알리고 있다.[65)]

탐량단은 일종의 투어 여행단으로 7월 28일 오후 7시 50분에 남대문역을 출발, 29일 오전 6시 15분에 부산역에 도착하여 해운대와 동래온천 등에서 해수욕, 온천욕, 연회를 즐기고, 30일 오후 11시 출발하여 31일 오전 9시 10분에 도착하는 일정으로 짜여 있었다. 피서가 주목적인 '탐량단' 은 〈매일신보〉가 이전에 기획 · 실시했던 시찰단과는 다른 성격을 지닌다.[66)] 당시 1910년대 당시 〈매일신보〉에는 철도를 이용하여 이동하는 '관광단' , '시찰단' 관련 모집 기사와 일정 기사들이 적지 않게 게재되었고, 「여행」이 연재되고 있던 시기에도 한강변에서 열리는 '한강관화대회(漢江觀火大會)' 와 경원선 철도를 따라 가며 보름달을 보는 '회유관월회(廻遊觀月會)' 등의 오락 행사 광고가 실리고 있었다. 후자는 '탐량단' 처럼 특별 열차를 편성해서 관람객을 운행하는 계획을 포함하고 있었다.

유람 성격의 철도 여행인 '탐량단' 과 조선총독부 통치의 우수성을 선전하는 이광수의 오도여행은 그 목적이 다름에도 간선 교통망인 철도와 이와 연계되는 식민지 교통 체계를 바탕으로

---

65) 「東萊海雲臺探涼大會」(광고), 〈每日申報〉, 1917.7.25.
'탐량단' 은 출발 당일까지도 정원을 채우지 못한 것으로 판단된다. 18일 1면에 실은 광고는 25일까지 회비 납부 마감을 알리고 있으나, 27일과 28일의 '急告' 라는 3단 광고에서는 출발일인 28일 정오까지 마감시한을 연장한다. 게다가 "電話로 京城日報社에 말솜하시면 卽時 社員을 派ᄒᆞ야 車票를 進呈ᄒᆞ고 會費를 拜領ᄒᆞ기로" 하겠다는 것으로 볼 때 출발 전까지도 정원을 채우지 못했던 것으로 추정된다.

66) 조성운, 「〈매일신보〉를 통해 본 1910년대 일본시찰단」, 수요역사연구회 편, 『일제의 식민지 지배정책과 매일신보 1910년대』, 두리미디어, 2005, pp.47~51.

이루어지고 있다. 이는 식민지 조선의 산업은 물론이고, 명승고적 탐방, 오락 목적의 유흥 등이 식민지 교통 체계에 의해 연결되어 있음을 증명하는 것이다. 특히 「여행」 연재 중인 1917년 7월 31일 '조선총독부 철도국' 과 '남만주철도주식회사' (이하 '만철') 사이에 「國有朝鮮鐵道委託契約」이 체결되면서 조선의 국유철도는 8월 1일부터 '만철' 이 운영하게 된다. 이광수는 부산에서 이 소식을 접하고 만철의 조선철도 운영 일원화가 의도하는 침략성을 간과한 채, 이를 문명화를 위한 진보로 평가한다.[67)]

처음의 기획과 달리 기차와 기선을 중심으로 자동차와 자전거를 이용한 이광수의 '여행' 은 건강상의 이유로 경주에서 종료된다. 그러나 식민지 조선의 교통체계는 60여 일 동안의 '여행' 을 가능하게 했던 기반이었다. 「여행」에서 서술된 각 지역 간 교통체계는 식민지 권력이 작용하는 통로임과 동시에 지역적 고유성을 해체하고 조선총독부 식산정책을 구성하는 개별 요소로 전락시키는 기능을 수행하는 것이었다.

Ⅳ. 결 론

이광수의 「오도답파여행」은 식민지 조선에서 근대 교통체계가 확립되는 과정과 밀접한 관련을 맺고 있다. 「오도답파여행」에는 각 도에서 이루어지는 식산정책을 개괄 서술함으로써 일제의 식민지 산업정책의 성과를 선전한다. 이는 일제 지배의 당위성을 직접적으로 드러내는 것이다. 이를 위해 〈매일신보〉는

67) 주) 60 참조.

식민지배의 면면을 서술할 수 있는 문학적 능력이 검증되고, 대중적인 지명도를 지닌 이광수를 「오도답파여행」을 연재할 수 있는 적임자로 선정한다. 이미 이광수는 장편 『무정』으로 〈매일신보〉 독자들에게 문학적 능력을 검증받았던 인물이었다. 〈매일신보〉는 『무정』의 연재가 종료된 시점부터 「오도답파여행」의 예고기사를 내보내며 독자들의 관심을 유도하였고, 이광수 또한 경제적 지원을 받는 여행에 흥미를 느껴서 「오도답파여행」의 연재를 시작한다.

이광수는 의례적으로 각 도의 장관(도지사)와 경찰서장을 만나고 이들로부터 들은 내용을 서술하는데, 대부분 조선총독부의 식산정책과 성과가 주를 이루었다. 이는 〈매일신보〉가 「여행」을 기획한 이유이기도 했다. 이광수는 〈매일신보〉의 재정지원과 조선총독부의 행정 지원을 받으며 「여행」을 연재했다. 그는 충남 · 전북 · 전남 · 경남 · 경북 등을 여행하면서 조선에 구축된 다양한 근대 교통수단을 이용한다. 「여행」에 서술한 그의 이러한 여행 방법은 식민지배의 우수성을 일상 영역에서 간접적으로 드러내는 효과를 얻는다. 〈매일신보〉는 「오도답파여행」의 여행방법을 '도보'로 기획했다가 '기차'와 '기선'을 이용하는 방법으로 변경했다. 〈매일신보〉의 여행 방법 변경이 식민지배의 우수성을 의도적으로 드러내기 위해 이루어지지 않았지만, 식민지 교통체계가 서술된 「여행」은 조선총독부의 행정력의 근간을 보여주는 텍스트가 된다. 이를 통해 식민지 조선의 교통 체계는 조선총독부와 지방을 잇는 주요 간선망임을 입증한다. 또한 지방이 조선총독부의 식산 계획을 실천하고 있는 하위 단위임도 증명해준다.

이는 조선총독부로 대변되는 일본제국주의 권력의 힘이 작용하는 통로를 보여주는 것이기도 하다. 일제는 대륙침략을 위해 「오도답파여행」이 연재되고 있는 중에 '조선철도의 만철 위탁경영'을 시행하는데, 이는 '일본, 조선, 만주'를 일원화된 제국 교통체계에 포섭하는 것이었다. 이광수는 일제의 이러한 교통정책에 대하여 찬성하는 입장을 취한다. 그의 이러한 인식은 식민지 교통체계의 궁극적 지향점을 간과한 채, 문명화의 시각에서만 근대교통체계를 인식했기 때문이다. 「오도답파여행」에서 그는 조선총독부의 통치 이후 조선이 발전한 것처럼 서술하는데, 이는 〈매일신보〉의 직간접적인 통제를 받았기 때문이다. 그렇지만 비루한 조선인의 삶에 슬픔을 느꼈다 하더라도 그의 문명적 지향은 일제의 식산정책과 유사했다. 또한 조선인의 삶의 현장을 스치며 이동하는 「오도답파여행」의 성격상 세밀한 관찰을 결여할 수밖에 없었던 상황에서 기인하는 것이기도 하다.

따라서 이광수의 「오도답파여행」은 식민지 조선의 교통 체계의 조밀함과 발전성을 알리고 있지만, 조선인의 삶을 세밀하게 담아내기에는 근본적인 한계를 내포하고 있었다.

〈참고문헌〉

자료

〈每日申報〉

〈京城日報〉

『李光洙全集』, 삼중당, 1971.

『半島江山』, 영창서관, 1939.

『始政五年記念朝鮮物産共進會報告書』, 조선총독부, 1916.

논저

구인모, 「일본의 식민지 철도여행과 창가」, 『정신문화연구』제32권 제3호, 2009.

김동식, 「철도의 근대성-「경부철도노래」와 「세계일주가」를 중심으로」, 〈돈암어문학〉제15집, 2002.

김중철, 「근대 기행 담론 속의 기차와 차내 풍경-1910~20년대 기행문을 중심으로」, 『우리말글』통권 33호, 2005.

김태웅, 「1915년 경성부 物産共進會와 일제의 政治宣傳」, 『서울학연구』18호, 2002.

김현주, 「근대 초기 기행문의 전개 양상과 문학적 기행문의 '기원' -국토 기행을 중심으로」, 『현대문학의 연구』16호, 2001.

本山實, 「日帝下의 韓國海運」, 〈해양한국〉, 1991.

손정목, 「일제강점기 도로와 자동차에 관한 연구」, 『도시행정연구』, 1989.

정혜영, 「〈오도답파여행〉과 1910년대 조선의 풍경」, 『현대소설연구』40호, 2009.

조성운, 「〈매일신보〉를 통해 본 1910년대 일본시찰단」, 수요역사연구회 편, 『일제의 식민지 지배정책과 매일신보 1910년대』, 두리미디어, 2005.

波多田節子, 「이광수의 제2차 유학시절에 대해서」, 〈한국현대문학과 일본〉 한국현대문학회 2008년 제3차 전국학술대회 자료집, 2008.

황민호, 「총론-1910년대 조선총독부의 언론정책과 〈매일신보〉」, 수요역사연구회 편, 『식민지 조선과 매일신보 1910년대』, 신서원, 2003.

박천홍, 『매혹의 질주 근대의 횡단』, 산처럼, 2002.

신지연, 『글쓰기라는 거울』, 소명출판, 2007.

이광수, 김원모 · 이경훈 편역, 『春園 李光洙 親日文學, 동포에 告함』, 철학과현실사, 1997.

정백수, 『한국근대의 식민지 체험과 이중 언어 문학』, 아세아문화사, 2000.

정재정, 『일제침략과 한국철도(1892~1945)』, 서울대학교 출판부, 1999.

허우긍 · 도도로키 히로시, 『개항기 전후 경상도의 육상 교통』, 서울대학교 출판부, 2007.

볼프강 쉬벨부쉬, 박진희 역, 『철도여행의 역사』, 궁리, 1999.

빈프리트 뢰스부르크, 이민수 역, 『여행의 역사』, 효형출판, 2003.

근대 영화제도와 문화

- 林和의 영화론을 중심으로 -

장 두 식*

Ⅰ. 緖 言

본고는 임화의 「朝鮮映畵發達小史」[1]와 「朝鮮映畵論」[2] 분석을 통하여 일제강점기 영화제도 정착과 영화 문화의 성격에 관하여 고찰하고자 한다.

활동사진[3]이란 이름으로 한반도에 등장한 영화는 한국인들에게 개화가 가져다 준 '기기괴괴별별(奇奇怪怪別別)한 신오락물'[4]

* 단국대 동양학연구원 연구교수.

1) 『삼천리』 제13권 제6호, 1941.6.

2) 『춘추』 10호(1941.11), 정재형 편, 『한국 초창기의 영화이론』, 집문당, 1997에서 재인용 * 앞으로 본문 인용은 『한국초창기 영화이론』에서 하겠음.

3) 활동사진이란 용어는 1897년 일본에서 처음 사용되었다고 한다. 활동사진이란 용어가 한국에 정착하기 전에는 '팔딱사진', '움직사진' 이라는 용어가 사용되기도 했다. 김려실, 『투사하는 제국 투영하는 식민지』, 삼인, 2006, p.39.

4) 『만세보』, 1906.7.29.

로 이해되었다. 상업적인 영화 상영은 1903년 6월 3일자 『황성신문』 광고에서 살필 수 있듯이 한성전기회사(Seoul Electric Co.)가 전차승객을 끌기 위한 방편으로 활동사진을 보여줌으로써 시작되었다.[5] 이 진기한 근대적 오락물을 보기 위해서 매일 밤 사람들이 〈한성전기회사〉로 몰려들어 인산인해를 이루었다.[6] 이때의 영화 관객들은 1895년 12월28일 뤼미에르 형제에게 초청되어 그랜드 카페 지하 '인디언 살롱'에서 처음으로 영화를 보았던 33명의 파리의 문화예술인과 같은 심정들이었을 것이다.

이렇게 선풍적인 인기를 끌면서 등장한 영화는 순식간에 식민지 한국 대중문화의 중심으로 자리 잡게 된다. 이러한 현상은 세계 각지에서 보편적으로 전개되었던 영화 발전과정이었다. 서구에서도 영화사의 첫 30년은 팽창과 성장의 역사였다. 뉴욕, 파리 등 몇몇 대도시에서 싸구려 오락물로 시작한 영화는 전 세계로 빠르게 퍼져나갔고 영화는 상영될 때마다 더 많은 관객들을 끌어들이면서 기존의 오락매체들을 대체해 나갔던 것

5) 동대문 전기회사 기계창에서 시설하는 활동사진은 일요 급 음우(陰雨)를 제흔 외에 매일 하오 팔시로 십시까지 설행하는대 대한 급 구미 각국의 생명도시 각종극장이 절승한 광경이 구비하외다. 許 입장료 동화 십전.

6) 근일 동대문 내 전기철도회사 중(中)에 활동사진 기계를 구입하야 사녀(士女)의 관완(觀玩)에 공(供)함으로 관완자(觀玩者)가 하오 팔시로 십시까지 전차에 탑재(搭載)하야 분분왕관(紛紛往觀)하는대 인산인해를 족취(蔟聚)하야 매석 표가수입액이 백여원이오 차표가도 역연(亦然)한대 삼작일(三昨日)은 신문(新門) 내 협률사에도 여피(如彼) 기계 일좌(一坐)를 배치하고 관완(觀玩)케 함으로 완객(玩客) 유녀(遊女) 수천인(數千人)이 취집(聚集)하얏다가 · · · · · 『황성신문』, 1903.7.10.

이다.[7] 이후 영화는 흥미로운 볼거리에서 의미 있는 예술장르로 급격하게 변모하였다.

식민지 한국에서도 영화는 단순한 오락이 아니라 대중에게 가장 친숙한 근대적 제도로 정착하였으며, 재래의 전통문화를 대체하는 새로운 근대 일상문화 형성의 동인으로 작동하였다. 때문에 영화는 문학과 더불어 당대 엘리트들 사이에 화두(話頭)가 될 수밖에 없었다. 문학과 문화공간에서 왕성한 활동을 전개하였던 임화가 영화에 관심을 가졌던 것도 이러한 분위기와 무관하지 않았다.

임화는 윤기정과 함께 〈조선영화예술협회〉 소속이었으며 김유영 감독의 「유랑(流浪)」(1928)과 「혼가(婚街)」(1929)의 주역배우로 활동하였다. 임화가 출연했던 영화는 흥행에 실패 하였지만 영화에 대한 임화의 관심은 지속되었다.[8] 이는 영화의 대중적 성격과 관련이 있지만 당시에는 전위예술이었던 영화에 대한 이념적 호기심과 관련이 깊다.[9] 즉 임화의 영화에 대한 열정은 "미남자형 체질과 모던보이적이고 문제아적 기질" 과 관련된 것이지만 "「제4점령」으로서의 전위적 예술인 영화의 총본산이자 가장 높은 수준을 보인 것이 다름 아닌 소련" 이기 때문

---

7) 제프리 노웰-스미스, 『옥스포드 세계영화사』, 열린책들, 2005, p.25.

8) 沈熏, 「朝鮮映畵人 언파레드」, 『동광』 제23호, 1931.7에서는 임화가 「지하촌」에도 관계했음을 알 수 있다.

"캅프의 盟員 이론과 비평이 앞선다. 자신이 출연한 「流浪」, 「昏街」는 들어서 再論할 그 무엇이 하나도 없다. 「地下村」을 기대하엿으나 역시 페-드, 아울-. 젊은 맑쓰뽀이라면 君의 자존심이 펄펄 뛸 일, 타인의 포폄으로 일을 삼든 과거를 거울 삼아 자아의 동향에 瞠目하기 바란다" (p.62)

9) 김윤식, 『임화연구』, 문학사상사, 1989, p.155

이었다.[10] 임화는 카프 해산 이후 문학사 연구에 몰두하면서 1940년 8월에서 1942년 12월까지 고려영화사에서 시나리오 손질을 맡아 하는 문예부 촉탁으로 일했었다.[11] 이러한 이력을 통해서 영화에 대한 그의 열정을 확인할 수 있다. 「朝鮮映畵發達小史」와 「朝鮮映畵論」는 이러한 열정의 소산이라고 할 수 있다.[12]

본고는 당대 최고의 비평가의 시선에 포착된 이식된 매체이며 제도이자 문화인 영화의 의미망을 살펴봄으로써 한국영화의 기원을 탐색하고자 한다.

Ⅱ. 實證의 視線-「朝鮮映畵發達小史」

임화는 「朝鮮映畵發達小史」에서 한국의 영화가 "內地나 支那에 있어서와 마찬가지로 수입"으로부터 시작되었다고 보면서 "1903년 동경흥행업자 吉澤商會의 손을 거처서 수입 공개된 英米煙草會社의 선전 「필님」이 朝鮮에 있어서 활동사진 상영의 효시"라고 기술하고 있다.[13] 그런데 임화의 기술에는 오류가

---

10) 김윤식, 위의 책, p.161.

11) 앞의 책, p.164.

12) 그밖에 임화의 영화에 대한 글은 「최신세계영화의 동향」, 『조선지광』 83호(1929.2), 「영화적 시평」, 『조선지광』87호(1929.6), 「서울 키노 영화 '화륜' 에 대한 비평」, 『조선일보』(1931.3.25, 3,29, 3. 31, 4.2, 4,3), 「이월화, 신일선-여배우 인상기」, 『모던조선』 1호(1936.9), 「문학과의 친화론-영화발전책」, 『조광』39호(1939.1), 「유료시사회」, 〈매일신보〉(1940.4.30), 「영화의 극성과 기록성」, 『춘추』(1942.2), 「조선영화론」, 〈매일신보〉(1942.6.28 ~ 30).

13) 「朝鮮映畵發達小史」, p.196.

보인다. 〈영미연초회사〉는 1906년 〈영미트러스트사〉가 한국 내에 설립한 담배 판매회사였다. 그러므로 1903년에 선전 필님을 영화를 상연했다는 것은 잘못된 기록이다. 이는 영화사 기술을 위한 자료 정리가 제대로 안되었다는 것을 의미한다.

이 글에서 주목할 부분은 한국의 영화사가 '내지'나 '지나'와 같이 수입에서부터 시작되었다는 부분이다.

> 大正初葉 이후에 속하는 일인데 상영된 사진은 최초엔 前記한 「파테」製 단편, 米國靑鳥製 희극과 實寫와 朝鮮風物을 박은 幻燈類까지였으나 점차 「유니버-샐」 장편과 内地의 신파물과 초기 시대극 등이 성행하였다. 이러한 사정은 아마 内地의 활동사진 수입시대로 동일했든 듯 싶다.[14] (밑줄 연구자)

인용에서 밑줄과 부분처럼 임화는 상영된 영화의 내용도 일본의 활동사진 수입시대와 같다고 정리하고 있다. 이는 식민지 지식인이었던 임화의 자의식이 드러나는 대목이라고 볼 수 있다. 당대 지식인들에게 "근대성이란 서구와 일본의 것이며 우리에겐 그것이 아예 없다"[15]는 인식이 보편적이었다. 그런데 근대성의 표상처럼 인식되는 영화를 일본도 한국과 같이 수입하였던 점과 영화사의 초기 단계는 한국과 동일하다는 점을 강조함으로써 '현해탄 콤플렉스'를 극복하려는 욕망을 드러내고 있는 것이다.

그러나 이러한 욕망은 사실관계 확인 속에서 금방 스러진다.

---

14) 위의 책.
15) 김윤식, 앞의 책, pp.522~523.

당대 현실에서 일본은 서구와 등가체였던 것이다.

> 그러나 世界映畵史上에서 활동사진시대라고 부르는 시대를 西洋과 內地에서는 다소간이나마 제작하는 것을 통하야 체험하였지만 우리 朝鮮서는 그저 구경하면서 지내온 것이다.
>
> 그럼으로 엄밀한 의미에서 말하면 朝鮮映畵史에는 활동사진시대라는 것이 있을 수 없을지 모른다. 구경만 하고 제작하지 않는 역사라는 것은 없는 법이다.
>
> 역사란 항상 만드는 것과 되어지는 일을 가르치는 말이요, 더구나 예술의 역사라는 것은 창조의 역사이기 때문이다. 그러므로 朝鮮에 있어서 엄밀한 의미의 映畵史는 당연히 제작의 개시로부터 비롯해야 할 것이다. 활동사진시대라는 것은 영화의 前史時代일 뿐 아니라 우리에게 있어선 우리가 일즉이 관객이든 한 시대에 지내지 않는다.[16]

위의 인용에서 살필 수 있듯이 임화는 한국과 일본은 비슷한 시기에 활동사진을 서구에서 수입하였지만 일본은 곧바로 활동사진을 자체 제작하였다는 점을 지적하고 있다. 즉 일본에서는 본격적인 映畵史가 시작되었지만 한국에서는 수입한 활동사진을 구경만 하였던 것을 객관적으로 정리하고 있는 것이다. 즉 한국은 활동사진을 도입하였지만 자체 제작을 하지 못했기 때문에 映畵史의 시작이 아니고 영화의 '前史時代'를 가질 뿐이라는 것이다. 또한 임화는 한국에서 영화를 자체 제작하였다 했더

16) 임화, 「朝鮮映畵發達小史」, p.196.
이 글에서 인용된 자료들은 고어(古語) 표현 등은 원문이 훼손되지 않는 한 가능하면 현대문으로 고쳤다.

라도 본격적인 영화시대가 도래하였다고 볼 수 없다고 기술하고 있다.

> 독립한 작품이 만드러지기는 大正 9年에 이르러 聚星座 金陶山 일행이 京畿道廳의 위촉으로 제작한 虎列剌豫防 선전영화와, 大正 10年 尹白南씨가 체신국의 의뢰로 제작한 저축사상 선전영화 「月下의 盟誓」로 효시를 삼게 된다.
> 그러나 이 두 작품으로 말하면 連鎖劇 「필님」 정도는 아니드래도 완전히 독립한 영화라고는 말하기 어렵다. 전자가 만일 연극의 부속물이라면 후자는 관청의 광고지와 같은 한 선전수단에 지내지 않기 때문이다. 朝鮮映畵史를 말하매, 이 두 작품은 최초의 작품으로 枚擧하는 것은 그 제작의 동기, 작품의 내용은 여하간에, 다른 예술의 보조를 받지 않고 자체로서 완결되었기 때문이다.[17]

1919년 10월 27일 단성사에서 공연된 김도산의 연쇄극 「의리적 구토」는 활동사진이 연극의 부속물로 존재하고 있고 1923년 4월 9일에 공개된 윤백남의 「월하의 맹서」는 관청의 선전수단이었기 때문에 완전한 독립영화라고 볼 수 없다고 지적하고 있다. 이들 작품보다는 1923년 〈황금관〉과 〈조선극장〉을 경영하던 興行師 하야카와 고슈가 〈동아문화협회〉의 명의로 제작한 「춘향전」이 더 완전한 작품이라고 기술하고 있다.

그러나 「춘향전」은 일본인이 만든 영화였다. 이는 당시 한국영화계 실정을 보여주는 사례라고 할 수 있다. 하야카와는 1924년에 「비련의 곡」, 1925년에 「흥부와 놀부」를 제작하고,

---

17) 위의 책, pp.196~197.

일본인 소유의 〈부산 조선키네마주식회사〉에서는 1924년 「해의 비곡」, 1925년 「운영전」과 「촌의 영웅」을 만든다. 이렇듯 한국의 초기 영화들은 모두 일본인들에 의해서 제작되었다. 자본력과 기술력이 없으면 영화를 제작할 수 없는 현실을 반영한 것이다. 임화는 이러한 사정을 "朝鮮映畵는 아즉 대규모 기업의 대상이 되기엔 심히 유치했고, 朝鮮의 시장은 아즉 미완의 시기"[18]였기 때문이라고 정확하게 진단하고 있다. 그런데 「춘향전」은 인기변사였던 김조성과 기생이 출연하고 한국인들에게 친숙한 고전 「춘향전」이었다는 점과 스크린에 한국의 풍경이 등장하여 관객들의 호응을 얻어내어 흥행에 성공을 하였기 때문에 한국 영화인들은 '안목휘황하야 시기상조의 오해'를 하게 되었음도 지적하고 있다. 그리하여 이 시대를 "朝鮮映畵史上에서 「푸로덕슌」 亂立時代"이고 "영화의 정열이 일반으로 비상히 팽창했던 시대" 였지만 이렇다 할 작품이 나올 수 없었다고 정리하고 있다.

하지만 이러한 시대를 기반으로 하여 마침내 1926년 참으로 영화다운 영화인 나운규의 「아리랑」이 탄생하게 되었다고 기술하고 있다. 그는 한국 영화사의 내재적인 발전을 통하여 「아리랑」이 탄생한 것으로 인식하고 있는 것이다.

> 이 작품에 소박하나마 朝鮮사람에게 고유한 감정, 사상, 생활의 진실의 一端이 적확히 파악되어 있고, 그 시대를 휩싸고 있든 시대적 기분이 영롱히 표현되어 있었으며 오랫 동안 朝鮮사람의 전통적인 심정의 한아이였든 「페이소스」가 비로서 영화의 근저가

18) 위의 책., p.197.

되어 혹은 표면의 色調가 되어 표현되었었다.

그러므로 사람들의 이 작품에서 단순한 朝鮮의 人象, 風景, 習俗 이상의 것을 맛보는 만족을 얻었다. 이 점은 朝鮮映畵가 탄생 이후 당연히 가저야 할 것으로서 미처 가지지 못했든 것을 사람에게 주었음을 의미한다.

뿐만 아니라, 이 작품의 성공은 그 내용에서만 아니라 형성과 기술에 있어서도 在來의 朝鮮映畵의 수준을 돌파한대도 연유하였다. 이만하면 단순한 호기심에만 끄을니어 보아오든 관중은, 안심하고 朝鮮映畵를 대하게끔 되었었다.

또한 이 작품을 통하야 一世의 인기 여배우 申一仙을 세상에 내여 놓아 여러 가지 의미에서 「아리랑」은 朝鮮의 無聲映畵時代를 기념하는 「모슈맨트」였다.[19)]

임화는 「아리랑」이 한국 무성영화시대의 기념비가 될 수 있었던 것은 한국사람의 고유한 감정, 사상, 생활의 진실의 일단을 파악한 점과 한국 사람들의 전통적인 심정을 표현했던 점에 있다고 보았다. 그리하여 「아리랑」은 관객들에게 볼거리 이상의 감동을 주었다고 기술하고 있다. 이러한 진술을 통하여 임화가 상정하고 있는 한국영화의 성격을 읽을 수가 있다.

하지만 「아리랑」이 임화가 궁극적으로 추구하고자 하는 영화가 아니었다. 카프의 맹원으로 프로문학운동의 핵심 인사였던 그는 운명에 고통을 받는 주인공보다는 운명을 개척하는 주인공을 그리는 영화를 욕망할 수밖에 없었을 것이다. 임화가 직접 영화배우로 영화의 세계에 뛰어들게 된 연유도 여기에서 찾을 수 있다.

---

19) 위의 책, p.200.

> 安鍾和씨가 주재하고 李慶孫, 金永煥씨 등 문단, 영화인이 관계하고 있는 朝鮮映畵藝術協會의 年少한 성원과 左翼文化人들과의 합류되여 「流浪」, 그 뒤에 「서울키노」, 「昏街」, 「火輪」 등이 맨드러졌는데 이것은 모두 金幽影씨의 작품이였다.
> 羅雲奎씨의 작품이 다분히 「내슈댈」한 경향을 가진 것이라면, 전자는 어느 정도 경향적인 의도를 가진 것이라 하겠다.
> 이것이 昭和 3年부터 5, 6年頃까지의 朝鮮映畵界의 狀況인데, 일종의 內的 心裂의 시대이어서 新興映畵藝術家同盟이라는 단체가 생기고, 「씨나리오」作家協會라는 것이 생기고, 「캅프」의 映畵部가 생기고, 하야 새로운 동향이 활발하게 표면화되면서 朝鮮서 처음으로 영화이론과 비평이라는 것이 생기어 徐光霽씨같은 이가 활발히 활동한 것도 이 시기다.[20]

카프 맹원들이 직접 영화 제작에 참여한 이유는 1928년 전개된 카프의 대중화 논의와 관계가 깊다. 1927년 카프의 제 1차 방향전환은 예술운동의 정치적 목적성을 강조하고 있었지만 무매개적인 추상성에 머물고 있었다. 이러한 추상성을 극복하기 위한 방안으로 대중적인 영향력이 큰 영화 제작이 대두되었을 것이다. 임화가 주역배우로 출연한 것도 이러한 카프의 분위기에 따른 것이었겠지만 그의 영화에 대한 열정과 기질적인 특성도 크게 작용하였다고 할 수 있다.

그런데 임화 자신이 직접 참여한 카프진영의 영화제작에 대한 진술이 개략적인 차원에 머물고 있다 점이 주목된다. 카프해산이라는 위기상황 속에서 "카프문학의 역사적 의의를 밝혀 역

20) 위의 책, pp.201~202.

사의 오롯한 자리를 마련" [21]하고자 하는 의도로 「조선신문학사론」을 기술했다는 주장과 거리가 있는 기술이다. 이는 주역으로 출연했던 영화의 흥행실패와 함께 영화에서의 프로예술운동의 한계를 직접 체험한 것이 그 원인이 될 수 있다. 그리고 일제의 영화 신체제 정책에 의한 자기 검열일 가능성도 읽을 수 있다.

1934년대에 들어오면서 한국영화계도 무성영화 시대에서 토키시대로 전환되고 있었다. 임화는 이러한 영화계의 변화에 대해서 민감하게 반응하였다.

> 당시의 朝鮮映畵가 직면한 임무는 하로 바삐 「싸이랜트」 시대로부터의 해탈이였다.
>
> 이 시기는 벌서 外國 영화는 물론, 內地 영화가 완전히「토-키」시대로 이행한 때였다. 한 常設舘에서 外國과 內地의 영화는 모두 「토-키」인데 유독 朝鮮映畵만이 구태의연한 무성에 머므러 있다고 한 것은 기이했을 뿐만 아니라 관중으로 하야금 이것도 영화인가 하는 의문을 이르킬 만큼 부자연하고 「아니크로닉」 했을 것은 상상하고도 족한 일이다.[22]

그런데 눈에 띄는 것은 외국영화와 일본영화가 완전히 토키영화로 이행되었는데도 불구하고 한국영화는 아직도 무성영화에 머물러 있다는 점을 냉소적으로 기술하고 있다는 점이다. 토키영화를 제작하기 위해서는 더 많은 자본과 기술력이 필요한데도 불구하고 이러한 상황을 자세히 기술을 하지 않고 당위성

---

21) 김윤식, 앞의 책, p.517.
22) 「朝鮮映畵發達小史」, pp.202~203.

만을 강조하고 있는 것이다. 여기에서 '현해탄 콤플렉스'의 그림자를 다시 읽을 수 있다.

임화가 바라던 대로 한국영화계도 1935년 이필우, 이명우 형제에 의하여 최초의 토키영화 「춘향전」이 제작되었고 1937년 이규환 감독의 「나그네」가 제작되었다. 임화는 「나그네」가 조선영화사에서 「아리랑」과 유사한 의의를 갖는 작품임을 지적하고 "「싸이랜트」「아리랑」을 성공시킨 것과 가치 「나그네」를 성공시킨 것도 「레아리즘」이란 사실"[23]을 강조하고 있다. 프로문학가인 그에게 리얼리즘이란 평가척도이자 평가 자체였다. 여기에서 임화가 상정하는 한국영화의 정체성을 다시 확인할 수 있다. 한국현실을 리얼리스틱하게 형상화하는 영화가 그가 바라는 한국영화였던 것이다. 하지만 일제의 검열은 이를 용납하지 않았다.

> 공안, 풍속, 건강상이란 규정은 하나의 핑계였고 조금이라도 불온한 기색이 있거나 흔적이 있으면 닥치는 대로 잘랐다. 그들이 생각하기에 따라서는 무엇이던지 공안, 풍속, 보건상의 이유가 되는 형편이었다. 영화 속에 약간의 사상성이 있으면 공안상 안되겠다 하면 그만이고, 대담한 애정묘사 같은 것이 있으면 풍속상 안되겠다 하면 그만이었다. 도대체 총독부에서 한민족의 사상을 감시하기 위해서 하는 검열이니 더 말할 여지가 없다. 그들은 심지어 한국 사람들의 일상생활감정에서 사상까지 감시하기 위해서 한인 급사를 채용하기도 했다.[24]

---

23) 위의 책, p.203.
24) 李英一, 『韓國映畵前史』, 한국영화인협회, 1969, p.99.

영화 속에서 리얼리즘은 '공안', '풍속', '건강' 이라는 잣대를 가지고 검열을 자행하던 총독부 경무국 고등경찰과 도서실의 날카로운 시선을 벗어날 수 없었다. 때문에 주요한이 이규환의 「임자 없는 나룻배」(1923)가 "라운규가 주연하는 춘삼이란 한 개 농부노동자의 슬픈 이야기를 우리는 한 개인의 이야기로 보지 말고 조선민족이라는 한 민족의 이야기로 볼 때 비로소 그 감격이 커지는 것이다"[25)]라고 평하고 있듯이 당대 영화인들은 '의도한 모호성 '이라는 담론과 같이 해석의 여지를 많이 가지고 있는 영화를 만들게 되었다. 임화가 생각하는 민족의 현실을 그리는 리얼리즘 영화는 시나리오 단계에서 부터 가위질을 당해야 했다.

1930년대 한국영화는 서구와 일본과 같이 토키시대로 접어들었지만 임화의 눈에 비친 한국의 토키 영화는 불완전했다. 그는 영화감독들이 현저히 기술 편중에 빠져 직장화(職匠化)하려는 경향을 비판하면서 "조선 영화의 건전한 발전을 위하야 기술과 더부러 예술을, 혹은 예술로서의 「조선 토-키」의 수준에 도달하기 위하야 이 한계" 를 벗어나야 함을 지적하고 있다. 예술영화란 어느 정도 표현의 자유가 보장되는 환경 속에서 탄생을 한다. 그런데 식민지 현실 속에서 예술영화를 강조한다는 것은 추상적일 수밖에 없다. 하지만 검열과 상업화라는 질곡 속에서 한국영화의 예술성 강조는 공허한 외침이라고 매도할 수는 없었다. 그리고 임화가 영화비평에 관심을 기울인 것도 이러한 상황에 기인한 것이다.

---

25) 『동아일보』, 1932.9.14.

임화는 영화가 자본과 카메라와 감독 · 배우와 같은 물적 토대만을 가지고 발전할 수 없다는 것을 인식하고 있었던 것이다. 그는 '조선영화령' 이후를 진단하는 토론회에서 다음과 같은 발언을 한다.

> 신인발견, 양성제도, 푸로듀서 문제도 문제 되겠지만 내 생각으로는 조선에도 영화비평이 있어야겠다는 말입니다. 신인이 조감독에서만 나온다는 것도 이상한 것이 그 회사에서 그 회사사람을 보는 것과 딴 사람이 비평적 눈으로 보는 것과는 다를줄 암니다. 즉 제삼자의 눈으로 냉정히 보아 비평하는데서 수준의 향상이 있지 않을까 합니다. 그럼으로 회사기구도 중요하지만 비평문제도 소홀히 해서는 안될 줄 압니다.[26)]

임화의 영화에 대한 비평은 변증법적인 인식을 기반으로 하고 있다. 즉 영화 발전을 위해서는 내부의 눈도 중요하지만 제삼자의 비평적인 눈도 필요하다는 점을 역설하고 있다. 정반합의 트리아데 즉 상호갈등과 침투를 해야 만이 영화의 수준을 높일 수 있다고 보고 있는 것이다. 당시 상황 속에서는 영화제작 보다는 영화비평이 한국영화 발전의 동력이 될 수 있다는 시각도 읽을 수 있다.

그리고 임화는 "「토-키」시대의 조선 영화가 이 이상의 발전을 위하야는 기업화의 방향"으로 가야 함을 역설하고 있다.[27)] 그는 영화가 예술이면서 동시에 사업이기 때문에 자본의 집중

---

26) 「조선영화의 신출발」, 『조광』 8권 1호, 1942.1, p.150.
27) 「朝鮮映畵發達小史」, p.205.

이 필요한 장르라는 것을 인식하고 있었다. 그리하여 투기적인 영화제작이 아니라 사업으로서의 영화제작을 할 수 있는 재정상태가 양호한 제작사가 필요함을 주장하고 있는 것이다. 하지만 한국영화계는 1939년에 새로 실시된 일제의 '영화법'과 1940년부터 시행된 '조선영화령' 등에 의해서 친일영화를 제작하는 영화사만이 유지할 수 있었고 순수한 민족자본만으로 만들어진 제작사도 없었다. '그리려는 것'과 '말하려는 것' 사이의 분열이 극단화된 상황이었다.

이상으로 살펴보았듯이 「朝鮮映畵發達小史」는 임화의 미완의 문학사들과 같이 일제 강점기 한국영화사의 맥락을 집어나가고 있지만 심층적으로 살피지 못하고 개관에 머무르고 있다.

Ⅲ. 創案의 視線-「朝鮮映畵論」

앞 장에서 살펴본 「朝鮮映畵發達小史」가 일제강점기 한국영화의 사적인 맥락을 찾고자 하는 작업이라고 한다면 「朝鮮映畵論」는 한국영화의 정체성 규명에 초점을 맞추고 있다.

> 조선영화는 조선의 다른 모든 근대문화와 같이 수입된 외래문화의 일종이라는 것은 주지의 사실이다. 제작의 역사에 앞서 상영만의 역사가 한참동안 계속하였다는 사실도 영화의 역사를 다른 문화의 역사로부터 구별하는 근본적 조건은 아니다. 제작의 역사의 시작이라는 것이 문화적 예술적 자립의 시초라는 것은 물론이다. 즉 조선이 영화가 수입된 지 40년이 가까운 데도 불구하고 제작의 역사는 20년을 얼마 넘지 아니 한다는 사실은 다른 문화

예술의 역사에서는 보기 어려운 현상이다.[28)]

임화는 먼저 한국영화의 성격이 수입된 '외래문화' 임을 밝히고 있다. 그런데 "신문학이 서구적인 문학 장르를 채용하면서부터 형성되고 문학사의 모든 시대가 외국문학의 자극과 영향과 모방으로 일관되었다고 하여 과언이 아닐 만큼 신문학사란 이식 문화의 역사" [29)]라는 주장과 다른 느낌을 받는다. 원래 영화는 이식된 것이기 때문이다. 영화는 프랑스와 미국에서 발명된 새롭게 탄생한 예술 장르다. 앞 장에서 살펴보았듯이 일본에서도 영화는 이식된 문물이었다. 영화는 한국 문화예술의 내재적인 발전론이나 문화전통과는 무관한 것이었다.

논의를 전개하기 위하여 먼저 임화의 이식문화론에 대하여 정리할 필요가 있다. 임화의 이식문화론은 내재적 발전론과 식민지 근대화론으로 쉽게 환원되지 않은 이질성을 가지고 있다. 다시 말하면 그것은 한국의 근대적인 주체형성의 기제들인 춘원(春園)식 근대주의와 육당(六堂)식의 전통주의 그리고 임화의 근대적 맑시즘으로 환원되지 않는 이질성을 가지고 있는 것이다.[30)] 임화에게 이식이란 비서구에서 근대적인 것이 의미하는 것 그리하여 이식된 근대에 대한 하나의 커다란 자각이라고 할 수 있다.[31)] 그리고 이식에 의해서 탄생한 신문화는 서구 근대성과 비서구 전통과의 교섭(negotiation)의 결과물이라고 할

28) 「朝鮮映畫論」, p.108.

29) 임화, 「조선문학 연구의 일과제」, 『동아일보』, 1940.1.16.

30) 주창규, 「역사의 프리즘으로서 '영화란 하오' : 충무로 영화의 문화적 근대성 연구」, 중앙대 첨단영상대학원 박사논문, 2004, p.110.

31) 위의 책, p.113.

수 있다. 이 교섭과정모델은 탈식민주의에서의 모방으로서의 잡종, 문화적인 번역과정과 유사하다.[32]

> 외래문화의 수입이 우리 조선과 같이 이식문화, 모방문화의 길을 걷는 역사의 지방에서는 유산은 부정될 객체로 화하고 오히려 외래문화가 주체적인 의미를 띠지 않는가? 바꿔말하면 외래문화에 침닉(沈溺)하게 된다. 외래문하의 탐닉은 곧 고유문화, 재래문화 해체를 촉진하고 그것의 완료가 곧 새 문화의 제조가 된다. 이것은 낡은 문화의 패배다. 그러나 문화교류에 있어 이러한 일방적 교섭은 정치적 침략의 정신적 표현에 불과하다. 또한 그러한 침략이 완전히 수행되기는 문명인과 야만인 사이에서만 가능한 것이다. 동양 제국(諸國)과 서양의 문화교섭은 일견 그것이 순연히 이식문화사를 형성함으로 종결하는 것 같으나, 내재적으로 또한 이식문화사를 해체하려는 과정이 진행되는 것이다. 즉 문화이식이 고도화되면 될수록 반대로 문화창조가 내부로부터 성숙한다.[33] (밑줄 연구자)

밑줄의 내용을 정리하면 이식된 문화가 주체가 되어 타자가 된 지방문화 내부에서 오히려 이식문화를 해체하려는 창조가 성숙된다는 것이다. 따라서 임화의 이식문화론은 이식의 주체(서구문화)와 객체(한국문화)의 변증법적 지양을 추구하고 있다고 볼 수 있다. 이러한 논리를 따르면 한국영화는 영화전사(映畵前史)와 무성영화시대와 토키시대를 거치면서 창조적인 지양체로 발전할 수 있는 가능성을 원래부터 가지고 있는 것이다.

---

32) 위의 책, p.117.
33) 『동아일보』, 1940.1.18.

그런데 영화는 다른 예술장르와 비교하면 더딘 발전과정을 가지고 있음을 지적하고 있다. "영화가 다른 외래문화와 동시에 수입되었음에도 불구하고 오랫동안 제작을 하지 않은 감상만의 시대를 만든 원인의 하나인데 주지(周知)와 같이 문학이나 기타의 예술이 모방을 통하여 그것의 왕성한 이식운동을 전개하고 있는 동안에 우리는 단순히 활동사진을 보고 있었다는데 지나지 않았다는 것이 영화사의 특색"[34]으로 기술하고 있다. 이러한 특색으로 인하여 영화는 "존경할 문화와 예술이기 보다는 진기한 발명"이 되었다고 지적하고 있다.

초창기 한국영화는 모방을 통하여 이식할 수 있는 여러 조건이 결여되어 있었는데 그 중 하나가 문화전통이라고 보고 있다.

> 새로 발명된 진기한 활동하는 사진은 미국에서 볼 수 있듯 활동사진 그 자체를 구경시키는 외에 상업선전과 연극을 단편적으로 찍어 보이는 데서 출발하지 아니할 수 없었다. 요컨대 그 자체로서의 발전보다도 기존하는 문화의 재현으로 영화는 자기의 최초의 활로를 삼은 것이다. 내지에서도 초기 활동사진은 상업선전과 가부키(歌舞伎) 신파극의 단편을 찍는 것으로 출발한 사정도 여기에 원인이 있다.
>
> 그러나 상업선전이라든가 연극의 단편을 촬영한다는 것은 상업의 은성(殷盛)과 연극의 흥륭(興隆)을 전제로 하지 아니 하면 아니된다.[35]

34) 「朝鮮映畵論」, p.109.
35) 위의 책, p.111.

임화는 한국의 영화가 미국과 일본처럼 자본과 연극적 전통이 약했기 때문에 발달을 하지 못했다고 기술하고 있다. 영화를 "제작하는 자본의 결여가 또 하나 고유한 사회적 조건이 되나 그보다도 큰 문화적 조건은 연극적 전통의 빈약에 있었다" [36]고 보고 있는 것이다. 임화는 영화와 연극은 서로 상보하는 장르이자 호환하는 장르로 인식을 하고 있다. 이는 당시 연쇄극과 같이 영화가 연극을 통하여 시작되었고 많은 연극배우들이 영화배우와 겸직을 하고 있었던 현실을 반영하는 것이다.

> 조선영화는 어느 나라의 영화와는 달리 자본의 원조를 못 받는 대신 자기 이외의 다른 인접문화와 협동으로 방향을 걸었다. 연쇄극에서 주지와 같이 영화는 연극의 원조자로서 등장했다. · · · 가장 많이 문학에 원조를 구하였다. · · · 고소설은 조선영화의 출발과 재출발에 있어 그 고유한 형식을 암시하였을 뿐만 아니라 풍요한 내용을 제공했다. 혹은 무성과 음화(音畵)의 두시대를 통하여 근대화된 조선소설은 직접으로 그 형식과 내용을 통하여 중요한 것을 기여한 외에 간접으로 이것에게 준 기여라는 것은 높게 평가해야 한다.[37]

소설과 영화의 밀접한 관계를 기술하는 대목이다. 여기서 문학인으로서의 임화의 입장을 살필 수 있다. 그런데 이러한 기술은 주관적인 관점이 아니라 현실적인 상황에 기인한 기술이다. 국내에서 제작된 최초의 활동사진도 「춘향전」이었고 이명우 감독의 최초 토키영화도 「춘향전」이었다. 임화도 "「춘향전」이란

---

36) 위의 책.
37) 앞의 책, p.113.

소설이 무성, 유성을 물론하고 매양 조선영화의 출발점이 되였다는 것은 기이한 일" [38]이라고 토로를 하고 있듯이 당대 관객들의 기대지평선은 고전소설에 닿아 있었다. 때문에 흥행을 목적으로 하는 영화로서는 고소설에 집중을 할 수밖에 없었다. 그리고 당대의 베스트셀러였던 이광수의 「개척자」와 「무정」을 영화로 제작한 것과 같이 시나리오 전통이 전무한 영화계에서 근대소설은 든든한 우군이었다.

또한 임화는 영화가 당대의 문학이나 기타의 예술에 의존하고 있었지만 외국영화의 모방도 무시할 수 없다는 점을 지적하고 있다.

> 내지의 어떤 작가는 조선소설을 내지의 그것에 비하면 서구적인 데 가깝다고 한 일이 있거니와 영화의 영역에서도 이 점은 통용될 듯하다. 이것은 물론 소박함에 있어 진실하고 치졸함에 있어 독자적이나 이것은 시정해야 할 결함이면서 성육(成育)되어야 할 장점이라고 나는 생각한다. 내지영화를 통하여 조선의 영화가 배운 것은 물론 막대한 것이다. 그것의 직접의 이미제잇은 아직 현저하지 아니한 것이 아니다. 그것은 마치 문학이 일본문학을 통하여 서구문학을 배운 것처럼 그것을 통하여 서구영화를 배웠기 때문이다.[39]

인용된 부분에서 임화의 이식문화론을 읽을 수 있다. 그런데 일본영화를 통하여 서구영화를 배웠다는 말은 중의적이라고 할 수 있다. 일본영화와 서구영화는 동일한 것이 아니라 변별되기

38) 「朝鮮映畵發達小史」, p.203.
39) 「朝鮮映畵論」, p.114.

때문에 일본영화를 통하여 투명하게 서구영화를 배울 수가 없다. 일본영화보다 더 서구적인 영화를 만드는 것은 한국 영화인들의 자의식에서 비롯된 것이다. 이식되었던 한국영화 내부에서 이식의 주체를 해체하려는 욕망이 작동하고 있는 것이다. 즉 지양(止揚)을 통한 한국 영화의 창안을 상정하고 있는 것이다.

이 에세이의 마지막 문장인 "성실을 통해서만 기업에 이윤을, 국가에 충성을, 국민에게 쾌락을, 그리고 자기는 성과를 각각 주고 차지하는 것"을 통하여 1940년대 한국영화의 현실을 추론할 수 있다. 임화는 이러한 야만적인 신체제를 극복하기 위하여 "예술가의 도리"를 다해야 한다고 강조하고 있다

Ⅳ. 結 語

이상으로 임화의 「朝鮮映畵發達小史」와 「朝鮮映畵論」 분석을 통하여 일제강점기 영화제도 정착과정과 영화 문화의 성격에 대해서 살펴보았다.

「朝鮮映畵發達小史」에서는 한국영화의 맥락을 영화 전사(前史)와 무성영화시대와 토키시대로 기술하고 있다. 초장기 한국영화가 제작을 하지 못하고 관객으로 머물고 있었던 한계에서 벗어나 민족적 정조를 리얼리스틱하게 형상화한 나운규의 「아리랑」과 이규환의 「나그네」를 통하여 한국영화의 정체성을 찾았다. 그후 이명우의 「춘향전」을 통하여 토키 영화시대를 열었지만 기업화되지 못한 제작시스템에 의해서 흥행에는 성공했을지 모르지만 수작들이 발표되지 않음을 기술하고 있다. 또한 자

신이 출연한 카프의 영화들이 흥행실패를 객관적으로 기술하고 있다. 그런데 문학사 기술과 달리 프로예술의 정당성을 강조하지 않고 있다. 이는 관객들의 외면과 일제의 신체제 속에서 자기검열을 했을 가능성을 읽을 수 있다.

「朝鮮映畵論」은 한국영화가 수입된 역사 즉 이식으로 시작되었음을 명백히 밝히고 있는데 여기서 이식을 근대에 대한 자각과 서구문화와의 교섭(negotiation)으로 읽어야 한다. 그리고 이식된 문화를 해체하기 위한 창조적 문화를 만드는 것으로 이해해야 한다. 즉 한국영화가 서구영화와 일본영화의 이식으로 탄생하였지만 이식 주체를 해체하는 새로운 창조성을 담지하고 있다고 이해할 수 있다.

그리하여 한국영화는 서구와 일본영화처럼 연극과 같은 문화전통은 없지만 인접 예술분야 특히 문학과 교류하면서 자신의 정체성을 형성하고 있다고 보고 있다. 즉 일본영화를 배웠지만 서구영화의 성격을 보여주는 탈(脫)이식의 움직임을 가지고 있다고 보고 있는 것이다. 그리고 한국영화의 궁극적인 지향점은 예술영화임을 강조하고 있다.

〈참고문헌〉

1. 자료
『동광』 제23호,1931.7
『동아일보』, 1932.9.14
『동아일보』, 1940.1.16
『만세보』, 1906.7.29
『삼천리』 제13권 제6호, 1941.6.
『조광』 8권 1호, 1942.1
『춘추』 10호, 1941.11
『황성신문』, 1903.7.10

2. 논저
김려실, 『투사하는 제국 투영하는 식민지』. 삼인, 2006
김윤식, 『임화연구』, 문학사상사,1989
유현목, 『한국영화발달사』,한진출판사, 1980
이영일, 『韓國映畵前史』, 한국영화인 협회, 1969
임 화, 『문학의 논리』, 학예사, 1940
임 화, 『신문학사』, 한길사, 1993
정재형 편, 『한국 초창기의 영화이론』, 집문당, 1997
제프리 노웰-스미스, 『옥스포드 세계영화사』, 열린책들, 2005
김대호, 「일제하 영화운동의 전개와 영화운동론」, 『창작과 비평』, 57호, 1985
변재란, 「1930년대 전후 프롤레타리아 영화활동 연구」, 중앙대학교 연극영화학과 석사학위논문, 1989
주창규, 「역사의 프리즘으로서 '영화란 하오' : 충무로 영화의 문화

적 근대성 연구」, 중앙대 첨단영상대학원 박사논문, 2004

일제 강점 후기 연극 제도의 변화 양상과 그 의미*

- 이동극단, 위문대를 중심으로 -

김 호 연**

Ⅰ. 서 언

한국근대연극사에서 中日戰爭과 太平洋戰爭으로 이어지는 1930년대 중반부터 1940년대 중반만큼 연극이 철저하게 통제받은 때도 없었다. 이 시기는 흔히 國民演劇 시기라 일컫는다. '國民運動' 이란 명분으로 皇國臣民을 위한 연극을 주창한 것이 국민연극인데 조선총독부 경무국 연극담당 사무관 星出壽雄은 '국민연극은 진실한 황국신민이 된 반도의 인간으로서 국민적 자각 · 국민생활 감정에 공감을 일으키게 하는 연극' 이라고 규정지어 밝힌바 있다.[1] 결국 황국신민이 되어 內鮮一體를 이루게 하는 것이 국민연극의 목적으로 이는 時局과 國策의 테두리에서 민중을 계몽할 수 있는 도구로 철저하게 연극이 사용된

---

* 이 논문은 『인문과학연구』제30집(강원대학교 인문과학연구소, 2011.9)에 게재되었던 것을 재수록하는 것임을 밝혀둔다.

** 단국대 동양학연구원 연구교수.

1) 星出壽雄, 「演劇統制の諸問題」, 『國民文學』, 1942.1.

모습을 보여준 것이다.

그렇기에 이 시기는 여러 시각에서 규정지어 이야기할 것이 그리 많지 않을 수 있다. 모든 것이 전시체제라는 범주에서 그저 하나의 목적을 가지고 움직였기 때문이다. 특히 연극 활동은 자율적인 것이 아니라 규칙에 의해 조직이 만들어지고, 조직에 의해 공연 활동이 움직여졌기에 다분히 현실적인 이야기 밖에 나올 수 없을 수 있다.

그렇지만 이 시기 공연예술에 대한 살핌은 내용적 측면도 그러하지만 현상 속에 담긴 의미망을 살펴본다면 여러 가지 담론이 형성될 수 있을 것이다. 특히 일제가 내세운 '명랑한 오락' 이란 단어가 어떠한 의미를 지니고, 일제강점 후기에 나타나는지 여러 현상을 중심으로 考究해 볼 문제이다. 이는 일제가 단순하게 내세운 연극이 민중들의 피로를 풀어 주어야 한다는 논리로 어떻게 민중들에게 무비판적으로 수용되어졌는지 공연활동의 제 양상을 통해 그 연결고리를 살펴보고자 한다.

그동안 국민연극 시기에 대한 많은 연구 성과들이 있어 왔는데, 대부분 친일 연극이란 측면의 내용적인 면모와 연극경연대회 등에 집중한 감이 없지 않다.[2] 본고에서는 이러한 선행 연구를 비판적으로 수용하면서 일제 강점 후기 공연예술의 제도

2) 유민영, 『한국근대연극사』, 단국대 출판부, 1996, 서연호, 『식민지시대의 친일극 연구』, 태학사, 1997 등에서 개략적으로 이 시기를 살폈으며 이덕기, 「일제하 전시체제기 이동연극 연구-이동연극 제1대와 극단 현대극장을 중심으로」, 『한국극예술학회』제30집, 한국극예술학회, 2009. 이화진, 「전시기 오락 담론과 이동연극」, 『상허학보』23호, 상허학회, 2008. 이재명, 『일제 말 친일 목적극의 형성과 전개』, 소명출판, 2011 등의 노작들이 발표되었다.

를 중심으로 바라보고자 한다. 먼저 중일전쟁 직후 연극이 어떻게 통제되는지 조선연극협회, 조선연예협회 등의 생성 과정과 이에 따른 여러 제도에 대하여 살펴본다. 또한 여기서 표출된 여러 현상들, 이동극단과 위문대 등에 주목하여 이들의 활동이 어떻게 실질적으로 나타났는지 의미망을 정리해보도록 한다. 그 동안 국민연극에 대한 접근은 연극경연대회 등 중앙 집권적인 측면이나 그 때 공연된 희곡에 대한 분석이 많았다면 본고에서는 당시 연극을 접하지 못한 이들에게 전시체제의 상황 속에서 어떻게 생산되고 수용되는지에 究明하는데 주목해 볼 것이다.

Ⅱ. 일제 강점 후기 연극 조직, 제도 그리고 현상들

1. 國民演劇을 통한 내선일체의 사상적 배경

1937년 中日戰爭을 중심으로 日本은 戰時動員體制에 들어간다. 이에 따라 일본에서는 그해 8월 國民精神總動員 實施要綱을 만들고, 10월에 國民精神總動員中央聯盟을 조직하여 국민을 하나로 결집시키기 위해 바쁜 움직임을 보인다. 朝鮮에서도 1938년 7월 중일전쟁 1주년 즈음 민중들을 전쟁에 효율적으로 참여시키기 위해 國民精神總動員朝鮮聯盟(이하 정동조선연맹)이 결성된다. 정동조선연맹은 '皇國精神의 顯揚, 內鮮一體의 完成, 生活革新, 戰時經濟 政策에 協力, 勤勞報國, 生業報國, 銃後後援, 防共防諜, 實踐網의 組織과 指導의 철저' 등을 실천 강령으로 하고, 매일 아침 皇居 遙拜, 근로보국대 활약 강화 등 21개의 실천요목을 내어놓는다.[3] 國民精神總動員中央聯盟과 정동조선연맹은 실천적 측면에서 조금은 다른 모습으로 나타났다. 이는 조선과 일본의 현실이 다름에서 비롯되는데 일본에서는 전시체제를 강화하는데 주력하였다면 조선에서는 內鮮一體를 먼저 강요하면서 정신적인 면을 세뇌시켜 황국신민화를 꾀한 것이다.

이러한 조직은 1940년 10월 國民總力朝鮮聯盟으로 개편되면서 조금 더 체계적으로 확대되어간다. 국민총력조선연맹은 중앙과 지방의 여러 조직과 단체를 하나로 아울렀고, 總督이 총재를 겸임하여 모든 조직을 총독부 아래 두는 강력한 장치로 나타나게 되었다. 이러한 모습은 앞서 정동조선연맹이 정신적인 측면을 강조하였다면 국민총력조선연맹은 민중 생활의 실제적인 모습까지도 깊숙이 관여하게 된 모습이다. 이를 통해 문화활동도 직접적인 통제에 놓이게 되는데 國民總力朝鮮聯盟 思想部에서 文化部를 독립시켜 여러 문화 조직을 하나로 통합하였고, 위원회를 두어 체계적인 조직을 구성하는데, 예술부분 연락계에 辛島驍 參事(京城大法文學部 敎授), 淺川伯敎(工藝家), 朴英熙(朝鮮文人協會幹事長), 遠田運雄(朝鮮美術家協會理事), 平間文壽 同(朝鮮音樂協會理事), 李哲(朝鮮演藝協會長), 李瑞求(朝鮮演劇協會長), 安鍾和(朝鮮映畵協會長)가 참여하여 여러 조직을 독려하였다.[4]

이러한 얼개 속에서 공연예술도 朝鮮演劇協會와 朝鮮演藝協會 등의 조직을 통해서만 모든 것이 움직이기 시작한다. 이러한 모습은 결국 총독부의 생각이 그대로 행동으로 옮겨진 것으로

---

3) 『靑年』 제7호, 1938. 11, pp.8~11.

4) 「情報室 (우리 社會의 諸事情)」, 『三千里』 제13권 9호, 1941.9, p.78

조선 총독부 경무국에서 공연예술의 정책과 통제를 담당했던 星出壽雄의 언급에서도 그 속내를 짐작할 수 있다. 그는『國民文學』에 실린 연극 통제 관련 글에서 조선에서 연극과 경찰이 밀접한 관계를 갖게 된 것은 1940년 말이라고 전제하고, 그동안은 공안풍속을 해치는 연극을 취체하는 소극적인 입장이었다고 말한다.[5] 그렇지만 모든 부분에서 온 힘을 다하는 국가적 상황에서 문화도 시국에 일익을 담당하는 체제 정비가 필요하다고 강조하였다.

> 朝鮮に於ては演劇がその觀客の數に於て映畵に遙かに及ばないごは謂へ,映畵ごは異る强烈な民衆への浸透力,啓蒙力を持つて居り國語又によるトーキーを解し得ない文化水準の低い多數の大衆の心に深く喰ひ人つてる事實に思を致す時之を善く利用活用して國策の方向·時局の認識吏に朝鮮統治に寄與せしめる方向に之を推進して行くこごを我々が念願したのは當然である.而して此の我々の考へ方は朝鮮の演劇關係人の中にも旣に芽生えて居り國民總力聯盟の新しき出發に刺戟されて猛烈に燃え上り演劇の指導乃至統制は朝鮮演劇關係人の自發的な行動に依つてその第一步を蹈み出したのである.[6]

星出壽雄은 당시 조선에서 연극의 위치와 역할에 대해서 정확하게 인식하고 있었다. 아무래도 연극이 영화에 비해서는 관객 수용에서 뒤지는 것이 사실이었다. 1941년 조선에서 연극관객은 약 3백 20만 명으로 영화 관람객의 15% 정도 밖에 되지 않는다고 그 스스로도 파악하고 있었다.[7] 그럼에도 불구하고

---

5) 星出壽雄,「演劇統制の諸問題」,『國民文學』, 1942.1
6) 星出壽雄, 위의 글, pp.46~47

연극이란 장르의 속성상 관객들에 전달되는 이야기가 훨씬 더 직접적이었기에 시국에 가장 적합한 장치로 인식되며 이에 대한 여러 가지 현실적 방안이 진지하게 고민되고 있었던 것이다. 그렇기에 여러 시국의 흐름과 관련 국민총력연맹의 출발과 함께 연극인들의 자발적 시국 동참은 긍정적인 면모라 밝힌다. 이러한 흐름에 대해서 고설봉은 일제는 노골적으로 이 땅의 예술을 통제했고, 조선연극협회도 그 일환이지만 결성의 그 처음은 일제의 강요는 아니라고 회고하였다.[8] 지방의 여러 극단들이 중앙무대 진출이 용의 하지 않자 원활하게 움직일 수 있는 기구를 만들자는 의견이 있었고, 김관수, 이서구 등이 기구 조직을 만들어 총독부에 제출하여 이것이 허락되면서 시작되었다는 것이다. 이러한 모습에 대해 총독부에서는 연극인들을 조직적 규제 시안을 만들던 중 연극인들이 스스로 찾아왔으니 자연발생적이라 스스로 느끼는 부분이었다. 자발이었다는 작위적 이해 문제나 경험적 사실에 대한 검증 문제를 떠나서 이러한 흐름은 조선연극협회에 소속된 극단들만 활동을 인정하고, 이들에게만 흥행을 허가하는 등 연극의 통제를 위한 방법론이 구체화되고 있었던 모습이다.

星出壽雄은 각본에 대한 문제를 언급하면서 황국신민으로 자각이 철저하여야만 훌륭한 각본이 나올 수 있지만, 문화수준이 낮고, 국가의식이 아직 약한 조선 민중들은 內地人과 같을 수 없으니 시국의 흐름에 합치되는 정도 수준을 요구하였다. 그러면서 연극은 예술적인 것과 함께 재미가 필요한 것을 강조하며

7) 星出壽雄, 「朝鮮演劇の新發足」, 『朝鮮』, 1942.10, p.23.
8) 고설봉, 『이야기 근대연극사』, 창작마을, 2000, p.167.

하루의 피로를 풀 수 있는 요소가 꼭 필요하다고 강조하였다. 이는 공연예술의 내용을 단순화시키고, 대중을 호도하여 전략적으로 皇國臣民化를 꾀한 모습이다.

> 次に朝鮮演劇に課せられた大きな問題は文化乃至娯樂の普遍化の問題である。文化乃至娯樂の普遍化,特に農山漁村、工場,鑛山等勤勞大衆に對すろ健全娯樂の供與の問題は戰爭の長期化に伴つて益々其の重要性が强調さわつあろ.勤勞大衆の生産力の增强を促進すろ反面之等に歡びを與へ,之等を樂しませ、同時に其の時局認識の徹底,國策への協力を促進し指導啓蒙を行戰時下に於ける生産戰士の士氣の揚揚をらんとすることは,外國に於ても又內地に於ても積極的に遂行されつある所である。娯樂に惠まねなに文化水準の低い朝鮮に於ては其の必要性は特に强いと思はれる。映畵は眼がちつさわからぬ、トーキーの國語がわからぬと言ふ勞務者,演劇を見るのは生て二度目だと言ふが如き勤勞大衆を多數に有する朝鮮の鑛山漁村には演劇が果すその娯樂的な,指導啓蒙的な役割は實に大きいのである.[9)]

星出壽雄은 국어를 이해하지 못하는 연극 관람자층, 그리고 연극을 접하기 힘든 농촌, 어촌 등을 위한 민중 계몽을 위해 조선연극의 지도통제는 의미가 크다고 지적하였다. 이는 조선연극협회와 조선연예협회를 통해 건전한 오락이라는 허울 좋은 이름 아래 모든 민중을 하나로 아우르는 가장 커다란 장치로 이해할 결과이다. 이러한 모습은 결국 대중들에게 건전한 오락을 함께 한다는 愚民化 정책을 통해 예술을 단순하게 즐기면서 사상적으로 황국신민화를 꾀하여 전시체제의 동참을 꾀하고자

9) 星出壽雄, 앞의 글, p.24.

하는 그들의 속내를 자연스럽게 드러낸 것이다. 이는 국민총력조선연맹 문화부장 失鍋永三郎의 언급에서도 드러난다.[10] 그는 전시문화의 방책 여섯 가지를 제시하는데, 국민사기의 양양운동, 사상전의 수행, 전쟁생활의 강화운동, 전시생활 과학의 습득, 언어 문장의 전시 동원 그리고 예술 오락의 전시동원을 제시하였다. 특히 예술 오락의 전시동원에서는 예술도 전쟁에서는 군수품이고, 宣撫를 위한 가장 중요한 무기라고 언급하는데 이도 星出壽雄이 구상한 계획과 같은 맥락으로 총독부가 꿈꾸었던 연극의 이상적인 통제 방법의 그대로의 모습이었다.

이렇듯 전쟁이라는 비상시국에서 내선일체를 통해 황국신민을 꾀한 이후 국민의식의의 하나로 결집시키고자 하는 것이 국민연극의 목적으로 받아들여졌다. 이를 위해 연극이 일부 계층이 수용하는 장르가 아닌 전국을 찾아다니며 모든 국민들을 그들의 사상을 심는 것이 가장 큰 목표였기에 이를 조직적으로 민중을 선도하는 제도적 장치를 꽤하게 된 것이다.

2. 朝鮮演劇文化協會의 제도를 통한 조직적 활동 양상

1940년 12월 12일 '연극의 건전한 발달과 연극인의 자질향상을 돕고 문화향상에 기여함을 목적으로 하며 연극을 통하여 內鮮一體를 기한다' 는 모토로 朝鮮演劇協會가 조직된다. 會長에는 牧山瑞求(李瑞求), 常務理事 岸本寬(金寬洙), 理事 崔象德, 柳致眞, 朴珍, 監事에 卞基鍾 徐一星 沈影 등이었고, 靑春座, 豪

---

10) 失鍋永三郎, 「戰時文化方策」, 『新時代』, 1942.1.

華船(京城 東洋劇場) 阿娘(京城 府民舘) 高協(大邱劇場) 黃金座(京城 第一劇場) 演劇號(淸津 共樂舘) 藝苑座(大田 警心舘) 國民座(前老童座, 平壤 金千代座), 朝鮮聲樂硏究會 이렇게 아홉 단체 300여명이 참여하였다.[11] 이들이 내세운 것은 결국 警務局 통제 아래 연극인의 행동과 사업을 단결하자는 것이었고, 연극의 지도 및 統制, 연극인의 養成과 指導에 關한 施設, 地方巡業에 대한 指導改善, 有功會員의 表彰, 機關紙의 발행 등이었는데, 조직을 통해 전시체제 국민운동의 한 부분으로 행동되어지는 첫 모습이었다. 이에 대해 『三千里』 1941년 3월호에 「朝鮮演劇協會結成紀念 〈演劇과 新體制〉 特輯」이 실려 이들의 결성 배경, 앞으로 활동에 대한 개략적 그림을 보여주었다. 회장을 맡은 이서구는 '연극협회의 결성을 통해 우리도 이제 국민의 일원으로서 職域奉公의 거룩한 역군이 되었다' 고 말하며 演劇報國이라는 큰 목표 아래 신체제하의 臣道實踐의 거룩한 직책이라고 밝히고 있다.[12] 이를 계기로 '조선의 연극은 체제에 의한 연극, 체제를 위한 연극' 으로 나아가게 된다.

이와 함께 1941년 1월 26일 '연예의 건전한 발달과 연예인의 실질 향상을 도모하여 국민문화에 이바지' 한다는 이름 아래 朝鮮演藝協會가 府民舘에서 결성된다. 연극 이외의 연예 활동 즉 樂劇, 野談, 漫談, 輕音樂 등 대중공연예술을 모두 아우르는 거대 조직이 탄생한 것이다. 회장에 靑山哲(李哲), 이사 崔武盛, 상무이사 任曙昉 등이 선출되어 본격적 활동을 시작하는데 이

11) 〈매일신보〉, 1940.12.23.
12) 李瑞求, 「新體制와 朝鮮演劇協會 結成」, 『三千里』 제13권 제3호, 1941.3, p.160.

들도 총독부의 지시에 움직이는 어용단체로 의미만 지닐 뿐이었다. 이들의 첫 번째 활동이 공연이 아닌 勤勞奉仕라는 점에서도 그 실체가 드러난다. 日帝는 忠南 夫餘에 官弊大社 扶餘神宮을 짓기 위하여 많은 노력을 기울인다. 이는 서울 남산의 朝鮮神宮처럼 단순한 神社의 개념이 아닌 부여라는 역사적 상징 공간에 神宮을 지어 한국의 역사를 말살시키려는 의도에서 출발한 것이다. 이를 지으며 많은 단체, 각 지역에서 근로봉사를 하는데 朝鮮演藝協會도 결성된 보름 뒤인 2월 9일 문화부대라는 명목으로 근로봉사에 참석하게 된다.[13] 每日新報 주최로 이루어진 근로봉사대는 조선문인협회, 조선음악협회, 조선연극협회, 조선연예협회, 朝鮮談友會, 조선흥행협회, 조선영화인협회 등 모든 문화단체를 망라하여 이루어졌다. 이후 조선연예협회에서는 부대 위문, 농어촌, 산업인 위안공연이 중심으로 협회 차원의 여러 활동을 전개해 나간다.

두 단체가 결성된 1년 6개월여 뒤 총독부는 문화 단체를 하나로 결집시키기 위한 조치를 취하여 1942년 7월 26일 조선연극협회와 조선연예협회를 하나로 묶어 朝鮮演劇文化協會를 탄생시킨다.[14] 두 단체의 통합에 대하여 星出壽雄은 두 단체의 유사성을 들어 하나의 조직으로 통합한다고 밝힌다.

> 斯して兩協會は演劇の健全なる發展と演劇人の資質の向上を圖り,內鮮一體の實を擧げることを目的と行動を開始し,實績相當見る

---

13) 〈매일신보〉, 1941.2.9. 조선연예협회에서는 靑山哲, 豊川曙肪, 三木尙, 이철원, 이부풍, 한창선 등의 간부들이 이 날 참여하였다.

14) 〈매일신보〉, 1942.7.22.

べきものがあつたのであるが,演劇と樂劇といふ類似せる對象に對し二元的統制は多くの不便と不合理が有するので,本年七月兩協會は發展的に解消せられ二元的指導統制機關として朝鮮演劇文化協會の成立を見たのである.[15]

두 단체는 예술의 활발한 활동을 위해 생성된 것이 아닌 내선일체를 위한 목적이었기에 발전적인 해소를 통해 일원적 통제기관으로 만든다고 밝히는데 이는 日帝 스스로 두 단체가 예술이 아닌 국책의 목적을 위한 단체임을 말한 대목이다. 게다가 연극과 악극이 유사한 대상이기에 이원적 통제가 불합리하다고 지적하고 있는데, 장르적 성격이나 구성원의 성격이 다름에도 불구하고 이를 하나로 보는 의도도 공연예술을 하나로 묶어 통제하려는 속내를 드러낸 것이다. 일제에 있어서는 연극이냐 연예냐 하는 장르는 중요한 요소는 아니었다. 이는 표현하는 방법이나 내용에 중요성이 있는 것이 아닌 전시체제를 얼마큼 황국신민화의 사상을 심어주느냐가 더 중요하였기 때문이다. 예술을 예술 그 자체로 보는 것이 아닌 신체제에 봉사하는 예술양식에 불과할 때는 단체에 대한 구분은 별 의미가 없는 것이었다. 두 단체의 운영상 충돌하는 부분을 통합의 이유로 든 것도 같은 맥락이다.[16] 이는 두 단체 활동이 생각보다는 두드러지지 못하여 시국을 이끌어 갈 효율적인 방법을 찾았고, 두 단체의 통합을 통해 이루려는 것이었다.

이러한 통합 과정에서 협회는 모든 기관들이 수용한 것이 아

15) 星出壽雄, 「朝鮮演劇の新發足」, 『朝鮮』, 1942.10
16) 김재석, 「국민연극 시기 『조선연극문화협회』 연구」, 『어문론총』 제40호, 한국문학언어학회, 2004.6, p.111.

니라 불건전하다고 판단되는 단체들을 해산시켜 조선연극협회 가맹 단체 19개, 연예협회 가맹 단체 25단체(서커스 포함)중에서 연극협회 5개, 연예협회 10여개 단체를 정리하였다.[17] 이러한 과정에서 가장 큰 변화를 보인 것은 악극단이었다. 新響樂劇團, 京城樂劇團, 樂浪樂劇團이 第一樂劇團으로 통합되었고, 중앙 몇 개의 악극단만이 그 생명을 지속하며 군소 악극단들은 자연스럽게 정리되었다. 이를 통해 정리된 악극단들은 위문대 등 다양한 방법을 통해 자구책을 모색하는 현상도 통합 과정을 통해 나타난 현상이었다.

朝鮮演劇文化協會는 명예회장에 辛島驍, 常務理事에 金寬洙가 맡아 조직을 운영하였고, 柳致眞 등 많은 연극인들이 조직에 직간접으로 참여하였다. 실질적으로 협회를 이끈 김관수는 조선연극문화협회가 협회 차원에서 나아갈 방향과 가장 이상적인 방안을 제시하는데 그것은 이동극단이었다.

> 私の考へとしては更に本年末まで演劇樂劇サーカスの三部門を通じて不健全と見られるもの約十個團體を整理叉は統合を爲す樣相通させる心算で殊に樂劇の場合も從來の不健全な點を一掃してほんとうに國民的なまのにり上げるにめにまつと樂團有志のを要望する次第でありサーカス關係もたと思はれる點を徹底的に建て直し叉勞務者慰安農魚山村娛樂提供をモットーとする移動劇團も旣に演劇協會時代がら第一隊は活潑有功に運行され至りる處で好評を博してろるが第二隊樂劇流のものも近々お目見えする段取りになつてろるから適切な行動を取るてとなるでおらう[18]

17) 〈매일신보〉, 1942.7.27.
18) 金寬洙, 「演劇試評」, 『國民文學』, 1942.10, p.117.

협회 차원에서 불건전한 공연을 하는 불량 단체를 정리하여 그 빈 공간에 협회 직속의 이동극단 1대, 2대를 통해 근로자, 농어촌 등에 건전한 오락을 제공한다는 것은 국책을 수용하면서도 연극인들을 활용할 수 있다는 점에서 그들 스스로 차선의 방법임을 인식하였다. 이에 악극이 좀 더 국민적인 면모를 보여야 함을 강조하였다. 어찌 보면 악극은 대중적 인기가 강하였지만 그 오락적 면모 때문에 황국신민화의 정신을 저해하는 요소로 받아들여졌다.[19] 그럼에도 불구하고 가장 오락적이며 대중적인 공연까지도 철저하게 어용적인 친일극의 권장운동에 참여하라는 면모는 그들의 의지의 표현으로 나타난 결과였다.

이렇게 일제가 연극 활동을 철저하게 규제하기 시작한 것은 일제강점 후기부터이다. 물론 그 이전 일제강점기 전반에 걸쳐 법률적, 사상적 통제가 없었던 것은 아니지만 그동안의 연극 통제는 각 지방 경무국에서 담당하여 집중적이지 못하였고, 연극 규제를 위한 명확히 규정된 법은 나타나지 못하였다. 영화의 경우 1940년 '조선영화령'이 만들어져 중앙에서 통제함에 반해 연극은 1944년 5월 8일 조선총독부령 제197호 〈朝鮮興行等取締規則〉을 통해서 전반적인 활동에 대한 사항을 법률적으로 규제받게 되었다. 이는 1944년 4월「演劇 · 演藝 興行에 대한 비상조치요강」을 발표하여 연극 · 연예 단체를 재정비 되었고 조선연극문화협회 가맹단체는 8개 연극단, 3개 창극단, 18개 악극단으로 정리된다.[20] 이렇게 총독부가 통제하기 쉽게 체제에 위반되는 모든 요소들은 철저하게 제거하고 통치이념에 맞는 부

19) 김호연,『한국 근대 악극 연구』, 민속원, 2009, p.145.
20) 李杜鉉,『韓國演劇史(개정판)』, 學研社, 1985, p.323.

분만 살아남는 극단적 모습만이 문화 전 분야를 지배한 것이다.

1944년 제정된 〈조선흥행등취체규칙〉의 면면을 살펴보면 먼저 흥행에 대한 규정으로부터 시작한다.

> 第一條 本令ニ於テ興行トハ映畵,演劇,演藝又ハ觀物ヲ料金ヲ得テ公衆ノ觀覽又ハ聽聞ニ供スル行爲ヲ謂フ
>
> 第二條 本令ニ於テ上演トハ公衆ノ觀覽又ハ聽聞ニ供スル爲演劇又ハ演藝ヲ爲シ又ハ觀物ヲ開演スル行爲ヲ謂フ
>
> 第三條 本令ニ於テ劇團トハ業トシテ演劇ノ上演ヲ爲ス團體,演藝團トハ業トシテ演藝ノ上演ヲ爲ス團體,觀物團トハ業トシテ觀物ノ上演ヲ爲ス團體ヲ謂フ[21]

흥행이란 영화, 연극 등 극장에서 요금을 내고 관람하는 행위로 정의 내렸다. 내용상 영화, 연극, 연예 등 공연장에서 이루어지는 예술을 모두 포괄하는 개념이지만 그 내용을 보면 대부분 연극과 관련된 내용들이다. 이미 조선영화령이 선포되어 있기에 영화에 관련된 규칙은 많은 부분 제외되어 있고, 연극령에 준하는 규칙으로 꾸며져 있다.[22]

이 규칙은 부칙을 포함하여 46조로 이루어졌는데 내용의 핵심은 흥행을 하려는 자들은 도지사의 허락을 받아야 하며 技藝者들도 허가를 받은 사람들만이 공연을 펼칠 수 있다는 점이다. 이미 조선연극협회가 창설되면서 조선연극협회 소속된 인물에

---

21) 朝鮮總督府令第197號, 「朝鮮總督府官報」, 1944.5.8, p.59.

22) 박영정, 「법으로 본 일제강점기 연극영화 통제정책」, 『문화정책논총』16, 한국문화관광정책연구원, 2004.12, p.258. 조선연극령은 조선영화령과 궤를 같이하며 일본에서 준비 중에 있었지만 내부 사정상 빛을 보지 못하였고, 이 규칙으로 대신하게 된 것이다.

대해서만 회원증으로 발급한 것처럼 기예증을 받은 인물만 공연에 참여하였는데, 이는 공연예술에 있어서도 철저하게 총독부의 관리 아래 놓기 위한 조치이다. 이러한 규칙을 바탕으로 조선연극문화협회에서는 결전비상조치령에 의거 회원들의 자질 향상 등을 위하여 자격시험을 보는 등 철저한 단속을 이룩한 것이다. 또한 여기에 속하지 못한 사람들은 자연스럽게 중앙무대에 서지 못하고 철저하게 황국신민화로 무장된 조직체만 남겨지게 된 것이다.

3. 移動劇團의 형성과 그 활동 모습

國民總力朝鮮聯盟이 가장 크게 내세운 바는 內鮮一體를 강화하고, 그 職域에서 滅私奉公을 다하는 것이었다. 그러한 실천 방책으로 국민정신총동원운동, 농촌진흥운동을 비롯하여 각 부분에서 열성적인 실천 운동이 중요한 과제로 제시되었다. 이러한 실천 행동은 문화운동의 여러 양상으로 그대로 수용되어졌고, 새롭게 조직된 조선연극협회에서도 협회 차원에서 수행할 문제로 인식하고 있었다. 조선연극협회의 실무를 맡은 김관수는 이에 대한 가장 적합한 방안으로 移動演劇 문제를 언급하였다. 이에 대해 그는 日本에서도 한참 논의되는 문제로 조선연극협회도 짊어져야 할 중대사명이라 말한다.

> 農村과 工場地帶에 勤勞하는 분들에게 慰勞와 娛樂을 보내서, 來日의 새힘을 기르고 國民으로서의 깨다를 바에 이끄러 준다는

> 役割은 반다시 劇協이 질머지고 나서야 할 重大使命이라고 봅니다.(중략) 實行하는 방법으로는 두가지가 있습니다. 한가지는 職業俳優들 - 도저히, 村구석, 工場바닥에 가서는 나설 생각도 안하던 俳優들을 잇글고 도라다니며 求景을 식히는것이겠고, 또 한가지는 各農村 工場을 차저다니며 適當한 脚本을 갓다 주고 그네들 틈에서 配役을 골나 素人劇을 奬勵하는 것입니다. 이外에 가벼운 演藝를 도락크에 실고 面面 村村에 차저다니며 자미있고 즐겁고 그러고 어느 틈에 배우는게 있는 求景을 식히는 方法도 있을것 입니다.[23]

演劇을 즐기기 힘든 농촌이나 공장 등을 돌아다니며 공연하는 移動劇團은 민중들의 삶 속으로 다가선 형태로 관객을 직접 만날 수 있다는 장점을 지니고 있었다. 이는 내선일체와 시국동참이라는 수직적 명령에 대한 가장 적합한 실천 방안이었다. 이에 조선연극협회에서는 이동극단을 조직하기로 하고, 경무국에 인가를 받아 실행에 옮기기에 이른다. 그런데 이러한 조직은 총독부 지시에 의한 수직적 하달로 인식할 수 있지만 현실적인 부분에서 고민할 문제가 남아 있었다. 먼저 이동연극대의 구성 문제였다. 1941년 1월 경무국의 인가를 받았지만 그 실체는 완성되지 못하였다. 이는 기성 극단에서 이동극단으로 차출할 여력이 없었으며 아직까지 조선연극협회의 조직이 원활하지 못하였기 때문이다. 이동극단은 5월이 되어서야 설치 준비가 되었고, 구성인원도 조선연극협회에 소속되지 못한 상당수의 연극인들을 모집하였고, 심사를 통해 구성하기에 이른다.[24]

---

23) 金寬洙, 「移動演劇隊編成에 對하여」, 『三千里』, 1941.3, p.176.
24) 〈매일신보〉, 1941.5.8.

여기에서 수용된 인원은 60여명이 지원, 16명 선발되어 강습회를 통해 차근차근 준비를 하게 되었다. 이들은 농촌어촌광산촌 등 연극을 보기 힘든 지역에 파견, 오락과 시국의 상황을 전파하는 선봉장의 역할을 부여 받게 되는데, 초기에는 경무국 경무과의 전폭적인 지원으로 이루어진다.[25] 이들은 東洋劇場에서 2개월여 훈련을 받고 1대를 조직하고, 1941년 8월 16일 동양극장에서 첫 시연회를 갖는다. 공연된 송영작 〈遺訓〉에 대하여 박영호는 아마추어가 하는 연극과 아마추어를 위한 연극이 있는데 앞서의 것은 자기 표현 방식이며, 뒤의 것은 정책적인 것이나 이 둘 다 영리를 목적으로 하는 연극이 아님을 전제하고 이동극단의 목적에 대해 정의 내린다.[26] 그런데 이들은 아마추어적인 요소가 강하지만 목적의식을 지니고 연극 활동을 한다면 여러 성과를 거둘 수 있을 것이라 내다보았다. 특히 박영호가 시연회에서 가장 강렬하게 느낀 점은 전투적 연기력이었다며 이것이 산업보국에 바탕을 두기 때문이겠지만 이들에게 돋보인 것은 예술적으로도 성과를 거둔 점이라며 긍정적인 평가를 내린다. 이후 이들은 경기도 지역 일대를 첫무대로 갖고 이에 八木新雄 경무과장, 星出壽雄 사무관 등을 접견, 계몽활동에 대한 치하를 받는 등 총독부의 열렬한 후원을 받으며 그 활동이 이어졌고, 新太陽社에서 제정한 조선예술상 수상자로 선정되기에 이른다.

그런데 이들의 활동은 1943년 1월 현재 159회 공연에 관객동원 429,786명이라는 기록을 보였음에도 불구하고 1943년 이후 그 의미가 약화되어 간다. 이는 이동연극의 형태가 이미 다

25) 〈매일신보〉, 1941.7.10.
26) 박영호, 「移動劇團 試演會를 보고」, 〈매일신보〉, 1941.

양한 분야와 지역에서 다각도가 이루어져 이들의 희소성이 부족해진 결과이다.[27] 그렇지만 더 큰 원인은 농촌과 공장에서 건전한 오락을 주기에는 연극이란 형태를 잘 들어맞지 않음에 있었다. 이는 레퍼토리의 문제나 구성원에서 한계점을 드러내는 부분이었다. 이는 많은 연극이 공연되었지만 시국에 맞는 무거운 주제의 연극이 공연되고 흥미로운 요소가 크지 않다보니 자연스럽게 자취를 감추게 된 것이다. 移動劇團의 사명은 '娛樂에 飢饉된 農山漁村에 健全明朗한 娛樂을 보내여 産業報國의 一策에 助함' 에 있다는 朝鮮演劇協會 理事이며 移動劇團團長이던 최상덕가 말하고 있음에도 불구하고 결국 그들의 레퍼토리가 오락적 요소는 강하게 나타나지 못하였기 때문이었던 것이다.[28]

이런 측면에서 보면 조선연예협회 소속의 악극단, 이동극단 2대, 위문대의 활동은 민중들에게 직접적 영향을 끼치며 꾸준한 전개 양상을 보여주었다. 당시 공연무대에서 악극의 위치는 대중적 인기가 강하였고 그 오락성 때문에 황국신민화의 정신을 흐리게 하는 저해 요소로 비추어질 수 있었다. 그렇지만 오히려 대중들에게 흡입력이 강한 대중공연예술이었기에 아이러니하게도 가장 좋은 프로파간다(propaganda)로 사용되었다.

조선연예협회에서 가장 적극적으로 움직인 단체는 朝鮮樂劇團이었다. 이는 조선연예협회 회장인 이철이 조선악극단을 이끌었다는 점과 이들이 다른 악극단에 비해 가장 버라이어티하고 대중적인 면모가 강했기 때문이다. 이미 일본 공연을 마친

27) 이덕기, 「일제하 전시체제기 이동연극 연구」, 『한국극예술연구』 제30호, 한국극예술학회, 2009, p.196.

28) 최상덕, 「移動劇團의 使命」, 『大東亞』 제14권 제5호, 1942.7, p.99.

조선악극단은 1941년 4월 北京 매일신보지국의 초청으로 반도 애국호 자금 모집과 황군위문의 목적으로 全滿순회공연을 갖는다.[29] 60여 명의 동원된 이들의 공연에서 주 레퍼토리는 극 요소가 강한 악극보다는 음악이 중심된 가요극, 군가, 독창, 무용 등의 무대가 중심을 이루었다. 특히 장세정의 〈軍國의 어머니〉, 이난영의 〈御國의 어머니〉 등의 애조 띤 가요가 심금을 울렸고, 아리랑 뽀이쓰와 저고리 씨쓰터의 향토민요 등이 인기를 끌었다. 이어 10월 在鮮部隊演藝慰問團을 조직하여 나진에서 진해까지 한 달에 걸친 위문 공연을 펼친다. 레퍼토리나 참가한 인원을 보면 기존 공연에 비해서는 단출한 모습을 보인다. 참여인원은 10여 명 안팎이었고 레퍼토리도 최팔근의 浪花節, 한국무용, 백년설 등을 비롯한 대중가수들이 중심을 이루었다. 매일신보의 주최로 진행된 이 긴 여정은 每日新報社와 군의 전폭적인 지지에 힘입는데, 출발 전에는 每日新報社 사장을 비롯한 임원들 그리고 군 담당자가 주최한 환송회가 펼쳐졌고, 위문공연이 끝난 이후에도 府民館에서 보고실연회가 열렸는데 조선악극단이 함께 찬조 출연하여 큰 공연이 이루어진다.[30] 이와 함께 이철을 비롯한 관계자들에게는 감사장이 수여되는 등 이들의 공적에 대한 평가를 받는다. 이후 이철을 중심으로 한 조선연예협회 그리고 조선악극단은 일제가 그리는 방향에 가장 부합되는 행동에 동참하게 된다.

공연예술계가 조선연극문화협회로 재편되면서 이동연극은 1대가 연극이 중심으로 2대가 악극 및 대중공연예술 중심으로

29) 〈매일신보〉, 1941.3.30.
30) 〈매일신보〉, 1941.10.30.

구성되어 활동을 펼치게 된다. 宋影은 1942년 공연예술 활동을 회고한 글에서 이동극단의 사명이 자못 크다고 평가하며 이동극단의 임무에 대하여 정의하고 있다.

> 새삼스러히 移動劇團의 重要性은 말하지 안흐나 그러나 移動劇團이란 純然한 地方文化의 樹立 産業戰士의 위안 時局意識의 鼓吹 銃後士氣의 昂揚만을 目的하고 挺身하는 宣傳敎化團體만이 아니다. 內地 某移動團體運動의 指導者도 말했지만 移動劇團이란 宣傳敎化의 演劇挺身隊인 同時에 在來의잇든 商業主義的 혹은 自由主義的인 演劇運動 全體에게 새로운 國民運動의 새 指路를 指示하는 先驅者的 存在도 된다.[31]

日本의 경우도 戰時體制로 들어서는 1940년에 東寶移動文化隊. 松竹國民移動劇團이 만들어지고, 이를 중심으로 1941년 6월 情報局 지도로 日本移動演劇連盟이 결성되는 등 전시체제를 위한 국민선동 활동이 차근차근 준비되고 있었다. 이들은 농촌에서 증산을 장려하여 건전한 오락을 위한 國策劇을 강조하는데, 이러한 영향은 우리에게 그대로 수용된 부분이다. 이는 송영의 언급에서도 드러나지만 이동극단의 면모는 시국에 동참하는 것도 중요하지만 건전한 오락을 통해 관객들을 계도하는 점이 더욱 강하게 드러났고 있는 것이다.

일본에서 이동극단의 탄생은 일본 연극법의 제정을 통한 극단의 정리와 국민총동원 체제의 확립을 통한 일원적 문화체제에 바탕을 둔다. 특히 일본에서 이동극단의 성격은 農山漁村,

---

31) 宋影, 「劇界의 總觀」, 〈매일신보〉, 1942.12.17.

工場鑛山에서 일하는 근로자들에게 오락을 제공하고, 생산현장에 힘을 불러일으키는데 역점을 두었다. 레퍼토리 내용도 農村, 漁村, 工場, 鑛山의 勤勞者를 관객으로 하는 건전한 오락, 상연시간은 30분에서 1시간 내외, 등장인물은 10여 명 내외의 연극형태를 요구하게 되었다.[32] 이는 조선에서 내선일체를 강요하고, 한민족의 정신을 말살한 부분을 제외한 일본인들의 본질적 이동극단의 목적 요소만 남은 형태였다. 그래서 廣島, 北海道, 福岡 등처럼 해군 군수공장이나 일본의 최대 탄광 지역인 이 세 지역에서 900여회 이르는 이동극단의 공연이 이루어진다.[33] 일본에서는 日本移動演劇聯盟이 결성되면서 이동극단의 공연양상은 더욱 확대되어 東寶, 松竹 등과 더불어 吉本興行와 같은 희극 중심의 흥행 극단, 寶塚, 東京寶塚과 같은 歌劇團도 참여하였다. 특히 다카라츠카와 같은 소녀가극단이 등장한다는 점은 주목할 점이다. 이는 전쟁기 섹슈얼리티라는 측면에서 고구할 과제로 남는 문제이다.

송영의 演劇挺身隊란 자극적인 표현에도 불구하고, 조선에서 이동연극은 전국을 누비며 큰 영향력을 행사하였다. 1942년만 하여도 제1대, 2대 합하여 43만이 넘는 인원이 관람하게 되는데, 이는 한 공연당 평균 2천여 명의 관객이 동원된 것으로 엄청난 인원이 이동연극을 즐긴 것이다. 특히 제2대의 경우는 8월 25일부터 11월 말까지 짧은 기간 동안이었지만 많은 호응을 얻는데 이러한 흐름 속에서 조선연예협회를 이끌었던 이철은

32) 馬場辰己, 「移動演劇」, 菅井幸雄 編, 『講座 日本の演劇』, 勉誠社, 1996, p.144.

33) 馬場辰己, 위의 책, pp.146~147.

국민예술의 건설이라는 명분으로 娛樂性과 健全性을 통해 악극을 통한 이동연극의 나아갈 방향을 제시하였다. 그는 '광산이나 농촌, 공장에서 근로하는 생활전사들에게 주는 연예는 단순한 위안에서 더 나아가 생활의 명랑성과 國民理想의 형상화된 아름다운 현실을 보여주어야 한다'고 강조하면서 이동극단과 위문연예단의 성격에 대하여 규정지어 설명하고 있다.

> 皇軍慰問을 한다거나 白衣勇士를 慰問할수잇는 職能의 團體的行動을 생각할쌔 무어보다도 奉仕的인 役割일께다 이런點에서 移動劇團이 보다 聽覺的인데 比해 慰問演藝團이 보다 視覺的인 所以로 여기에 對한 積極的 活躍을 約束하고 십다.[34)]

이동극단이 청각적이고, 위문연예단이 시각적이란 인식에 대한 부연설명은 나와 있지 않지만 이동극단이 악극 위주로 구성되어 있고, 위문연예단이 劇보다는 가수, 무용 등 볼거리가 제공되는 것에 비롯된 언급이다. 이는 그들의 레퍼토리와 무대 구성에서 비롯되는데, 이동극단이 조직적으로 구성되어 움직인데 반해, 위문연예단은 부정기적으로 구성되었고, 단순한 공연 형태가 중심을 이루었음에 기인한다.

4. 위문대의 활동 모습과 그 의미

이동극단 제2대는 악극 위주의 단순한 공연이 우선 되었다. 그들은 특별한 무대 장치나 별다른 장치가 필요 없는 단순한

34) 靑山哲, 「樂劇의 새로운 體制」, 〈매일신보〉, 1941.10.31.

레퍼토리의 공연이었기에 이러한 이동무대는 악극에 잘 맞는 형태였다. 노래와 춤, 연기와 대사를 통해 광산, 농촌, 공장, 어촌을 두로 돌아다니며, 목적극 활동을 전개하면서 당시 체제에 부응하는 노래를 막간에 부르는 등 농촌, 광산, 어촌 등 다양한 공간에서 관객들을 수용하였다.

그런데 이동극단과 달리 慰問隊라는 명칭으로 활동한 단체들이 등장하였다. 초기 위문대는 정규 단체라기보다는 부정기적인 모임으로 출발한다. 이는 비정규적 단체였지만 만주개척을 위한 위문공연이라든가, 군인을 위한 위문공연, 산업 전사를 위한 위문공연 등 뚜렷한 목적을 가지고 결성된다는 점에서 이동연극과는 차이를 가진다.

먼저 손일평이 이끄는 연예폭소대는 조선연예협회를 통해 演藝奉仕隊라는 이름으로 '산업전사들에게 노라와 우슴으로 건전명랑한 오락을 통하야 위안을 주는 한편 시국인식을 철저히 하도록' 봉사 활동을 펼친다.[35] 이들은 진남포를 비롯하여 평남북 27군데를 한 달 동안 순회공연을 갖는 것으로 만담, 가요 등이 주요 레퍼토리로 자리하였다.

또한 매일신보사 후원의 다양한 위문대가 결성되는데, 皇軍慰問每新演藝團도 그러한 경우이다. 이들은 조선악극단과 함께 합동공연을 부민관에서 성대하게 갖으며 이들의 성과를 보고한다.[36] 특히 유가족 위안의 밤이란 명목으로 무대를 꾸며, 백년

---

35) 〈매일신보〉, 1941.5.16.

36) 〈매일신보〉, 1941.10.29. 매일신보가 주최한 위문대를 보면 '재선부대연예위문대', '황군위문매신연예대', '만주건국십주년경축기념개척촌위문연예대', '산업전사격려위문예능대', '육군병원위문대', '국방항공단파견위문대' 등이다.

설의 〈上海便紙〉, 손석봉의 〈熱砂의 盟誓〉, 浪花節의 최팔근, 김숙자의 劍舞 등의 레퍼토리로 공연이 이루어졌다. 매일신보는 총독부 기관지라는 측면에서 많은 위문대를 후원하고 조직하였고, 이러한 보고 활동을 기사화하여 스스로의 임무에 자위하고 있었다.

이런 위문대의 공연은 철저한 목적의식을 가지고 움직인다. 특히 문화를 향유하기 힘든 군인 위안이나 만주개척민들을 위한 것, 산업 현장을 위한 위문 등이 중심을 이룬다. 이런 공연 형태는 대부분 소규모로 이루어지지만, 다양한 레퍼토리를 가진다. 여기에는 악극, 노래, 낭화절 등을 중심이었고, 이철의 표현대로 시각적인 공연으로 구성되어 있었다. 1942년 황군위문연예대의 경우도 그러한 경우인데 직영봉공에 정신하는 산업전사로서 연예부대를 조직하고 황군부대를 위문하게 되는데 이들의 공연 내용은 차력과 같은 '뜨거운 물속에 들어가는 것과 가슴 위로 자동차를 건너게 하는 기합술과 力藝' 등 독특한 공연 형태도 나타난다.[37)]

또한 여러 각 단체가 후원하여 조직적으로 움직이는 경우도 보이는데, 만주개척을 위문하기 위하여 總督府拓務科, 滿洲開拓總局, 每日新報가 공동 주최하여 '만주건국 10주년 기념 만주개척촌 위문연예단'을 파견하게 된다. 위문 연예단은 두 개의 반으로 나누어 제1반은 吉林省, 間島省, 濱江省으로, 제2반은 興安南省, 北安省 등 조선인 집단부락을 골고루 찾아다니며 위문 공연을 펼치는데, 여기에는 朝鮮樂劇團, 花郞座, 半島演舞

37) 〈매일신보〉, 1942.7.1.

座, 半島樂劇團 등에 속해있던 연예인 20여명으로 구성하였다.[38] 레퍼토리는 春香歌, 沈淸歌와 같은 판소리, 한영순의 무용, 백년설, 장세정의 대중가요, 寸劇, 才談등 국책에 치우친 공연보다는 위문연예단이라는 이름처럼 가벼운 레퍼토리가 주를 이룬다. 이들의 위문공연은 府民館에서 다시 보고대회를 갖는 등 대대적인 지원을 받으며 지속된다.[39]

이러한 흐름에서 여러 형태의 '위문연예단' 이 생기게 되는데, 軍人援護會朝鮮本部에서는 군인 원호 강화운동을 통하여 상이군인과 유가족을 돕고자 공연을 준비하고, 또 대동아공영건설에 분투하는 황군의 노고에 위로한다는 취지로 '北支方面派遣皇軍慰問演藝團' 을 조직하게 된다.[40] 10여명으로 구성된 이 단체는 10월 경성을 출발하여, 北京, 天津, 濟南, 徐州, 靑島 등 12월까지 이어지는데, 이들의 활동은 무용, 음악 등이었는데 일본의 연예인들도 직접 찾아와 위문 공연을 한다. 다시 朝鮮援護會 朝鮮本部는 大東亞戰爭 勃發 일주년 기념을 맞이하여 '大東亞戰爭勃發一週年鮮內皇軍演藝慰問團' 을 결성하여 12월 3일부터 26일까지 각 부대를 위문하게 되는데, 제1반에 東京少女歌劇團 一行 10명, 歌謠, 舞踊, 浪曲의 특기를 가진 9명으로 제2반이 되어 12월부터 전선의 각지를 순회 위문 방문하면서 동시에 충정군인 가족과 전몰 장병의 유가족을 초대하여 위문연예회까지 갖는 등

---

38) 1942년 8월 22일 滿浦, 新京 공연으로 시작된 위문공연은 20여일 계속되는데, 제1隊에 金用女, 李圭南, 李禧本, 韓英順, 鄭大澤, 林素香, 趙相鮮, 宋熙善, 제2隊에 白年雪, 張世貞, 金永澤, 韓英淑, 崔明坤, 鄭彩蘭, 李弄珠 등이 속해있었다. 〈매일신보〉, 1942.8.16.

39) 〈매일신보〉, 1942.9.16.

40) 〈매일신보〉, 1942.10.16.

허울뿐인 다채로운 위문 공연을 펼친다.[41] 또한 국민총력조선광산연맹의 후원과 조선연예문화협회 제공으로 '산업전사격려위문예능대'가 조직되어 총후 생산전쟁에서 중요한 부분을 차지하는 鑛山工場을 위문하는데 '한바탕 웃고 일하세'란 모토처럼 음악과 코미디, 무용이 중심 레퍼토리를 이루었다.[42] 이복본을 반장으로 가요에 김연실, 만담에 김윤심, 아코디언에 박시춘, 지재화 등 중견 연예인들이 망라된 무대를 보여주었다.

또한 조선에서 여러 지역을 다니는 위문대뿐만 아니라 일본에 있는 근로자를 위한 공연도 이루어진다. 많은 조선인들이 징용을 당하면서 근로자가 늘어나 이들을 위한 공연은 자연스럽게 이루어지는데, 컬럼비아레코드 전속가수들로 이루어진 석근위문대는 1943년 5월 3일부터 北海道 각 탄광에서 일하는 이들을 위하여 위문대를 조직하여 일본을 방문한다.[43] 九州와 北海道 등의 공장과 탄광에서 일하는 조선 근로자를 위하여 반도산업전사위문대도 구성되는데, 이들은 기생들로 이루어진 독특한 형태의 위문대였다.[44] 이들은 *石炭統制會*와 일본이동연극연맹의 후원으로 40여 일 공연을 갖으며 일본 내 조선근로자들을 위문하고 돌아온다.

이런 위문단의 공연이 뚜렷한 목적을 가지고 여러 단체의 지원 아래 부정기적으로 이루어졌다면, 단체 자체가 위문대의 성격을 가진 조직도 등장한다. 이들은 중앙무대보다는 지방을 다

41) 〈매일신보〉, 1942.12.3.
42) 〈매일신보〉, 1943.9.15.
43) 〈매일신보〉, 1943.5.4.
44) 〈매일신보〉, 1945.1.10.

니며 공연하는데, 移動劇團이 조선연극협회의 직접적인 지도 아래 있었다면, 慰問團은 총독부의 허가를 받은 단체들 중 중앙무대에 설 수 없는 몇몇 극단을 중심으로 이루어진다. 여기에는 太平洋演藝隊, 石川演藝隊, 朝興演藝隊, 南海移動演藝隊, 唱劇團 등이 있었는데, 대부분 악극단 위주로 편성되었다. 太平洋演藝隊는 김용환, 김정구 형제가 중심이 되어 이루어졌는데, 대부분 가요 위주로 편성하였고, 南海移動演藝隊는 崔一과 全玉은 촌극 위주로 편성을 하여 레퍼토리에 있어서는 어느 정도 자유롭게 활동하였다. 이들은 대부분 지방무대에서만 공연이 가능하였으며, 중앙무대에서는 한 두 번의 기회에 불과하였다.[45] 대부분 이들의 활동은 철저하게 통제되었고, 태평양전쟁 말기에는 더욱 극성을 부리며 躍進する移動演藝展을 中央劇場에서 개최하는 등 의도적 선동에 의한 선전극의 모습을 보여주기도 한다.[46]

이러한 활동은 철저하게 규제와 통제에 의해 움직인다. 위문대의 성격을 잊어버리고 朝鮮藝能動員의 방침을 위배하고 나름대로 공연을 펼친 악극단들은 바로 제재를 가하였고, 숙청하기에 이른다.[47] 중앙무대에서 활동이 제한된 많은 단체들은 이렇

45) 慰問隊가 중앙무대에서 공연한 것은 몇 차례 되지 않는데, 移動太平洋藝能隊, 〈感激の家〉, 〈我等の仲間〉 (李扶風 作, 金龍煥 作曲), 1944.10.23~27, 中央劇場, 移動藝能 申不出班, 〈笑の配給會〉, 1944.10.26, 第一劇場, 移動藝能隊 羅美羅, 〈빼꾹새〉(李扶風작, 朴是春작곡, 李翼연출, 金一影장치, 5경), 1944.11.21, 第一劇場, 移動演藝隊 太平洋, 〈春の歷史〉(牧山瑞求 작, 서항석 연출) 〈愉決な樂隊〉, 1945.1.10, 移動劇團 朝興演藝隊, 勞務報公會 慰安 週間 공연, 1945.1.22, 中央劇場 정도이다.

46) 〈매일신보〉, 1945.3.6.

게 위문대라는 형식으로 공연활동을 이어가게 된다. 그러나 그들의 활동은 항상 국책에 협력하는 자세를 견지해야 했기 때문에 예술적으로 발전은 이룰 수 없었으며 그저 시대가 요구하는 이념에 순응할 수밖에 없었다.

Ⅲ. 결 어

이상과 같이 일제강점 후기 연극의 여러 제도적 양상과 그에 따른 파생적 의미인 이동극장과 위문대에 대하여 살펴보았다. 內鮮一體를 지향하며 國民演劇을 강요한 1930년대 중반부터 1940년대 중반까지, 이 시기만큼 한국 연극이 조직적으로 움직인 때도 없었다. 이 시기는 한국인에게 일본 본토와 달리 내선일체와 시국참여라는 이중적 고통이 따르고 있었다. 이는 본토에서 내세운 '명랑하고 건전한 오락' 이란 문구가 한국인들에게는 우민화 정책으로 다가왔고, 다른 한편으로는 옥죄는 文句로 다가왔기 때문이다.

중일전쟁 직후 국민총력연맹을 중심으로 문화예술은 총독부의 수직적이고 일원화된 통제체제에 놓이게 되었다. 특히 연극

---

47) 朝鮮藝能動員 本部에서는 方今 全鮮○○○丁○에 藝能團을 인도하야 産業戰士를 慰問하고 잇는데 藝能團 中에는 團 自體의 崇高한 使命을 이저버리고 本部와는 아무 連絡도 업시 任意로 各地를 巡廻하며 私利私慾을 채우는 幽靈團體가 잇서 不快하기 짝이 업는 現狀을 보이고 잇다. 特히 다음의 4團體에 대하여는 近日中 本部와 連結이 업는限 斷乎한 處分을 내릴 方針이라고 한다.- 東亞演藝挺身隊, 金吉子移動團, 厚生藝能團, 朝興移動班. 〈매일신보〉, 1945.6.27.

을 접하기 힘든 농촌, 어촌 등의 민중 계몽을 위한 조치가 가장 시급한 문제로 대두되었고, 조선연극협회, 조선연예협회가 협회의 차원에서 가장 우선시한 것도 이러한 부분이었다. 이러한 배경에서 출발하는 것이 이동극단과 위문대이다. 이들의 공연은 연극을 즐기기 힘든 농촌이나 공장 등을 돌아다니며 관객들을 수용하였기에 꾸준한 전개 양상을 보였다. 희곡작가인 宋影의 演劇挺身隊란 상징적 단어에서 드러나듯 이들의 건전한 오락성을 내세우며 관객들에게 일시적 해방 장치를 마련해주었지만 시국에 동참하게끔 만드는 장치로 은연중에 자리 잡게 되었다. 이동극단이 농촌, 어촌, 광산 등의 근로자들을 위한 장치였다면 위문대라는 부정기적 단체가 형성되어 활동을 하였다. 이들은 군인 원호 위문공연, 만주개척 위문공연, 산업전사 위문공연 등 뚜렷한 목적 의식을 가지고 공연하다는 점에서 이동연극과는 변별되었는데, 이들의 공연은 특별한 무대장치나 레퍼토리에 있어서도 가장 단순화 된 무대를 구성하고 있었다.

시국과 국책의 테두리에서 민중들에게 하루의 피로를 풀 수 있고 위안을 주는 것이 연극이란 星出壽雄의 화두는 이 시기 연구를 위한 하나의 출발점이다. 이 시기 민중들은 일상 속에서 일제강점이라는 현실을 받아들이고 있었다. 그럼에도 불구하고 악극이나 버라이어티 쇼 무대 중심의 이동극단의 무대는 집단적 체험을 통해 잠시나마 시대고를 잊고 다시 삶을 지탱할 수 있는 기능으로 작용하였다. 그렇다면 일제강점기 민중들에게 이런 공연 형태는 어떠한 의미로 수용, 생산되었는가의 문제는 문턱에서 많은 넘나듦을 통해 구명될 과제일 것이다. 이는 추후의 과제로 삼도록 한다.

〈참고문헌〉

『每日新報』, 『三千里』, 『國民文學』, 『大東亞』, 『青年』, 『朝鮮』, 『朝鮮總督府官報』
양승국 편, 『한국근대연극영화비평자료집』, 태동, 1991.

고설봉, 『이야기근대연극사』, 창작마을, 2000.
김재석, 「국민연극시기 조선연극문화협회 연구」, 『어문론총』 40호, 한국문화언어학회, 2004.6.
김호연, 『한국 근대 악극 연구』, 민속원, 2009.
박영정, 「법으로 본 일제강점기 연극영화 통제정책」, 『문화정책논총』16, 한국문화관광정책연구원, 2004.12.
서연호, 『식민지시대의 친일극 연구』, 태학사, 1997.
유민영, 『한국근대연극사』, 단국대 출판부, 1996.
이덕기, 「일제하 전시체제기 이동연극 연구-이동연극 제1대와 극단 현대극장을 중심으로」, 『한국극예술학회』제30집, 2009.
이두현, 『한국연극사』, 학연사, 1985.
이승희, 「식민지시대 연극의 검열과 통속의 정치」, 『대동문화연구』 59집, 성균관대학교 대동문화연구원, 2007.9.
이재명. 『일제 말 친일 목적극의 형성과 전개』, 소명출판, 2011.
이화진, 「전시기 오락 담론과 이동연극」, 『상허학보』23호, 상허학회, 2008.
임종국, 『친일문학론』, 평화출판사, 1986.

菅井幸雄 編, 『講座 日本の演劇』, 東京 : 勉誠社, 1996.

九世市川團十郎と女優
- 歌舞伎近代化の一側面 -

古井戸秀夫*

Ⅰ. 演劇改良論と女優

明治十九年（一八八六）三月´ イギリスから一人の外交官が帰国している°四ケ月前に内閣総理大臣に任命された伊藤博文の女婿´ 末松謙澄であった°同年八月には´ 末松謙澄が主唱者となり´ 演劇改良会が創立され´ 翌二十年四月には天覧歌舞伎が実現している°

「趣意書」に掲げられた演劇改良会の目的は´ 次の三点であった°

① 従来演劇ノ陋風ヲ改良シ´ 好演劇ヲ実際ニ出サシムルコト°

② 演劇脚本ノ著作ヲシテ栄誉アル業タラシムルコト°

③ 構造完全ニシテ´ 演劇其他音楽会´ 歌唱会等ノ用ニ供スベ

---

* 日本 東京大學 教授

キ一演技場ヲ構造スルコト。

末松謙澄は、イギリスに八年間、滞在していた。その人の目には、「我邦の演劇は猥褻野卑」で「紳士淑女の眼に触るべからざるもの」に映って見えた。その陋習は改良しなければならない、というのが第一の目的であった。

第二・第三の目的は、第一の目的を達成するためには、具体的に何に取り組む必要があるのか、そのことに言及したものであった。第二では戯曲の改良と劇作家の地位の向上に触れ、第三では劇場の建築と興行の改良に触れている。

この趣意書は新聞紙上で公表されるや、各界からの議論を呼ぶことになった。それに応える形で、末松謙澄は二時間に及ぶ演説を行っている。末松が行った「演劇改良演説」の内容は、速記録として新聞に連載されるとともに、単行本としても出版されている。

末松は目的を実現するためには、まず第三の目的から取り組むべきである、と主張した。新しい理想の劇場ができれば、自然とその影響が従来の劇場にも及ぶであろう、という考えであった。帰国した末松は、すぐに新劇場のための相談を始め、五階建ての設計図を作らせて、資金調達の計画まで練っていたという。ロンドンで劇場に通ったという、末松の実体験にもとづく改良案であった。

第二の目的である戯曲の改良については、次のような考えを示している。沙毘翁（シェークスピーア）や近松門左衛門、竹田出雲の名作は誰にでも書けるというものではない。学問が必要である。学問のある学者名士を作者として迎えるには、作者の地位を名誉あるものにしなければならない。具体的には、脚本の懸賞募集を行い、名作には高額の報酬と、出版権及び興行権を政府が保証すべきであるというのである。

末松は、俳優についても論じている。改良を論じる人たちのなかには、「改良演劇の俳優は巴里（パリ）か倫敦（ロンドン）」から雇ってこなくてはならない、という人もあるがそれは誤りである。日本の俳優は技量が落ちるのではなく、演じ方が間違っている。日本の俳優のように表面上の形にこだわるのではなく、西洋の俳優のようにその人の気持ち（精神）になって演じることが大切である。このような俳優観は、ロンドン滞在中に醸成されたものであった。末松はロンドンからの手紙に、次のような所感を述べている。

日本芝居は、舞台上応答談話し言語に真に人心に感ずる妙言情語なきと、役者の身振余り作り事に過ぎて却て真情を損ずる事多きとは、実に日本芝居の欧州芝居に不及処の御座候。（倉田喜弘編著『芸能』日本近代思想体系18解説）

末松は、このようなあるべき俳優の姿を示したうえで、女優について次のような提案をしている。

扨、此れ迄申せしは現在の男役者のみの事なるが、此より一言せんとする　ば、諸君は已に覚悟の事なるべけれど、世人には或は喫驚（びつくり）するものもあらん歟。他なし、女役者

> を入（いる）る事なり。真成の演劇は、女役は女役者をして演ぜしめずては到底出来ず。去れば改良演劇は、無論女役者を使用せんとす。但し、女役者は何処から取る歟と問はば、此の処は未発の件にて少しく包み置くべきことあれば、今日は洩し申さず。（『演劇改良演説』）

末松は、女優のことを女役者と言っている。改良演劇には欠くことのできないものなのだが、具体策が整っていないというのである。

末松の演説を補う形で、演劇改良会の会員で東京大学教授の外山正一が『演劇改良論私考』（明治十九年十月刊）を刊行している。外山正一は、のちに東京大学総長、文部大臣になった文学者であった。「女役者の事」として、次のように述べている。

> 上に説きたるものの外に役者に関する改良の最も大切のものあり。其れは
>
> 別の事にあらず。これまでの如く女の役を男に勤めさすることを廃して、真実の女子に之を勤めさすることこれなり。女の役を男が勤め居るうちは決して高尚なる芝居は出来ざるなり。女子にあらずば女子の情を示さむことは決して出来ざるなり。色女の体や花嫁の体は更なり、継母の仕打や、ヤキモチ女の身振りは真の女子にあらずば決して充分には出来ざるなり。

外山はさらに、次のような指摘も行っている。

男ばかりでも女ばかりでも「バカリ」は決して道徳の為めによきことにあらざることは他の場合に於ても´いくらも経験の有ることなり°されば演劇改良に際し最も大切なる改革の一にして其の行はれむことを余の切に希望するものは女役者をして女役を勤めさせむこと是なり°能の如きも今日の如く仮面をかぶりて男揃ひにてやるをやめ´男女をまぜて素面にて之を為し宜く西洋のオペラの如きものに改むべきなり°

末松ならびに外山の欠点は´日本の演劇の現状を知らなかったことであった°外山は´アメリカやイギリスの留学経験を持ちながらも´「余が我が邦の演劇を見ること数年」と書いている°

『女学雑誌』では´次のような反論を載せている°外山の指摘するように´女役者を採用したとしても´我が国の芝居では役者の動きに約束事が多いので´その他大勢の腰元など端役にしかなれないでしょう°男役者に劣らないだけの女役者を育てるには少なくとも十年はかかるでしょう´というものであった°(松本伸子著『明治前期演劇論史』)

演劇改良会の外からも´反論が出ている°無一庵無二著『演劇改良論駁議』(明治十九年十一月刊)もその一つであった°著者は´「余は女役者と男役者とを交ゆる事は大賛成にして一点の申分なし°余も洋劇を見しときも此一事許りは日本にても真似をするが可ならんと思ひたる事なればいかにも賛成致す可し」

としてうえで′次の具体策を提示している°

十七八から三十以下の別品（べつぴん）で′少々は舞踏（おどり）も知て 居て′歌もうたふべし′声も美（よし）と云品物（しろもの）は余り見当らず′見当た処が十名も二十名もあるべき筈はない°此に女役者の候補を求れば府下の坂東′中村′藤間なぞ云′踊（おどり）の師匠を撰挙して′その師匠と弟子との中より人撰するを第一手段とす°次には芸妓（げいぎ）より撰み出すの一事なるが′右二手段の外は先つ有まじくと存ぜらる°

改良演劇の女優の候補として無一庵が挙げたのは′① 踊りの師匠とその弟子′② 芸妓（芸者）′であった°もっとも現実的な提案だったのである°

演劇改良の新しい動きが出たのは′翌明治二十年九月のことであった°政府に近い財閥′実業家が発起人として名を揃えた「改良東京劇場会社」の設立が計画された°それに対して′読売新聞の主筆の高田早苗は読売新聞の社説で′① 新しい脚本の懸賞募集′② 将来の改良役者を養成するための俳優学校の設立′を提案している°高田は′のちに早稲田大学総長′文部大臣になる人である°高田の提案した俳優学校は′のちに川上貞奴の帝国女優学校′坪内逍遥の文芸協会演劇研究所で実現することになった°しかし′実現までには二十年の歳月を必要としたのである°

高田早苗は′目の前ですぐにでも実現可能な提案もしてい

る。劇界を代表する名優、九世市川團十郎に女役者の岩井粂八を配して、「男女混合の演劇」を実行したい、という提案であった。高田早苗の執筆した読売新聞の社説は、「敢て團十郎の為めに媒酌せん」と題されたもので、次のような文章で結ばれていた。

聞説（きくなら）く市川團洲（團十郎）は改良演劇の大賛成者なりと。果して然らば演劇改良の為に岩井粂八を娶れ、我輩敢て媒酌の地位に立たん。

結局、改良東京劇場は東京府の認可を得ることができないまま、頓挫してしまった。

演劇改良の目的であった新しい劇場を実現させたのは、桜痴こと福地源一郎であった。明治二十二年の初めに西洋風劇場の建築に着手し、十一月二十一日に開場している。それが歌舞伎座であった。

福地桜痴は、もと東京日日新聞の社長であった。演劇改良会の会員で、改良東京劇場会社の発起人としてもその名を連ねている。新しい劇場の名称も、はじめは「改良座」あるいは「改良演劇場」とすることを考えていたという。歌舞伎座の目的についても、桜痴は「新旧の演劇を興行し、改良の実を挙げ」ることにあるのだとしている。そのために桜痴が歌舞伎座の座頭に招いたのが九世市川團十郎であった。歌舞伎座を舞台に演劇改良に取り組むことになった。團十郎が女優の養成を思い立ったのも、その一環のことであった。

II. 團十郎の改良演劇－活歴と女形

九世市川團十郎は︑江戸時代の天保九年（一八三八）に生まれた︒團十郎が演劇改良を思い立ったのは︑明治十一年（一八七八）四月のことであった︒團十郎は︑当時内務省の高官でのちに東京府知事になる松田道之の私邸に招かれ︑演劇改良の主意を伝えられている︒そのとき同席をしていた︑伊藤博文伯爵は︑次のように語ったという︒

伊藤伯が西洋劇のはなし始まりぬ︒伯の云（いは）く︑泰西（たいせい）の劇は甚だ高尚なるものにて︑本邦の劇の如くキツたりハツたりすること少く︑舞台にて裸になるが如く見苦しき事もなく︑何事も皆道理のつみたるものなり︒また看客（かんかく）も上等社会の者に多く︑俳優も相当の学識を具へ︑然して日本の俳優の如く︑客の玩弄物等となるが如きことなし︒卿等（けいら）よろしく泰西の劇を模範とし︑今より進んで改良の任に当るべしと︒

同じ年の六月には︑改良の趣意のもとに新富座が開場した︒開場式では︑立役の俳優は燕尾服に散切り頭の洋装で椅子に坐っていた︒一座の俳優を代表して座頭の團十郎が立ち上がり︑立ったままで祝辞を述べている︒その祝辞は︑團十郎の改良宣言でもあった︒

顧るに近時の劇風たる﹅世俗の濁りを汲み﹅鄙陋（ひろう）の臭を好む（中略）團十郎等深く之れを憂ひ﹅相与に謀りて憤然此の流幣（りゅうへい）を一洗せん事を冀（こいねが）ひ﹅稍（やや）前日の観を改むるの時に当りて﹅恰（あたか）も此場（このじょう）に登るの喜びにあひ﹅将（まさ）に須（すべからく）く社主の望む所を体し﹅来観の縉紳（しんしん）をして﹅演劇もまた果して無益の戯れに非ず﹅と云はしめ﹅永く此場をして﹅明治の太平を装飾するに足らしむるを期すべし。
（伊原敏郎著『明治演劇史』）

團十郎の祝辞を執筆したのは﹅福地桜痴であったという。

團十郎は﹅新富座の開場公演で徳川家康に扮している。團十郎は﹅従来の誇張された歌舞伎の人物像を排し﹅本物の正しい人物像を舞台の上で再現しようと試みた。團十郎のこのような改良の方針は﹅「活歴」と呼ばれることになる。

團十郎はこのとき﹅旧幕臣の市川熊男という人を顧問に招いている。この人の証言によったのであろう﹅團十郎は徳川将軍の日常の姿を舞台に再現しようとした。「鷹狩」の場では﹅家康の自然な会話が注目された。一方﹅「寝所」では﹅愛妾を失って涙を流す﹅人間家康の姿が描かれている。のちに帰国する末松謙澄がロンドンで見て来た演劇に共通する﹅自然な演技であった。

「寝所」の幕切れでは﹅柝の音とともに幕を閉める「拍子幕」の演出を排し﹅静かに音もなく幕を閉めている。團十郎のこの演出は﹅「柝なしの幕」と呼ばれ﹅改良の象徴のひとつになった。

團十郎は、顧問としてもうひとりの人物を招いていた。新政府の高官で有職故実家であった松岡義明であった。「聚楽の御殿」で豊臣秀吉に拝謁をする場面では、家康はじめ諸大名は有職通りの装束を着て、有職通りに膝を突いたまま膝行した。その姿はまるで芋虫が這うようだというので、「芋虫ごろごろ」と揶揄された。有職通りの姿形にこだわるだけで、人の気持ちがこめられていなかったからであろう。團十郎の活歴は無味乾燥で面白くない、と敬遠されるようになるのである。

歌舞伎座の座頭となった團十郎は、明治二十四年（一八九一）六月に『春日局』で春日局と徳川家康の二役に扮した。この作品は、福地桜痴が数年前に團十郎のために書き下ろし、温めていたものであった。『春日局』は桜痴の代表作となるとともに、團十郎の活歴を代表する作品になった。秋庭太郎の『東都明治演劇史』では、この作品を次のように位置付けている。

今まで團十郎は史劇を上場して好評を受けたことは殆ど無く、反て、悪く云はれた位であつたが、此の年六月所演の桜痴新作の史劇『春日局』は、一般から稀にみる賞讃を博し、大当りに当つたものである。これによつて作者の桜痴、役者の團十郎をして今後将来に大きな自信といふものを持ち得た事と考へられる。

（中略）

團十郎自身としては、自分の作者といふものを見出し得たのであり、一方、桜痴としては、己れが作を演活（しい）かす俳優を得たのであつた。

桜痴の草稿では︐團十郎の役は春日局であった︒桜痴に添削を懇請された河竹黙阿弥の意見に従い︐團十郎に徳川家康と二役を任せることになった︒その理由は︐家康に扮することのできる人は他にはいない︐というものであった︒実際に團十郎の家康を見た劇評家のひとりは︐「家康公は本家本元︐此丈（ひと）が勤めらるると︐斯（かう）云御方でござつたかと思ふ位なはまり役」と評している︒

團十郎自身は︐もし名優の彦三郎が存命であるならば︐彦三郎に春日局を譲り︐共演をしてみたかった︐と述べている︒しかし︐観客に好評だったのは︐春日局であった︒母としての愁い︐妻としての悲しみと喜び︐そこに共感をして観客は涙を流したという︒当時の劇評には︐次のように記されていた︒

江戸へ出立と極り水盃をして子供等に暇を告る愁の所︐十分に答へて場中をしめらしました︒一番目中此場が一等評判にて序幕から斯（かう）泣せられては叶はぬと言た見物も有ましたぞ︒

春日は此手紙を読所︐離縁すると云文面に驚ろき︐是より愁嘆に成︐女の情の細やかなる仕打︐実に此白書院のパツトしたる道具立の中︐麻上下の大名を向ふに据て︐相手も無して十分に愁をきかし︐場をしめらせますは実に上手で無ては出来ぬ芸︐團十郎なればこそと感伏して恐入ました︒

夫より計らずも夫佐渡に面会なし︐大御所の思召にて佐渡守を召出すに付ての離縁なる事が分り︐是よりは又嬉し涙にかき

呉る情合も感心しました。将軍の御意に「コリヤ春日、夫佐渡が世に出て其方は嬉しいか」と尋ねらるる時、返答もせず嬉し啼にて言葉なく御請を申上る所は請ました。（法月敏彦校訂『六二連俳優評判記　歌舞伎新報編下』）

坪内逍遥は二年後、明治二十六年に史劇『桐一葉』を発表している。主人公は、淀の方という女性であった。淀の方の人物像は、團十郎の演技を想定して造形されたものであった。團十郎の活歴は、男性よりも女性の役により多くの可能性を見出させる結果となったのである。

團十郎の当たり役の中には、『先代萩』の政岡のように母の役だけではなく、『妹背山』の杉酒屋の娘お三輪や『廿四孝』の八重垣姫など、十代の若い女性の役もあった。『京鹿子娘道成寺』の白拍子花子は、それを代表する團十郎の当たり役であった。『春日局』の前の年、明治二十三年三月歌舞伎座の所演では、評判を呼んで大入り大当たりになった。同時に開催されていた大博覧会に因み、次のような評が出た。

時事新報の説に男優（おとこ）が女姿（じょし）に扮して狂言をなする事は日本国（わがくに）に限る。是は日本の美術共称すべきと論じて有たれば、西洋各国に類と真似人（まねて）なき技芸なれば、方今（とうじ）世界無二共賛談すべし。殊に本年は日本第三回の大博覧会の折柄なれば美術館へ並列すべき美術品なるべし。（法月敏彦編『六二連俳優評判記　歌舞伎新報編下』）

少女の「鞠唄」では見物が手を叩いて喜び、「恋の手習」の色気から、激しい動きになっても女の情を失わない、細やかな動きが絶賛されている。

團十郎の女形は、決して美しい顔ではなかった。岡村柿紅は、『團菊回想録』に次のように述べている。

團十郎がお三輪を演じた時、誰か之れを正直に十代の娘と見得る者があつたらうか。其の皺と其の艶のない白粉と、其のベースの音調と、唯見る一の怪物たるに過ぎなかつた。然し芸の力は偉大である。此の怪物の動作が、見る中に十代の娘の嫉妬であるといふ事が、無理にも観客の頭へ押込める。

團十郎の芸談を集めた『團洲百話』の冒頭に、「女形の心得」がある。子供のころに、四代目中村歌右衛門から聞いた、團十郎の思い出であった。

われらは、決して女形などすべき身体（からだ）にあらず。然れど有難き事には踊りがわれを助くると、今一つは女形が守るべき紀律（おきて）をば厳重に守り居るためなり。一体、男と女とは元来の骨格が違ふものなれば、男にして女になりて見せんとするには、自然何処か苦める処なくては適（かな）はぬものなり、と語りたり。

四代目歌右衛門は、藤間流の踊りの家に生まれた。幼いときから踊りを仕込まれて育った人であった。團十郎も養父母の教

育方針で´厳しい稽古で知られた踊りの師匠四代目西川扇蔵に預けら´鍛えられた人であった°

團十郎の長女実子こと市川翠扇は父の『道成寺』について´思い出を次のように語っている°

亡父等は此の『道成寺』の踊りを´十四五の頃から二十歳前後迄´毎日日課の様に復習して居つたと聞かされて居りました°それは何故そこ迄努力をしたかと申しますと´此の『道成寺』の踊りには´ありとあらゆる手振りが含まれてゐる故´それに依つて体を鍛へた訳であります(市川翠扇著『鏡獅子』)

團十郎の活歴で女形が評価された背景には´子供のときから鍛え上げられた´このような技術の伝承があったのである°

Ⅲ. 実子と扶伎子

團十郎の未亡人´ます女は次のように語っている°

蜂須賀さんと光妙寺さん´西園寺さん´皆西洋から御帰りなすつて´外国の女優の御咄をなさいましたから´主人も其の気になつたのでせう°主人がいふには´「開けるにつけ屹度女優が出来る°娘を女優の元祖にしたい°柄も声も行けないが´丹精して遣ひ道によりて出来ない事はない」°斯ういつて´鏡獅子の時に二人を出し´舞台開きとして福地さんに作つて貰ひ´

扇を拵へて配りました。(伊原敏郎著『市川團十郎の代々』下巻)

蜂須賀茂韶（もちあき）は元徳島藩主でイギリスに留学、フランス公使、東京都知事、文部大臣を勤めた。光妙寺三郎と西園寺公望（きんもち）はパリの留学仲間で、外交官として欧州に赴任した経験を持つ。西園寺は政治家になり、のちに総理大臣になっている。これら貴顕から外国の女優の話を聞いて、團十郎は自分の娘を女優の元祖にしようと思ったというのである。

團十郎には、二人の娘がいた。姉の実子は明治十四年（一八八一）の生まれで、名付け親は東京都知事松田道之であった。妹の扶伎子は、二つ下の明治十六年の生まれであった。二人は藤間流の舞踊を習っていて、明治二十年にお浚い会の舞台を踏んでいる。実子は数え年で七歳、扶伎子は五歳であった。

翌年、明治二十一年に、團十郎は市川一門の俳優を集めて「三升会」を組織し、新富座で貧民救済の為の慈善興行を催している。そのとき実子と扶伎子は長唄の『藤娘』『松風』を踊っている。

團十郎はこのような二人の娘を見て、「柄も声も良くないが、丹誠して育てれば女優に出来ないことはないだろう」と思ったという。考えを実行に移したのは、明治二十六年（一八九三）三月であった。團十郎は『鏡獅子』を初演するに際し、作者の福地桜痴に頼み、胡蝶の役を書き加えてもらった。実子と扶伎子に御小姓撫子、同じく深見、という役を与えて「胡蝶の狂い」を踊らせた。実子は十三歳、扶伎子は十一歳の少女であった。

上演の途中で、『歌舞伎新報』に「実子嬢の病気引」という記事が出た。

胡蝶の霊に大喝采を博し居る團洲丈の姉娘実子嬢は去る廿六日までは何事もなく出勤し居たるよしなるが、同日に至り持病の虫歯に痛を覚へ、所詮出勤の出来ざるところより、急に茘枝（れいし）嬢をして之れに代（かは）しめ、妹娘の扶伎子嬢と共に踊らせて見ると、流石團洲丈が仕込みほどあり、何時（いつ）の間に呼吸を習ひ覚へしか、小腕に態度を学び得て、差す手、引く手の一つとして、実子嬢に異るところなかりしには、師匠も舌を巻て驚きたりと云ふ。（『歌舞伎新報』一四六〇号）

茘枝嬢というのは、篆刻師益田香遠（こうえん）の娘であった。團十郎の弟子になって、女優の道を志していた少女であった。

團十郎は同じ年の十月興行で、三人の少女をふたたび歌舞伎座の舞台に出している。福地桜痴の新作『大久保彦左衛門』で、実子には女の童（めのわらわ）胡蝶、扶伎子には同じく花江、茘枝には同じく千草という役を与え、「三人砧（さんにんきぬた）」の踊りを踊らせている。『鏡獅子』と同じ舞踊であった。

このとき、姉の実子にはもうひと役、『嬢（むすめ）景清八島日記』の景清娘人丸（ひとまる）という役が与えられている。盲目となって九州をさまよう父景清を探し求めて再会する少女の役であった。『歌舞伎新報』の劇評では、この役を実子の初舞台として、次のように述べている。

人丸役（実子）初舞台にしては（ヲツト再出（にどめ）と云れませうが´踊りではなく技芸を見せるは今度初めてなり）（法月敏彦校訂『六二連俳優評判記　歌舞伎新報編下』）

人丸の役は´子役の大役であった°團十郎親子の共演は´「真の親子の出合にて情合を見せると云ふ趣向」だというので話題にはなったが´舞台が寂し過ぎるというので評判にはならなかった°

團十郎は´この前後のことであろう´門弟の茘枝も子役として舞台に出している°その当時のことをのちに振り返って´團十郎は次のように述べている°

われら曽（かつ）て女俳優（じょはいゆう）なるものを大歌舞伎に作り出さん願望（ねがひ）にて´荐（しきり）にこの事に熱心し´率先（まづ）二人の娘をも舞台に上（のぼ）せ´又た熱心なる賛成者の娘達も場に上せんとて´有名なる篆刻師益田香遠氏の娘をも女優となしたり（『團洲百話』）

『團洲百話』には´「篆刻師益田香遠氏の娘」について´次のような注記が施されている°

これは茘枝とて´明治廿六年成し『大久保彦左衛門』の狂言に三人砧を堀越の娘たちと演じ´共進会の芝居には『阿波の鳴門』のお弦（つる）をつとめて大喝采を得たりき°

團十郎は´三人の少女を最初に舞踊で舞台に出し´続いて子役で使った°このように´丹誠して指導していけば´女優の道も開けて行くだろうと考えていたのであろう°しかし´仲間内の理解が得られることなく´團十郎の企ては頓挫することになった°團十郎は´次のように語っている°

同業者間よりは´些（ちと）の同意を得ること能（あた）はず´今日（こんにち）にては´殆（ほとん）ど絶望の姿となれり°

未亡人のます女も次のように証言をしている°

仲間の折合がつきません°それでも押切らうと思ひましたが´身体が丈夫でないし´「私の思立が届かない°世間も仲間も同情がない°残念だけれども」´とやめました°
主人の無くなる前´思ふ所があつたと見え´「私が居なければ´仲間も世間も頭に置いてくれないから´行けないと諦める」といひました°(伊原敏郎著『市川團十郎の代々』下巻)

團十郎は´二人の娘に『二人（ににん）道成寺』を踊らせている°明治二十七年六月´歌舞伎座の本興行であった°同じ演目を赤十字の慈善公演でも上演した°そのとき´大日本音楽倶楽部の洋楽師二人を招いた°『歌舞伎新報』には´次のような記事が出されている°

実子・扶伎子の二人道成寺は藤間丈の丹精と父御（ててご）が家庭の教（おしへ）とに依りて´いつもながら最も鮮（あざやか）に´最も愛らしき手振りなり°音楽倶楽部の合奏と´ダークの人形振など´余分なことさへありて一層見栄（みばえ）ありき°（『歌舞伎新報』一五八四号）

團十郎はこのとき´娘たちを使って洋楽で踊ることを試してみたのであろう°二年後´明治二十九年正月歌舞伎座で『道成寺』を踊り´ピアノとヴァイオリンの演奏を加えて評判を取っている°

実子と扶伎子が女優として´本格的な舞台を踏むことになったのは´父團十郎の没後であった°『團洲百話』で團十郎の談話をまとめて出版した松居松葉の提案により´実現したものであった°明治四十一年正月明治座´二世市川左団次の革新興行で´堀越実子こと市川翠扇は松居松葉の新作『袈裟と盛遠』のヒロイン袈裟´堀越扶伎子こと市川旭梅はシェイクスピアの翻訳劇『ベニスの商人』「法廷の場」の主人公のポーシアに抜擢された°左団次の革新興行は失敗に終わり´團十郎の二人の娘も女優として大成することはなかった°

團十郎は´娘たちを女優に育てようとする前に´女役者の粂八を自分の弟子にして´次のようなことを試みようとしていたという°

この願望（ねがひ）を起せしは余程以前（まへ）にして´一時は腰元までも一々婦人にせんと思ひ立ち´女優粂八ほわれら

門弟なりし故´取立てて歌舞伎座にて使はんと思ひしことありしも´事情ありて是も半途（はんと）にてまとまらざりき°(『團洲百話』)

読売新聞の高田早苗が團十郎に向かい´女役者の岩井粂八を用いて´「男女混合の演劇」を実現してはどうか´と呼びかけたのは明治二十年のことであった°実子は´数え年で六歳´扶伎子にいたってはようやく四歳になったばかりの幼児であった°團十郎は´まず女役者を使って「男女混合の演劇」を実現しようとしたのであろう°

粂八は´幕末の御狂言師（おきょうげんし）として名高い´坂東三津江（みつえ）の弟子であった°御狂言師は´大名屋敷などに招かれて´男の役者の代わりに歌舞伎を演じる女の役者のことであった°粂八は´歌舞伎の主人公である男性の役を演じるとともに´娘の役も出来た°團十郎は´そこに目を付けたのであろう°歌舞伎の主人公のうしろに居並ぶ´その他大勢の腰元役に本物の女性を使ってはどうかと考えたのである°その考えも´仲間たちの反対にあって実現されることはなかった°

團十郎が実子と扶伎子を歌舞伎座の舞台に出す二年前´明治二十四年に伊井蓉峰の組織した新派劇の済美館（せいびかん）で「男女合同改良演劇」が実現していた°劇場は歌舞伎座のような大劇場ではなく´浅草公園にあった吾妻座という小芝居であった°女優になったのは´葭町（よしちょう）の芸者米八（よねはち）こと千歳（ちとせ）米坡（べいは）であった°この試みは失敗に終わり´米坡はのちに粂八の一座に参加して´

小芝居の女役者になっている。團十郎は、このことを踏まえて、「女優なるものを大歌舞伎に作り出さん」という願望を持ったのである。その願望を実現することのできなかった團十郎は、「我邦（わがくに）にては女優といふもの、中々一寸には出来（でけ）さうもなし」（『團洲百話』）と語っている。

團十郎は、日本人の女優を養成することには失敗したが、外国人の女優との共演を実現させている。相手の女優は、ロシア帝室付き女優、フランスのテオオ（テーオー）嬢であった。二人の共演は、明治二十七年七月二十八日から三十日の三日間、歌舞伎座で実現した。朝鮮に駐留する日本軍を慰労するための慈善興行であった。福地桜痴の新作『互の疑惑』で共演を果たした團十郎は、言葉が分からないので困ったとしたうえで、次のように述べている。

併し、テーオーも中々名優なりと思ふ、彼（か）が泣き、驚き、笑ふ、容子（ようす）などは真に迫りて感ずるの外なし。（『團洲百話』）

「真に迫る」ということろに、團十郎は共感を得たのであろう。

團十郎は、明治三十六年（一九〇三）九月に帰らぬ人となった。その年の五月に欧米巡業から帰国した川上貞奴は、日本での女優デビューを果たしている。貞奴は、シェイクスピアの原作を日本の物語に翻案した『オセロ』でヒロインの鞆音（ともね）に扮した。原作のデズデモーナに当たる役であった。この興行は、欧米から帰国した川上音二郎の「正劇」運動の第一弾として上演されたものであった。舞踊や音楽を使った身振り手振りを見せる演劇ではない、純粋なせりふ劇を志向した試みであった。

貞奴は、続いてシェイクスピアの翻訳劇『マーチャント・オブ・ベニス』法廷の場のポーシャ、翻案劇『ハムレット』のヒロイン織江（オフィーリア）で大劇場の女優としての地位を築き上げたのである。

明治四十一年（一九〇八）には、川上音二郎・貞奴夫妻は、帝国女優養成所を設立、本格的な女優の養成を目指した。翌年には、帝国劇場付属技芸学校と改称した。それまでのように、玄人の芸者や女役者ではなく、素人の令嬢が集められて女優になる訓練を受けた。そのような中から、森律子ら帝劇女優が誕生することになる。帝劇女優は、帝劇に所属する歌舞伎俳優、七代松本幸四郎とも共演を果たすことになった。團十郎の遺志は、高弟である幸四郎によって実現したのである。

坪内逍遥が俳優の養成に着手したのは、明治四十二年であった。文芸協会の演劇研究所に集まった研究生のひとりが松井須磨子であった。明治四十三年には、翻訳劇『ハムレット』でオフィーリア、続いてイプセンの『人形家』では主人公のノラに抜擢されている。須磨子は島村抱月とともに、芸術座を旗揚げした。大正二年（一九一三）のことであった。翌年、大正三年にはトルストイの『復活』が初演されている。主人公のカチューシャは、須磨子の代表作となった。須磨子は、この作品を持って日本全国を巡演して、日本を代表する大女優としての地位を確立することになった。頂点を極めた須磨子は、大正八年（一九一九）に島村抱月の跡を追って自殺している。

芸術座の舞台で育てられたのは、女優の水谷八重子であった。大正二年に初舞台を踏んだときは、わずか九歳の少女であった。女学校の名門双葉中学に在学中、メーテルリンクの『青い鳥』のチルチルで注目され、映画界にも進出した。新派劇を代表する大女優に成長することになるのである。

川上貞奴、松井須磨子、森律子らそれまでの女優と違い、水谷八重子は子役から育てられた女優であった。かつて團十郎が二人の娘に対して、「柄も声も良くないが、丹誠して育てれば女優に出来ないことはないだろう」と考えた通りに成長した女優だった。このようにして育てられた水谷八重子によって、歌舞伎俳優との本格的な共演も実現することになるのである。

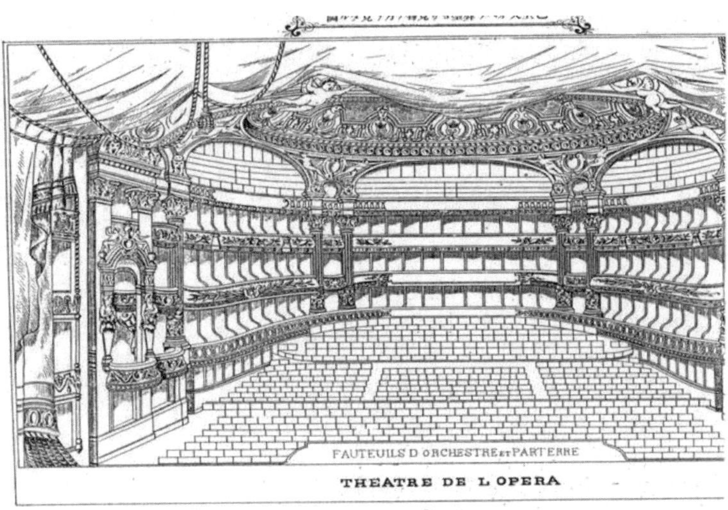

① 유럽의 극장(오페라좌의 내부)(『演劇改良意見』挿絵)

② 신토미좌 개장식 그림 '단주로의 선언'(『芝居絵に見る』, p.108.)

③ 가부키좌 그림(『歌舞技座百年史』 口絵)

④ 분장을 하지 않은 단주로의 사진(『市川團十郎の代々』下巻 口絵

⑤ 단주로의 사진, 가토기요마사(『歌舞技座百年史』, p.73.)

⑥ 단주로의 사진, 무스메도조지(『歌舞技座百年史』, p.73.)

⑦ 가가미지시의 사진(『歌舞技座百年史』, p.79.)

⑧ 가가미지시의 그림(『歌舞技座百年史』 口絵)

⑨ 가가미지시의 그림(『歌舞技座百年史』 口絵)

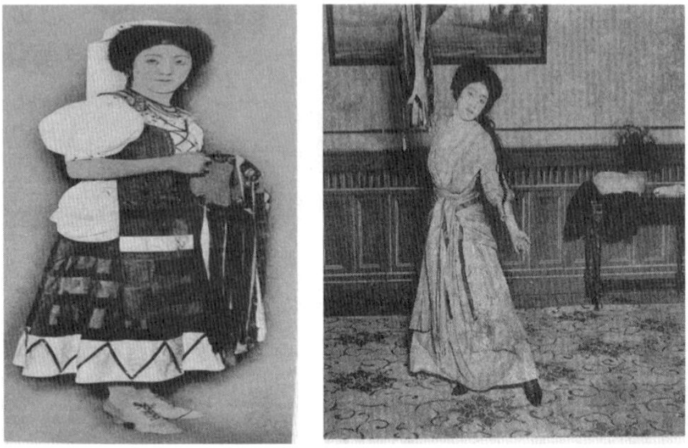

⑩ 마쓰이 스마코의 사진(『인형의 집』의 노라)(『明治大正新劇史資料』, 『牡丹刷毛』)

⑪ 마쓰이 스마코의 사진(『인형의 집』의 노라)(『明治大正新劇史資料』, 『牡丹刷毛』)

9세 이치카와 단주로와 여배우

- 가부키 근대화의 한 측면 -

후루이도 히데오*　　심지연 번역**

Ⅰ. 연극개량론과 여배우

메이지(明治) 19년(1886年) 3월, 영국에서 한 명의 외교관이 귀국했다. 4개월 전에 내각총리대신에 임명된 이토 히로부미(伊藤博文)의 사위인 스에마쓰 겐초(末松謙澄)였다. 같은 해 8월에는 스에마쓰 겐초가 주창자가 되어 연극개량회(演劇改良会)가 창립되고, 다음 해인 1887년에는 천람가부키(天覧歌舞伎)[1)]가 실현되었다.

「취의서(趣意書)」에 의하면 연극개량회의 목적은 다음 세 가지이다.

---

* 일본 동경대학 교수
** 일본 동경대학 박사과정

1) '천람가부키' 란 천왕의 가부키 관람이 처음으로 실현됐다는 것을 포함하는 말로, 연극개량회의 기획에 따른 것이었다. 가부키의 기존 풍습 중 일부를 개량하고 연극의 사회적 · 문화적 지위 향상을 촉진했다는 점에서 의미가 있었다.

① 종래 연극의 저질 풍속을 개량하고 우수한 연극을 실현하는 것
② 연극 각본의 저작 행위가 영예 있는 일이 되도록 하는 것
③ 완전한 구조로 연극과 그 외의 음악회, 가창회 등에 제공될 수 있는 극장을 지을 것

스에마쓰 겐초는 영국에 8년간 체류했다. 그의 눈에는 '우리나라의 연극은 외설적이며 저속' 하므로 '신사숙녀의 눈에 보여서는 안 될 것' 으로 보였다. 그 저질 풍속을 개량해야만 한다는 것이 제일의 목적이었다.

두 번째와 세 번째의 목적은 첫 번째 목적을 달성하기 위해 구체적으로 무엇을 행할 필요가 있는가라는 부분을 언급한 것이었다. 두 번째로 희곡의 개량과 극작가의 지위 향상을 언급하고, 세 번째로 극장의 건축과 흥행 제도 개량에 대해 말한다.

이 취의서는 신문지상에 공표되자마자 각처에서 논란을 일으켰다. 그것에 응하는 형식으로 스에마쓰 겐초는 두 시간에 달하는 연설을 했다. 스에마쓰가 행한 '연극개량연설' 의 내용은 기록되어 신문에 연재되고 단행본으로도 출판되었다.

스에마쓰는 목적의 실현을 위해서는 우선 세 번째 목적부터 실천해야 한다고 주장했다. 그는 새로운 개념의 극장이 세워지면, 자연히 그 영향이 종래 연극에도 미칠 거라고 생각했다. 귀국한 스에마쓰는 바로 신극장을 위한 의논을 시작해 5층짜리 건물 설계도를 부탁하고, 자금조달의 계획까지 짰다고 한다. 런던에서 극장에 드나들었던 스에마쓰의 실제 경험에 바탕을 둔

개량안이었다.

두 번째 목적인 희곡의 개량에 관해서는, 다음과 같은 생각을 가지고 있었다. 셰익스피어(William Shakespeare)와 지카마쓰 몬자에몬(近松門左衛門), 다케다 이즈모(竹田出雲)의 명작은 누구든지 쓸 수 있는 것이 아니다, 학문이 필요하다. 학식이 있는 학자와 명사를 작자로 만들기 위해서는 작자의 지위에 명예가 없으면 안된다. 구체적으로는 각본의 현상 모집을 행해 명작에는 고액의 현상금과 출판권, 그리고 흥행권을 정부가 보증해야 한다고 했다.

스에마쓰는 배우에 대해서도 언급했다. 개량을 논하는 사람들 중에는 '개량연극의 배우는 파리나 런던'에서 데려와야 한다고 하는 사람도 있지만 그것은 잘못된 것이다. 일본 배우는 기량이 떨어지는 것이 아니라 연기 방법이 잘못돼 있다. 일본 배우처럼 표면상의 모습에 고집하는 것이 아닌, 서양 배우처럼 그 사람의 정신이 되어 연기하는 것이 중요하다. 이와 같은 배우관은 런던에 체재하는 동안 양성된 것이었다. 스에마쓰는 런던에서 쓴 편지에 다음과 같이 소감을 밝혔다.

> 일본연극은 유럽연극처럼 배우끼리의 대화만으로 관객을 감동시킬 수 없습니다. 그 대신에 배우의 표면상의 몸짓이 너무나 과장되어 있어 진정한 감정이 전해지지 않아, 실로 유럽 연극에 미치지 못합니다.(구라다 요시히로 편저, 『예능』 일본근대사상대계 18, 해설)

스에마쓰는 서양연극과 비교해 일본연극이 지향해야 할 점을 제시한 후, 여배우에 대해 다음과 같은 제안을 했다.

> 지금까지는 현재의 남자배우 이야기뿐이었지만, 이제부터 말하려는 것에 대해 제군들은 벌써 각오하고 있을 수도 있고, 세인 중에는 깜짝 놀라는 사람도 있을 것이다. 그것은 다름 아니라 여배우를 기용하는 것이다. 진실한 연극은 여자 역할은 여배우가 연기하도록 하지 않으면 도저히 성립되지 않는다. 그러므로 개량연극에는, 물론 여배우를 기용하려고 한다. 다만 여배우를 어디서 데려오느냐고 묻는다면, 그것은 이제부터 생각해야 할 문제이므로 아직 공표할 수는 없다.(『연극개량연설』)

스에마쓰는 여배우를 개량연극에는 빠질 수 없는 존재라고 했지만 아직 구체적인 방안이 없었다.

스에마쓰의 연설을 보완하는 형식으로 연극개량회 회원이자 도쿄대학 교수인 도야마 마사카즈(外山正一)가 『연극개량사고(演劇改良論私考)』(1886년 10월 간행)를 간행했다. 도야마 마사카즈는 후에 도쿄대학 총장과 문부대신이 된 문학자였다. 그는 '여배우에 관해' 라면서 다음과 같이 말했다.

> 위에 설명한 것 외에 배우에 관한 개량에서 가장 중요한 것이 있다. 그것은 특별한 것이 아니다. 지금까지처럼 여자 역할을 남자에게 맡기는 것을 폐지하고 진짜 여자에게 그것을 맡기도록 하는 것이다. 여자 역을 남자가 연기해 나가는 것은 결코 고상한 연극이 될 리가 없다. 여자가 아니면 여자의 정을 표현하는 것은 결코 있을 수 없다. 유녀(遊女 또는 게이샤芸者)의 몸이나 새색시의 몸은 더욱 그러하며, 계모의 행실이나 질투하는 여자의 몸놀림은

진짜 여자가 아니면 결코 충분히 표현할 수 없다.

도야마는 또한 다음과 같이 지적한다.

남자끼리, 여자끼리라는 '끼리'가 결코 앞으로의 도덕을 위해서 좋은 것이 아니라는 것을 다른 경우에도 얼마든지 경험했다. 그러므로 연극개량에서 가장 중요한 개혁의 하나로 내가 절실히 바라는 것은 여배우에게 여자 역을 맡기는 것이며, 그것이 바람직하다. 노能처럼 오늘날에도 가면을 쓰고 남자들끼리 하는 것은 그만두고, 남녀를 섞어서 맨얼굴로 시켜 마치 서양 오페라와 같은 것으로 개량시켜야 한다.

스에마쓰에 이어 도야마의 결점은 일본 연극의 현 상황을 몰랐다는 점이다. 도야마는 미국이나 영국 유학 경험을 가지면서도 '내가 우리 나라 연극을 보는 것은 몇 년 만'이라고 했다. 『여학잡지(女学雑誌)』에서는 다음과 같은 반론을 실었다.

도야마가 지적한 것처럼 '여배우를 채용한다고 해도 우리 나라의 연극에서는 배우의 움직임에 정해진 약속이 많기 때문에, 대인원인 시녀 역할 등의 단역밖에는 할 수 없을 겁니다. 남자 배우에 뒤지지 않을 여배우를 키워 내는 것은 적어도 십년은 걸릴 겁니다'라는 내용이었다.(마쓰모토 신코 저, 『메이지전기연극론사』)

연극개량회의 외부에서도 반론이 일어났다. 무이치안 무니 저, 『연극개량논박의』(1886년 11월 간행, 無一庵無二 著, 『演劇改良論駁議』)도 그 중의 하나였다. 저자는 '나는 여배우와 남자

배우를 같이 쓰는 것에는 대찬성이며 조금도 부족함이 없다고 생각한다. 서양극(洋劇)을 볼 때 이 점에 대해서는 일본에서도 따라하는 것이 가능하다고 생각했으며 매우 찬성해야 할 부분이다' 라고 한 후, 다음과 같은 구체적인 방안을 제시하고 있다.

> 열일곱, 열여덟부터 삼십 이하의 미인으로 춤도 출 줄 알며 노래도 잘 부르고 목소리도 좋은 인물은 별로 없으며, 알맞은 인물이 열 명도 스무 명도 있을 리가 없다. 여기서 여배우 후보는 두 부류가 있다. 관내의 반도류(坂東), 나카무라류(中村), 후지마류(藤間) 등, 전통춤의 스승 또는 그 제자 중에서 뽑는 것을 제일의 수단으로 삼는다. 다음으로는 예기(芸妓)에서 선발하는 방법도 있는데, 지금은 이 두 가지 수단밖에 없을 거다.

개량연극의 여배우 후보로서 무니안이 말한 것은 ① 춤 스승과 그 제자, ② 예기(게이샤)였다. 그의 주장은 가장 현실적이 제안이었다.

연극개량의 새로운 움직임이 일어난 것은 다음 해인 메이지 20년(1887년) 9월이었다. 정부와 친밀한 관계를 가진 재벌, 실업가가 발기인이 되어 이름을 내건 '개량도쿄극장회사(改良東京劇場会社)'의 설립이 추진되었다. 그것에 관해 요미우리 신문의 주필인 다카다 사나에(高田早苗)는 요미우리 신문 사설에서 ① 새로운 각본의 현상모집, ② 장래의 개량배우를 양성하기 위한 배우학교의 설립을 제안하고 있다. 다카다는 후에 와세다 대학 총장, 문부대신이 된 인물이다. 다카다가 제안한 배우학교는 후에 가와카미 사다얏코(川上貞奴)의 제국여배우학교(帝国

女優学校), 쓰보우치 쇼요(坪内逍遥)의 문예협회 연극연구소(文芸協会演劇研究所)에서 실현된다. 하지만 실현에 이르기까지는 이십년의 세월이 필요했다.

다나카 사나에는 바로 실현가능한 제안도 했다. 극계를 대표하는 명배우, 9세 이치카와 단주로와 전통연극의 여배우[2]인 이와이 구메하치(岩井粂八)를 기용해 '남녀혼합의 연극'을 실행하고 싶다는 제안을 한 것이다. 다카다 사나에는 요미우리 신문에 '단주로를 위해 중매인으로 나선다'라는 사설을 쓰고 다음과 같은 말로 끝을 맺었다.

> 듣건대 이치카와 단슈(단주로)는 개량연극에 대찬성하는 사람이다. 과연 그렇다면 연극개량을 위해 이와이 구메하치를 아내로 삼으라고, 나는 감히 중매인의 지위에 선다.

결국 개량도쿄극장은 도쿄부(東京府)의 허가를 얻지 못한 채로 좌절되었다.

연극개량의 목적이었던 새로운 극장을 실현시킨 건은, 오치(桜痴)=후쿠치 겐이치로(福地源一郎)였다. 메이지22년(1889년) 초에 서양풍의 극장 건축에 착수해 11월 21일에 개장했다. 이것이 가부키좌(歌舞伎座)였다.

후쿠치 오치는 원래 도쿄니치니치신문(東京日日新聞)사의 사장이었다. 연극개량회 회원으로 개량도쿄극장회사의 발기인으로서도 이름을 내건 적이 있다. 새로운 극장의 명칭도 처음에는

---

2) 근대적인 여배우(女優)와 구별해 전통연극의 여배우를 일본어로 온나야쿠샤(女役者)라고 불렀다.

'개량좌(改良座)' 또는 '개량연극장(改良演劇場)'으로 생각했다고 한다. 오치는 가부키좌의 목적에 대해서도 '신구 연극을 상연하는 것으로 개량의 성과를 올리'는 것에 있다고 했다. 때문에 오치가 가부키좌의 자가시라(座頭)로 초빙한 사람이 9세 이치카와 단주로였다. 그 후 가부키좌를 무대로 연극개량이 실행되게 되었다. 단주로는 그 일환의 하나로 여배우 양성을 마음먹은 것이었다.

Ⅱ. 단주로의 개량연극-가쓰레키(活歴)와 온나가타(女形)

9세 이치카와 단주로는 에도시대인 덴포(天保) 9년(1838년)에 태어났다. 단주로가 연극개량을 마음먹은 것은 메이지11년(1878년) 4월이었다. 단주로는, 당시 내무성 고관으로 후에 도쿄부지사가 되는 마쓰다 미치유키(松田道之)의 사택에 초대되어 연극개량의 취지를 전해들었다. 그 당시 동석한 이토 히로부미 백작은 다음과 같이 말했다고 한다.

> 이토 백작이 서양극의 이야기를 시작했다. 백작이 말하길, 구미의 극은 매우 고상한 것으로 우리나라 극에서 칼로 찌르거나 주먹으로 치고받는 것처럼 화려한 몸놀림이 적고, 무대에서 벌거숭이가 되는 것과 같이 보기 흉하지 않으며 모든 상황이 논리적이다. 또한 관객도 상급사회의 사람이 많고 배우도 상당한 학식을 가져, 일본 배우처럼 관객의 노리갯감이 되는 일이 없다. 경들은 구미의 극을 모범으로 삼아 지금부터 적극적으로 개량의 임무에 임해야 할 것이다.

같은 해 6월에는 개량의 취지를 본보기로 삼아 신토미좌(新富座)가 개장했다. 개장식에서 남자 역할 배우는 연미복에 서양식의 짧은 머리로 양장을 하고 의자에 앉아 있었다. 한 극장의 배우를 대표해 자가시라(座頭)[3]인 단주로가 일어나 축사를 말했다. 그 축사는 단주로의 개량선언이기도 했다.

> 되돌아보니 요즘의 극풍은, 세속의 탁함을 드러내는 천한 성향을 좋아한다. (중략) 나를 비롯해 이것을 깊이 걱정하는 사람들과 함께 분연히 이 유폐를 깨끗이 씻어버릴 것을 갈망하며, 간신히 예전의 사고방식을 개량하는 이때에 마침 이 자리에 오르게 되어 기쁘다. 바로 지금 사주(社主)가 바라는 점을 명심하여 보러 오신 신사분들께 연극도 무익한 놀이만이 아니라고 납득시켜, 이 장소가 오래도록 메이지의 태평를 기념하는 장소가 되기를 기원한다. (이하라 도시로 저, 『메이지연극사』)

단주로의 축사를 집필한 사람은 후쿠치 오치였다.

단주로는 신토미좌의 개장공연에서 도쿠가와 이에야스(德川家康)를 연기했다. 단주로는 종래의 과장된 가부키의 인물상을 배제하고 실제 인물의 올바른 인물상을 무대 위에서 재현하려고 시도했다. 단주로의 이와 같은 개량의 방침은 '가쓰레키(活歷)' 라고 불리게 된다.

---

3) 가부키에서 한 극단의 우두머리에 해당하는 배우를 일컫는다. 한 극단의 배우와 극단 생활을 통솔·관리하는 책임을 가진다. 교겐의 상연시에는 연출가의 지위도 대신하고, 흥행의 경영 전반에 관계하는 중요한 역할을 담당하고 있었다.

단주로는 이 때 이전의 바쿠신(幕臣)[4]인 이치카와 구마오(市川熊男)라는 인물을 고문으로 초빙했다. 이 사람의 증언에 의한 것으로 추정되는데, 단주로는 도쿠가와 장군의 일상 모습을 무대에 재현하려고 했다. 〈매사냥(鷹狩)〉의 한 장면에서는 이에야스의 자연스런 대화가 주목을 끌었다. 그리고 〈침소(寢所)〉에서는 애첩을 잃고 눈물을 흘리는, 인간 이에야스의 모습이 그려졌다. 후에 귀국한 스에마쓰 겐초가 런던에서 보고 온 연극과 같은, 자연스러운 연기였다.

단주로는 '침소'의 막이 끝날 때 박자목柝의 소리와 함께 막을 닫는 '박자막(拍子幕)'의 연출을 피하고, 조용하게 소리도 없이 막을 닫았다. 단주로의 이 연출은 '박자목이 없는 막'으로 불리며 개량의 상징 중 하나가 되었다.

단주로는 고문으로서 한 사람을 더 초빙했다. 신정부의 고관으로 유직고실(有職故実, 옛날 조정이나 무가의 관직 · 법령 · 의식 · 의상 · 집기 등을 연구하는 학문) 연구가인 마쓰오카 요시아키(松岡義明)였다. 〈주라쿠의 저택(聚楽の御殿)〉에서 도요토미 히데요시(豊臣秀吉)와 대면하는 장면에서는 이에야스를 시작해 여러 영주들이 정해진 대로 옷차림을 하고 예법에 맞춰 무릎을 꿇은 채 무릎걸음을 했다. 그 모습은 마치 애벌레가 기어가는 것과 비슷해 '애벌레가 꿈틀꿈틀' 기어가는 것과 비슷하다며 야유를 받았다. 예법에 맞춘 표면적 모습을 추구한 것으로 인간의 내면이 깃들지 않았기 때문이었다. 단주로의 가쓰레키는 무미건조하고 재미가 없다고 경원시되었다.

---

4) 무신정권인 바쿠후幕府의 직속 신하

가부키좌의 자가시라가 된 단주로는 메이지24년(1891년) 6월에 가스가노 쓰보네(春日局)로 가스가노 쓰보네와 도쿠가와 이에야스의 두 역할을 맡았다. 이 작품은 후쿠치 오치가 수년 전에 단주로를 위해 써 놓고 때를 기다리고 있었다. 〈가스가노 쓰보네〉는 오치의 대표작이 됨과 동시에 단주로의 가쓰레키를 대표하는 작품이 되었다. 아키바 타로의 『동도메이지연극사』에서는 이 작품을 다음과 같이 평하고 있다.

> 지금까지 단주로는 사극을 상연해 호평을 받은 적이 거의 없고, 반대로 안 좋게 평가됐다고 할 수 있으나, 이번 해 6월에 상연된 오치의 신작 사극 『가쓰가노 쓰보네』는 일반 관객으로부터 좀처럼 드문 찬사를 받아 크게 성공했다. 작자 오치와 배우 단주로의 성공으로, 장래적으로 큰 자신감을 얻을 수 있는 기회가 되었다고 생각한다.
>
> (중략)
>
> 단주로로서는 자신에게 맞는 작자를 발굴해 낼 수 있었던 것이며, 한편으로 오치로서는 자신의 작품을 올바르게 연기할 수 있는 배우를 얻은 것이다.

오치의 초고에서 단주로의 역할은 가쓰가노 쓰보네였다. 오치에게 첨삭을 부탁받은 가와타케 모쿠아미(河竹默阿弥)의 제안에 의해 단주로는 도쿠가와 이에야스를 비롯한 두 역할을 맡았다. 그 이유는 이에야스를 연기할 수 있는 사람은 단주로 외에 없다는 것이었다. 실제로 단주로의 이에야스를 본 극평론가는 '이에야스 공(公)은 원조인 이 사람이 연기하는 것이 적격이며, 그 연기는 이에야스 공이 이런 분이었던가하고 새삼 생각하게 만들 정도이다' 라고 평했다.

단주로 자신은 만일 명배우인 히코사부로(彦三郎)가 살아 계셨다면 히코사부로께 가스가노 쓰보네를 양보하고 같이 출연해 보고 싶었다고 했다. 하지만 관객의 호평을 얻은 것은 가스가노 쓰보네였다. 어머니로서의 시름과 아내로서의 슬픔과 기쁨, 거기에 공감을 얻은 관객들은 눈물을 흘렸다. 당시에 다음과 같은 극평이 실렸다.

> 에도로의 출발이 정해진 후 작별의 잔을 나누고 아이들에게 이별을 고하는 시름겨운 장면은, 충분히 관객에게 전달되어 좌중에게 슬픔을 안겼습니다. 첫번째 작품의 이 장면이 가장 평판이 좋아 서막부터 이렇게 감동해서 울면 안되는데라는 관객도 있었습니다.
>
> 가스가는 남편에게 온 편지를 읽는 도중 이혼하자는 문장에 놀라 수탄愁嘆에 빠진다. 여자의 정을 표현하는 그 세세한 연기, 백서원白書院의 웅장한 실내 안에 베로 만든 의복을 입은 다이묘가 뒤에 쭉 서 있는 가운데, 다만 혼자서 수심에 잠겨 관객에게 슬픔을 안겨 주는 이 독무대는 실로 능숙하지 않으면 안 되는 연기, 역시 단주로라고 생각하며 감복했습니다.
>
> 남편이 처인 가스가의 덕으로 출세한다는 것은 좋지 않으므로 도쿠가와 이에야스가 배려해 이혼이 성립된 것을 알고, 가스가가 기쁨의 눈물을 펑펑 쏟는 장면에도 감동했습니다. 장군이 '가스가, 남편이 출세하니 당신은 기쁜가' 라고 물었을 때, 말도 못하고 기쁨의 눈물만 흘리는 장면은 정말 압권이었습니다.(노리즈키 토시히코 편,『육십이련배우평판기 가부키신보편下』)

쓰보우치 쇼요(坪内逍遥)는 2년 후, 메이지 26년(1893년)에

사극 〈기리히토하(桐一葉)〉를 발표했다. 주인공은 요도노 가타(淀の方)라는 여성이었다. 요도노 가타의 인물상은 단주로의 연기를 상정해서 만든 것이었다. 단주로의 가쓰레키(活歴)는 남성보다도 여성의 역에 보다 많은 가능성을 발견하는 결과를 낳았다.

단주로의 대표적인 배역에는 〈센다이하기(先代萩)〉의 마사오카(政岡)와 같이 어머니 역할 뿐만이 아니라 〈이모세야마(妹背山)〉의 스기술가게(杉酒屋) 딸인 오미와(お三輪), 〈이십사효廿四孝〉의 야에가키 공주(八重垣姫) 등, 십대의 젊은 여성 역할도 있었다. 〈교가노코 무스메 도조지(京鹿子娘道成寺)〉의 시라뵤시하나코(白拍子花子)는 젊은 여성 역할을 대표하는, 단주로의 대표적인 역할이기도 했다. 〈가스가노 쓰보네〉가 상연되기 일 년 전인, 메이지 23년(1890년) 3월의 가부키좌 공연에서는 화제를 불러일으키면서 관객동원에도 성공했다. 당시 동시에 개최되고 있었던 대박람회에 빗대어 다음과 같은 평이 실렸다.

> 시사신보時事新報의 사설에서 남자배우가 여장을 하고 연기를 하는 것은 일본에 한한다고 했다. 이것은 일본의 예술이라고 칭할 수 있고, 서양각국에 유례가 없으며 흉내 못내는 기예技芸이고, 세계에 둘도 없는 것이라고 칭찬해야 할 것이다. 특히 올해는 일본 제3회 대박람회가 열리는 시기이기 때문에 이것은 미술관에 나열할 만한 예술품이 될 것이다.(노리즈키 토시히코 편, 『육십이련배우평판기 가부키신보편下』)

소녀의 '마리우타' (鞠唄, 공을 튀기면서 부르는 노래)에서는 관객이 손뼉을 치며 즐거워하고, '사랑의 훈련(恋の手習)' 의 여

성스러움, 격한 움직임을 보이면서도 여자의 정을 잃지 않는, 세밀한 몸짓이 절찬을 받았다.

단주로의 온나가타(女形, 여성역할)는 결코 아름다운 얼굴이 아니었다. 오카무라 시코(岡村柿紅)는『단기쿠 회상록(團菊回想錄)』에서 다음과 같이 말했다.

> 단주로가 오미와お三輪를 연기할 때, 누가 그것을 정직하게 십대의 소녀라고 볼 사람이 있겠는가. 그 주름과 요염하지 않은 엷은 화장, 베이스조의 낮은 음성, 그저 하나의 괴물에 지나지 않았다. 하지만 기예의 힘은 위대한 것이다. 이 괴물의 동작이, 극을 보는 와중에 십대의 소녀가 가진 질투일 것이라고 관객의 머릿속에 자리 잡는다.

단주로의 예담芸談을 모은『단슈의 백 가지 이야기(團洲百話)』첫머리에 '온나가타의 마음가짐(心得)'이 있다. 어릴 때 4대 나카무라 우타에몬(四代目中村歌右衛門)에게 들은, 단주로의 기억이었다.

> 우리는 결코 온나가타를 연기할 신체를 갖고 있지 않다. 그러나 고맙게도 춤이 우리를 돕고, 또 하나는 온나가타가 지켜야 할 규범을 엄중히 지키고 있기 때문이다. 본래 남녀는 가진 골격이 달라, 남자가 되어 여자로 보이기 위해서는 자연히 어딘가 몸의 불편함이 없이는 이루어낼 수 없는 것이라고 했다.

4대 우타에몬은 후지마류(藤間流) 무용의 명문에서 태어났다. 어릴 적부터 춤의 훈련을 받고 자란 사람이었다. 단주로도 양부

모의 교육방침에 의해 엄격한 훈련으로 유명한 춤의 스승인 4대 니시카와 센조(四代目西川扇蔵)에게 맡겨져 실력을 닦았다.
단주로의 장녀 지쓰코実子, 이치카와 스이센(市川翠扇)은 아버지의 〈도조지(道成寺)〉에 대해 다음과 같은 추억을 이야기했다.

> 돌아가신 아버지가 이 『도조지』의 춤을 열넷, 열다섯 정도부터 스무살 전후까지 매일의 일과처럼 복습했다고 들었습니다. 왜 그렇게까지 노력을 했는지에 대해 말씀드리면, 이 『도조지』의 춤에는 여성을 표현하는 온갖 몸짓이 포함되어 있기 때문에, 그것을 터득하기 위해 몸을 단련시켰던 것입니다.(이치카와 스이센 저, 『가가미지시』, 市川翠扇著『鏡獅子』)

단주로의 가쓰레키로 온나가타가 높은 평가를 얻은 배경에는 어릴 적부터 단련된, 이같은 기술의 전승이 있었던 것이다.

Ⅲ. 지쓰코와 후키코

단주로의 미망인, 마스 여사(ます女)는 다음과 같이 말했다.

> 하치스카(蜂須賀)씨와 고묘지(光妙寺)씨, 사이온지(西園寺)씨, 다들 서양에서 돌아오셔서 외국 여배우 이야기를 하시니까 남편도 그런 마음이 든 것이겠지요. 남편이 말하길 "새로운 시대가 열리면 반드시 여배우도 생겨난다. 내 딸을 여배우의 원조로 삼고

싶다. 체격도 목소리도 부족하지만 성의껏 가르쳐서 키우면 안될 것도 없다.” 이렇게 말하고, 가가미지시(鏡獅子)를 상연할 때 두 딸을 내보내, 신축 극장의 개장 공연으로 후쿠치福地씨에게 작품을 부탁하고, 기념으로 관계자들에게 부채를 전달했습니다.(이하라 도시로 저, 『이치카와 단주로의 대대』 하권)

하치스카 모치아키(蜂須賀茂韶)는 원래 도쿠시마(徳島) 영주로 영국에서 유학하고, 프랑스 공사(公使), 도쿄도지사, 문부대신을 역임했다. 고묘지 사부로(光妙寺三郎)와 사이온지 긴모치(西園寺公望)는 파리에서 같이 유학한 사이로 외교관으로 유럽에 부임했던 경력을 갖고 있다. 사이온지는 정치가가 되어 나중에 총리대신이 된다. 이런 고급 인력들에게 외국 여배우의 이야기를 듣고 단주로는 자신의 딸을 여배우의 원조로 삼으려고 생각한 것이다.

단주로에게는 두 딸이 있었다. 언니의 지쓰코(実子)는 메이지 14년(1881년)에 태어났고, 이름을 지어준 대부는 도쿄도지사인 마쓰다 미치유키(松田道之)였다. 동생의 후키코(扶伎子)는 두 살 아래로 메이지 16년(1883년)에 태어났다. 두 딸은 후지마류(藤間流) 무용을 배워 메이지 20년(1887년)에 발표회 무대에 올랐다. 지쓰코는 일곱살, 후키코는 다섯살이었다.

다음해인 1888년에 단주로는 이치카와 일가의 배우를 불러들여 ‘미마스회(三升会)’를 조직하고 신토미자에서 빈민구제를 목적으로 한 자선공연을 열었다. 그 때 지쓰코와 후키코는 전통 무용의 〈후지무스메(藤娘)〉와 〈마쓰카제(松風)〉를 춤췄다.

단주로는 이처럼 두 딸을 보고 '체격도 목소리도 부족하지만 성의껏 가르쳐서 키우면 여배우가 안될 것도 없지 않겠는가' 라고 생각했다. 그 생각을 실행에 옮긴 것이 메이지 26년(1893년) 3월이었다. 단주로는 〈가가미지시(鏡獅子)〉를 초연할 때, 작자인 후쿠치 오치에게 부탁해 고쵸(胡蝶)역을 추가로 넣어달라고 했다. 지쓰코와 후키코에게 오코쇼 나데시코(御小姓撫子), 그리고 후카미(深見)라는 역을 주어 〈고쵸의 광란(胡蝶の狂い)〉을 춤추게 했다. 지쓰코가 열세살, 후키코는 열한 살의 어린 소녀였다.

공연 중에 『가부키신보(歌舞伎新報)』에는 '지쓰코양의 병가' 라는 기사가 실렸다.

고쵸의 영혼을 연기해 대갈채를 받고 있는 단슈(=단주로)씨의 큰딸 지쓰코 양은 지난 26일까지는 아무렇지도 않게 공연에 임했지만, 오늘부터 충치에 의한 통증에 시달려 결국에는 출연을 못하게 되었다. 그에 따라 급하게 레이시茘枝 양으로 교체하고, 작은 딸인 후키코 양과 함께 춤을 추게 했더니, 역시 단슈씨의 가르침을 받은 레이시 양인지라 어느새 호흡을 몸에 익혀 어린 데도 불구하고 습득이 빨라 내미는 손짓, 오므리는 손짓 하나 하나가 지쓰코양과 다를 것이 없어 스승도 혀를 내둘렀다고 한다.(『가부키신보』 1460호)

레이시 양은 전각가(篆刻師)인 마스다 고엔(益田香遠)의 딸이었다. 단주로의 제자로 여배우의 길을 목표로 삼은 소녀였다.

단주로는 같은 해 10월 공연에서 세 명의 소녀를 다시 가부키좌의 무대에 서게 했다. 후쿠치 오치의 신작 〈오쿠보히코자에몬(大久保彦左衛門)〉이라는 작품에, 지쓰코에게는 메노와라와(女の童) 고쵸(胡蝶)를, 후키코에게는 하나노에(花江), 레이시에게는 지구사(千草) 역을 맡겨 '산닌기누타(三人砧)' 무용을 추게 했다. 〈가가미지시(鏡獅子)〉와 같은 무용이었다.

이 때, 언니인 지쓰코에게는 〈무스메가게키요야시마닛키(嬢景清八嶋日記)〉의 가게키요의 딸 히토마루(人丸)라는 역이 하나 더 맡겨졌다. 맹인이 되어 규슈(九州)를 떠도는 아버지 가게키요를 찾아 가 재회하는 소녀의 역할이었다. 『가부키신보』에서는 이 역할이 지쓰코의 첫무대라며 다음과 같은 극평을 실었다.

> 히토마루 역(지쓰코)의 첫무대로서는(두번째 무대라고 해야겠지만, 무용이 아닌 기예技芸를 보여주는 것은 이번이 처음이므로) (노리즈키 토시히코 편, 『육십이련배우평판기 가부키신보편下』)

히토마루 역은 아역으로서는 큰역이었다. 단주로 부녀의 공동출연은 '실제 부녀지간이 보여주는 마음의 교류를 보여주려는 심사' 라며 화제가 되었지만 단주로의 연기가 과장되지 않고 너무 담백해 썰렁하다며 좋은 평판을 얻지는 못했다.

그 전후로 단주로는 제자 레이시도 아역으로 무대에 내보냈다. 단주로는 그 당시의 일을 후에 회상하며 다음과 같이 말했다.

우리는 일찍이 여자배우를 대극장에서 상연하는 가부키에 내보내겠다는 소망을 가지고, 우선 두 딸을 무대에 올리고, 또는 이 의견에 대한 열렬한 지지자의 딸들도 무대에 올리려고 생각해 유명한 전각가인 마스다 고엔 씨의 딸에게 여배우를 시켰다.(『단슈의 백 가지 이야기團洲百話』)

『단슈의 백 가지 이야기』에서는 '전각가인 마스다 고엔 씨의 딸'에 대해서 다음과 같은 부연설명이 더해졌다.

레이시가 메이지 26년에 쓰여진 〈오쿠보히코에몬〉에서 산닌기누타를 호리코시(=단주로)의 딸들과 같이 연기하고, 공진회(共進会)의 자선공연에서는 〈아와노나루토(阿波の鳴門)〉의 오쓰루(お弦)를 연기해 대갈채를 받았다.

단주로는 세 명의 소녀를 처음에는 무용으로 무대에 서게 하고, 계속해서 아역으로 썼다. 이처럼 성의껏 지도해 나가면 여배우의 길도 열릴 것이라고 생각했을 것이다. 하지만 동료들의 이해를 얻는 것이 어려워 단주로의 계획은 좌절된다. 단주로는 다음과 같이 말했다.

동업자들 간에서는 조금도 동의를 얻는 것이 불가능하다. 지금에 와서는 거의 절망스러운 상황이다.

단주로의 부인, 마스 여사도 다음과 같이 증언했다.

동료들의 협의를 얻지 못했습니다. 그래도 밀고 나가려고 생각했지만 딸은 몸이 튼튼하지 않고 남편은 '내 결심에 대해 이해를 해 주지 않아. 세상도 동료도 같은 생각을 가져 주지 않아. 유감이야' 라며 그만두기로 했습니다.

남편이 죽기 전에 생각이 있는 것 같았는데, '내가 없으면 동료도 세상도 딸들에 대한 생각은 해 주지 않을 테니 안되겠다, 포기해야겠어' 라고 말했습니다.(이하라 도시로 저, 『이치카와 단주로의 대대』 하권)

단주로는 두 딸에게 〈니닌도조지(二人道成寺)〉를 춤추게 했다. 메이지 27년(1894년) 6월, 가부키좌 본공연이었다. 같은 공연을 적십자의 자선공연에서도 올렸다. 그 때 대일본음악구락부(大日本音楽倶楽部)의 서양음악가 두 사람을 초청했다. 『가부키신보』에는 다음과 같은 기사가 실렸다.

지쓰코와 후키코의 니닌도조지二人道成寺는 안무가 후지마 간에몬藤間勘右門의 지도와 동시에 집에서는 단주로가 가르쳤다. 두 사람의 가르침에 의해 언제나처럼 화려하고 사랑스러운 몸짓이었다. 음악구락부에 의한 서양음악과 일본음악의 합주, 다크 씨가 보여주는 마리오네트 흉내 등, 특별한 연출이 있어 한층 모양새가 좋다.(『가부키신보』 1584호)

단주로는 이 때 딸들이 서양음악에 맞추어 춤추는 것을 시험해 보았다. 2년 후, 메이지 29년(1896년) 5월 가부키좌에서 〈도조지(道成寺)〉를 춤출 때, 피아노와 바이올린 연주를 사용해 화제가 됐다.

지쓰코와 후키코가 여배우로서 본격적인 무대를 밟게 되는 것은 아버지 단주로의 사망 후였다. 그것은 단주로의 담화를 모아서 『단주로의 백 가지 이야기』를 출판한 마쓰이 쇼요(松居松葉)의 제안에 의해 실현된 것이었다. 메이지 41년(1908년) 5월 메이지좌(明治座)에서 2세 이치카와 사단지(二世市川左団次)가 혁신흥행(革新興行)[5]을 실행했다. 그 때 호리코시 지쓰코(堀越実子)=이치카와 스이센(市川翠扇)은 마쓰이 쇼요의 신작 〈게사와 모리토(袈裟と盛遠)〉의 히로인인 게사를, 호리코시 후키코(市川扶伎子)=이치카와 교쿠바이(市川旭梅)는 셰익스피어의 번역극 〈베니스의 상인〉의 '법정 장면'에서 주인공인 포샤로 발탁되었다. 사단지(左団次)의 혁신흥행은 실패로 끝나고 단주로의 두 딸도 여배우로서 대성하지는 못했다.

단주로는 딸들을 여배우로 삼으려고 시도하기 전에 전통연극 여배우인 구메하치(粂八)를 자신의 제자로 삼고 다음과 같은 것을 시도하려고 했다.

여배우를 만들려고 생각한 것은 꽤 예전에, 한 때는 시녀도 한 명 한 명 여성에게 시켜야겠다는 생각이 들어, 여배우 구메하치와 우리 제자들을 가부키좌에 내보내려고 생각한 적이 있지만, 사정이

---

5) 2세 이치카와 사단지는 유학에서 돌아온 후 메이지좌(明治座)의 흥행 제도 개혁을 추진한다. 공연개시 시각과 자릿세의 개선, 무대장치에 서양화가 기용, 입장료 제도를 도입하는 등의 개혁안을 내세우지만 극장 관련자들에게 반감을 사 실패로 끝났다. 이 혁신흥행(改革興行)의 첫 작품이 〈게사와 모리토(袈裟と盛遠)〉였다.

있어 이것도 중도에서 흐지부지 되었다.(『단슈의 백 가지 이야기』)

요미우리 신문의 다카다 사나에(高田早苗)가 단주로를 향해 여배우의 이와이 구메하치(岩井粂八)를 기용해 '남녀혼합의 극'을 실현하면 어떤가라고 제안한 것이 메이지 20년(1887년)이었다. 지쓰코는 여섯살, 후키코는 갓 네살이 됐을 때였다. 단주로는 우선 여자배우를 기용해 '남녀혼합의 연극'을 실현하려고 했던 것이다.

구메하치는 바쿠후(幕府) 말기에 오교겐시(御狂言師)로 명성 높은, 반도 미쓰에(坂東三津江)의 제자였다. 오교겐시는 영주의 저택 등에 초대되어 남자 배우 대신에 가부키를 연기하는 여배우를 가리킨다. 구메하치는 가부키의 주인공인 남성 역할과 함께 젊은 여성의 연기도 가능했다. 단주로는 그 점을 주목했다. 가부키 주인공 뒤쪽에 서는, 대인원의 시녀 역에 여성을 기용하면 어떨까하고 생각한 것이었다. 그 생각도 동료들의 반대로 실현되지는 못했다.

단주로가 지쓰코와 후키코를 가부키좌 무대에 올리기 2년 전인, 메이지24년(1891년)에 이이 요호(伊井蓉峰)가 조직해 신파극의 제미관(済美館)[6]에서 '남녀공동 개량연극'이 실현되었다. 극장은 가부키좌와 같은 대극장이 아니라 아사쿠사(浅草) 공원에 있던 아즈마좌(吾妻座)라는 소극장이었다. 여배우로는 요시쵸(葭町)의 게이샤(芸者)였던 요네하치(米八)=치토세 베이하(千歳米坡)를 기용했다. 이 시도는 실패로 끝

6) 제미관(済美館세이비칸)은 극단명으로 남녀합동개량연극을 추구하는 신연극단을 만들자는 목적으로 창단되었으나 실패로 끝났다.

나고, 베이하는 후에 구메하치의 극단에 참가해 소극장의 연극을 하는 여자배우가 된다. 단주로는 소극장의 여배우가 아니라 '여배우라는 것을 대극장에서 상연하는 가부키에 출연시켜 보자'는 소망을 가진 것이었다. 그 소망을 실현하지 못한 단주로는 '우리 나라에서 여배우라는 것은 좀처럼 나올 것 같지 않다'(『단슈의 백 가지 이야기』)고 말했다.

단주로는 일본인 여배우를 양성하는 것에는 실패했지만 외국인 여배우와의 합동공연을 실현시켰다. 상대 여배우는 러시아 황실 소속, 프랑스의 테오라는 여배우였다. 두 사람의 합동공연은 메이지 27년(1894년) 7월 28일부터 30일까지 삼일간, 가부키좌에서 실현되었다. 조선에 주둔하는 일본군을 위로하기 위한 자선공연이었다. 후쿠치 오치의 신작 〈서로간의 의혹(互の疑惑)〉에서 합동출연을 달성한 단주로는 언어를 몰라 당황했다고 한 다음, 다음과 같이 말했다.

> 하지만 테오도 다분히 명배우라고 생각한다, 그녀가 울고 놀라고 웃고 하는 모습은 연기가 아니라 진짜로 울고 놀라고 웃는 것처럼 보인다.(『단슈의 백 가지 이야기』)

'진짜로 보인다'는 점에 단주로는 공감을 얻은 것이다.

단주로는 메이지 36년(1903년) 9월에 유명을 달리했다. 그 해 5월에 구미 순회공연에서 귀국한 가와카미 사다얏코(川上貞奴)는 일본에서 여배우 데뷰를 달성한다. 사다얏코는 셰익스피어의 원작을 일본 이야기로 번안한 〈오셀로〉에서 히로인 토모네(鞆音)를 연기했다. 원작의 데스데모나에 해당하는 역이었다. 이 공연은 유럽에서 귀국한 가와카미 오토지로(川上音二郎)의 '정극正劇'[7]운동 제1탄으로 상연된 것이었다. 무용과 음악을 사용해 몸짓과 손짓을 보여주는 연극이 아닌, 순수한 대사극을 지향한 시도였다.

이어서 사다얏코는 셰익스피어의 번역극 〈더 머천드 오브 베니스〉의 법정 장면에서 포샤를, 번안극 〈햄릿〉의 히로인 오리에(織江, 오필리어)로 대극장 여배우로서의 지위를 구축했다.

메이지 41년(1908년)에 가와카미 오토지로와 사다얏코 부부는 제국여배우양성소(帝国女優養成所)를 설립해 본격적인 여배우 양성을 목표로 삼았다. 다음 해에는 제국극장 부속 기예학교(帝国劇場付属技芸学校)라고 개명했다. 그 학교에서는 종래와 같이 숙련된 전문가에 속하는 게이샤나 여자 배우가 아니라 비전문가에 속하는 일반 가정의 젊은 여성들이 모여 여배우가 되는 훈련을 받았다. 그 중에서 모리 리쓰코(森律子)를 비롯한 제국 여배우가 탄생하게 된다. 제국 여배우는 제국극장에 소속하는 가부키 배우 7대 마쓰모토 고시로(七代 松本幸四郎)와도 합동출연을 달성하게 되었다. 단주로 생존시의 소망은 수제자인 고시로(幸四郎)에 의해 실현된 것이다.

쓰보우치 쇼요(坪内逍遥)가 배우 양성에 착수한 것은 메이지 41년이었다. 문예협회(文芸協会) 연극연구소 연구생 중에 마쓰이 스마코(松井須磨子)라는 한 여성이 있었다. 메이지

7) 가와카미 오토지로는 해외 순회 공연에서 돌아와 그 성과로 1903년에 번안극 〈오셀로〉를 상연하고 그것을 '정극'이라 명명했다.

43년(1910년)에는 번역극 〈햄릿〉의 오필리어, 이어서 입센의 〈인형의 집〉에서는 주인공인 노라에 발탁되었다. 스마코(須磨子)는 시마무라 호게쓰(島村抱月)와 함께 극단 예술좌(芸術座)를 만들었다. 다이쇼 2년(1913년)이었다. 다음 해인 다이쇼 3년에는 톨스토이의 〈부활〉이 초연되었다. 주인공의 카츄샤는 스마코의 대표작이 되었다. 스마코는 이 작품을 가지고 일본 전역을 순회하고 일본을 대표하는 대여배우로서의 지위를 확립하게 되었다. 정점에 달한 스마코였지만 다이쇼8년(1919년)에 시마무라 호게쓰의 뒤를 이어 자살했다.

예술좌 무대에서 여배우인 미즈타니 야에코(水谷八重子)가 탄생했다. 다이쇼 2년에 첫무대를 밟았을 때는 겨우 아홉살 먹은 어린 소녀에 불과했다. 여학교의 명문인 후타바 중학교(双葉中学) 재학중에 마테를링크의 작품인 〈파랑새〉의 틸틸 역으로 주목받아 영화계에도 진출했다. 그녀는 신파극을 대표하는 대여배우로 성장하게 된다.

가와카미 사다얏코, 마쓰이 스마코, 모리 리쓰코 등의 여배우들과는 달리, 미즈타니 야에코는 아역에서 성장한 여배우였다. 일찍이 단주로가 두 딸에 대해 '체격도 목소리도 부족하지만, 성의껏 훈련시켜 키우면 여배우가 안 될 것도 없다' 고 생각한 대로 성장한 여배우였다. 이렇게 성장한 미즈타니 야에코에 의해 가부키 배우와의 본격적인 합동출연도 실현되게 된다.

租界文化与天津大众文化相关性研究

任 吉 東[*]

鸦片战争以后，中国的国门被西方列强用武力打开。从鸦片战争至八国联军入侵的60年间，即从1843年第一个外国租界的初步辟设，到1902年鼓浪屿公共地界和天津奥租界的最后开辟，英、法、美、德、日、俄、意、比、奥等9个国家先后在上海、厦门、广州、天津、镇江、汉口、九江、苏州、杭州、重庆等城市，设立了近30个租界。所谓"租界"，是指"19世纪中期至20世纪中期帝国主义列强在中国等国的通商口岸开辟、经营的居留、贸易区域。其特点是外人侵夺了当地的行政管理权及其他一些国家主权，并主要由外国领事或侨民组织的工部局之类的市政机构来行使这些权力，从而使这些地区成为不受本国政府行政管理的国中之国"。1)

有史家称租界是西洋文明传播的一块飞地。所谓飞地，指租界是近代西方文明在中国的扩散基地。"近代中国人了解和学习西

---

* 中國 天津社會科學院 研究員

1) 费成康：≪中国租界史≫，上海社会科学院出版社 1991年版，第384页.

方，大体通过三种途径:一是通过书籍报刊;二是亲到西方;三是与来华外人接触及观察租界。由于中西文化迥异，中国文字与欧洲文字又分属截然不同的两大系统，通过汉字传递的西方信息往往变形、失真。由于受地理、经费、文化程度等因素的制约，能够亲到西方考察学习的人毕竟是少数。因此，近代相当多的中国人是通过租界观察、认识西方的。租界在向中国传播西方先进文明方面不仅具有直接性、实在性和可证性，还具有全息性，包括各个方面。”[2]租界作为政治、经济和文化的实体性存在，加速了上海、天津、武汉等现代城市的崛起，建构了与传统中国城市截然不同的城市景观、市政制度、文化出版机制和消费时尚，改变了租界市民的生活方式、价值观念、社会心理、审美观念、伦理模式，并凭借其商业贸易网络、新闻传播体系、人口流动方式，影响了整个中国的现代化进程。

Ⅰ. 租界文化概言

地处中国城市中的外国租界地，因其特殊的人文地理特点，无可避免地在文化上产生交集，成为了中西方异质文化的交汇地。异质文化主要指本土文化与西方文化，近代中国文化在与西方文化相遇时，出于自我保护的本能而去影响和改造西方文化；而西方文化出于适应生存的需要，也会主动吸收中国文化，并积极地做出迎合本土化的调整。在这个文化融合的过程中，租界就是最典型的载体。可以说，租界提供了一种中西文化交流碰撞的语

2) 吴士英：≪论租界对近代中国的复杂影响≫，≪文史哲≫1998年第5期.

境，形成了西方文化的集散、缓冲地带，是中国文化现代转型的前沿地带。

这种融合所形成的文化，既不同于中国文化，也与西方文化有异，有学者称之为“租界文化”。所谓“租界文化”，李永东先生认为，“租界文化”是指19世纪40年代中期以来，随着上海、天津、武汉等地外国租界的相继开辟，在以上海租界为主的租界区域逐渐形成的殖民性、商业性、现代化、都市化、市民化的中西杂糅的文化形态，是与中国传统文化、海派文化、都市文化既有一定联系，又有明显区别的一种文化模式。其本质和特征体现在与租界现象相联系的独特的市政制度、文化体制、城市空间、市民体验和审美风尚等多个文化层面。[3]梁伟峰则认为，租界文化是随着租界的辟设、中外接触的增多而依托租界而发生出来的一种以混合中西文化为主要特征的移民文化，它被租借居民所共同认同，具有鲜明的殖民性、多元性、近代性和自治性。[4]

而租界文化所提供的新型生活和文化娱乐方式给中国的市民提供了参照和对比的样板，与租界外的中国传统文化消费方式形成了强烈的反差，冲击着传统文化的消费方式。交通工具的丰富，电力技术的引进，照明系统的更换，使人们的活动范围与时间空前扩大，城市生活节奏加快，要求人们探索和营造新式的大众消费方式。新式大众文化消费方式的形成，为中国近代城市大众文化的发展提供了群体基础和消费市场，促进了城市大众文化的近代化发展。

3) 李永东：《论“租界文化”概念的文学史意义》，《西南大学学报》2007年第5期。

4) 梁伟峰：《论上海租界与租界文化》，《江西社会科学》2005年第3期。

Ⅱ. 租界影响下的近代天津大众文化养成

天津是座年轻的城市° 一般认为, 天津城始筑于明永乐二年, 至今已有600年历史, 虽然这与中国其它历史城市相比只算是个年轻的市镇, 但其最初的社会生活与传统中国城市却也并无大异° 随着1840年第一次鸦片战争的炮火轰开了大清国门, 作为中国重要门户的天津也"自然而然"地沦为了一座"特殊"的城市° 1860年≪北京条约≫的签订, 导致天津被迫通商, 由一个封建性的交通枢纽和商业城市, 逐步走向半封建半殖民地的近代工商业港口贸易城市° 自1860年到1902年, 天津先后设立了九国租界, 从此彻底改变了天津城市的发展轨迹° "天津租界在近代中国租界史中占有重要的地位° "尽管"天津租界的总面积有23005.5亩, 比上海租界要小° 但是由于天津的租界为多国分占, 各自为政, 皆为专管租界, 并且还驻有大量各国军队, 所以从很多方面看, 天津租界在中国的租界史上更具有典型意义° 研究天津租界对于进一步认识西方列强是如何对中国进行军事威胁´ 政治控制´ 经济掠夺´ 文化渗透, 以及中国是如何沦为半殖民地半封建社会的, 都具有很重要的意义° "[5] "其实, 从近代中外文化碰撞的激烈程度来看, 天津因独特的地理位置而显得最为复杂:北京因是"首善之地", 必须限制外来势力的扩散, 上海则因远离京都, 更具世界主义因素° 如果说北京是"中华帝国的核心", 上海是"现代中国的钥匙", 那么天津则当之无愧为"近代中外文化碰撞的咽喉"° "[6]而这种文化碰

---

5) 尚克强´ 刘海岩主编：≪天津租界社会研究≫, 天津人民出版社1996年版, 第1-2页°

撞的发源地和集中地就是天津的租界，可以说以租界文化为原点，天津城市大众文化开始了在近代脱胎换骨般的蜕变和更新。

1. 住的文化：中西合璧的小洋楼文化

19世纪中叶，天津还只是个水运码头城市。当时，英国人亨利·诺曼来中国旅游后，在游记中写下了这样的文字："我终于在一个明媚的周日的早晨大约七点钟的时候，离开了天津，那里的街道狭窄、肮脏而喧闹。" 天津开埠伊始，天津一度被外国人视为中国"最肮脏、最令人厌恶也是最繁忙的商业城市之一。" "可以肯定地说，这个连郊区在内号称有五十万居民的天津给我们总的印象是一个我们从来没有到过的最肮脏、看上去最贫穷的地方。"[7)]

随着西方经济的渗入和洋务运动的展开，天津率先于全国步入近代化。租界建设为天津树立了城市环境的样板，"天津开设通商口岸，始于咸丰十年庚申之秋，……街道宽平，洋房齐整，路旁树木，葱郁成林.行人蚁集蜂屯，货物如山堆垒.车驴轿马，辄夜不休.电线联成蛛网，路灯列若繁星.制甚得法，清雅可观.亦俨如一小沪渎焉"。[8)]不少中国居民也迁至租界居住，结果产生了强烈的对比，在相当程度上促进了天津城市环境的改善。仅就道路与排水而言，在租界的影响下，海关道倡设工程局，仿西法修整街

---

6) 吕超：≪"天国咽喉"——论近代天津文化中的外来因素≫，≪甘肃社会科学≫2008年第1期。

7) (英)雷穆森著，许逸凡、赵地译：≪天津租界史(插图本)≫，天津人民出版社2009年版，第34页。

8) 张焘：≪津门杂记≫，标点本，第121-122页。

道，不但自直隶总督衙门至紫竹林租界的要道一律按照租界官道样式修整，而且又将城内街道及城外单街˴估衣街˴竹竿巷˴针市街等处所有道路，一律改为石路，并将天津城内外沟渠一律疏浚，并制定了管理条例，这种改善不仅是道路和环境的改善，而且是社会心理上的改善°1888年11月3日，≪中国时报≫刊文报道天津："一度遍地皆是深沟˴大洞˴臭水沟的使人恶心的可恨的道路……被铲平，拉直，铺平，加宽°并且装了路灯，使人畜都感到舒服，与此同时，城壕里的好几个世纪以来积聚的垃圾也清除掉了"°其他如自来水˴公共交通˴公共花园[9]等大众化设施也是先从租界产生，然后辐射到天津整个城区的，它们的发展不同程度上转变了天津传统城市生活方式°正是这些来自西洋的先进文明，使天津市民直接感受到东西之间农业文明与工业文明的巨大差异，开阔了中国人的心态，而对西方先进物质文明表示认同："西域移来不夜城，自来火较月光明°居人不信金吾禁，路上徘徊听五更°""香尘油壁合从容，底事驰驱振髻冲°寄语行人须仔细，车如流水马如龙°""错怪平空碎玉壶，潇潇洒遍费工夫°夕阳通照香车过，路上红尘半点无°"[10]

建筑是一种兼具使用功能˴审美特性以及象征等多重功能与特性的人类造物，建筑不仅承载了艺术的美学符号，也蕴含了艺术的种种复杂性°艺术本身作为人类社会文化的一部分，必然承继着人类社会文化的种种特性，而建筑就是这样一种包含着各种复

9) 天津租界计有公共园林10座，分别为英租界维多利亚花园˴义路金公园˴久不利花园˴皇后花园；德租界德国花园；俄租界俄国公园；法租界海大道花园˴法国花园；日租界大和公园；意租界意国公园等°

10) 涂文学：≪中国城市文化近代化的多重路径≫，≪浙江学刊≫1996年第4期°

杂性的，既普遍又特殊的物质及社会文化存在。天津设立的九国租界，形成了后来被称作“万国建筑博览会”的城市景观，一代伟人毛泽东曾说过：“到北京看四合院，到天津要看小洋楼”。

天津“小洋楼”建筑主要发端于1840年鸦片战争，之后经历了一百多年的发展过程，在这一时期中洋行、教堂、公寓、别墅，这些带有浓郁异国风情的西洋建筑，逐步取代中国传统的红墙绿瓦，成为当时建筑的新潮流。然而由于这些欧陆风情的洋楼建在中国土地上，而且有相当数量的建造者和居住者为华人，同时又融入了天津的地方性特色，所以或多或少地表现出中国的传统装饰韵味。

首先，传统民居四合院的空间形式最能代表中华民族的生存与时空观念。设计师依据传统四合院平面布局方式结合西洋建筑风格，是这一特定历史时期和背景下的产物，反映出当时的文化思潮，和人们接受外来文化时所持有的理念，是外来文化与传统文化碰撞的结果。其次“小洋楼”中西合璧的理念还反映在建筑局部的装饰手法上。东西方建筑文化中，从装饰题材到装饰手段再到装饰材料都有所不同，按照建筑和美学的基本原理进行分解、归纳和使用，从而使天津“小样楼”建筑中各自的装饰元素融合到一起，两种不同形式和题材下的装饰元素达到形式上、内容上较为完美的统一，并且达到完美的程度。在许多有特色的建筑中都表现了天津人的情趣，以及天津工匠的砖雕和石刻高超技艺，这种中西之间的建筑文化的交融产生了天津地方性的小洋楼的风格特征不论是紫竹林教堂上的石刻，还是望海楼教堂上的砖雕，都运用了中国佛教的莲花、宝珠和龙、凤、蝙蝠和麒麟等动物造型，还有松、竹、梅、兰、菊等植物雕刻，以及福、禄、寿、喜和祥云等吉祥物。其精美的传统雕工手艺是天津本土文化韵律在洋教堂上的发挥。

现存并保护完好的庆王府就是一个很有说服力的范例，庆王府由清末大太监小德张出资修建，后转让给庆王载振居住，从外看是两层洋楼，走进大堂，各房之间却是四合院格局。另一个样本则是教堂建筑。教堂本是典型的西方建筑，然而在建造过程中，它主动进行了本土化的改造，加入了很多鲜明的中国元素。天主教的紫竹林教堂位于法租界海河岸边，“紫竹林教堂的造型具有文艺复兴晚期建筑的典型风格，吸收了古希腊、古罗马建筑艺术的积极因素，建筑风格和谐开朗，布局条例次序，不仅雄伟有力，而且活泼轻松，给人以亲切悦目之感。……紫竹林教堂为青砖木结构，再饰以中华的传统砖雕，巍峨典雅。”[11]由此可见，紫竹林教堂的设计，已经在有意识地吸纳中国传统文化的特质。美国“美以美会”创建的维斯理教堂，由八根柱子撑起，人们称其为“八角楼”，“其主要建筑大礼拜堂，砖木结构，铁棱瓦顶，内圆外方，堂内矗立八根圆柱，拱形圆顶，形成了自然的八角形体。”[12]青瓦”、“角楼”等无不体现了“中国特色”。尤其是19世纪60年代末70年代初，中西合璧式的砖木结构的两层石库门式民居建筑在租界出现后，这种设计既符合占地少、设计合理、坚固耐用、美观大方的原则，又适合市井平民的消费水平，很快风靡一时[13]。

11) 于学蕴，刘琳编：《天津老教堂》，天津人民出版社2005年版，第11-12页。

12) 同上，第21页。

13) 石库门是19世纪50年代起，上海的地产商们为了尽快从大批涌入的难民那里获利，而建造的较为简易且实用的毗连形式的住房，最早出现在英租界，随后扩至其他租界甚至城厢内外近郊一带。

天津的小洋楼文化，在西学东渐的过程中，起到了桥梁作用。一方面，小洋楼里的外籍居民们，把他们的文化带进到了中国，并由此对中国的青年一代发生了巨大的影响；另一方面，西方文化在天津小洋楼先经过了一个消化过程，使它对中国的土壤有了适应性，这样就使外来文化在融入中国传统文化的过程中少了一些阻力。文化的殖民地化，毕竟不同于政治和经济的殖民地化，政治和经济的殖民地化，可以通过强制手段，只要有坚炮利舰，就可以实现政治和经济的殖民地化，但任何一个征服者都不可能把他们的文化强加在被征服者的头上。所以，殖民者要把自己的文化植入他的殖民地，就必须先有一个过渡过程，而这个过渡，就是天津的小洋楼文化。

2. 食的文化：享誉津城的西餐风尚

“西人尝谓世界之饮食，大别有三。一我国，二日本，三欧洲。我国食品宜于口，以有味可辨也。日本食品宜于目，以陈设时有色可观也。欧洲饮食宜于鼻，以烹饪时有香可闻也。”[14]这段文字简略概括了中国、日本、欧美饮食的不同。租界建立之后，大批侨民进入租界内居住。为了适应本国侨民生活的需要，西餐业进入了租界。

西餐馆进入天津的最早的文字记录为1898年。当时，有一位号称“羊城归客”的人著有《津门记略》一册，其中记载了两家西餐馆：紫竹林的第一楼，和坐落于海大道也就是今天大沽路上的鸿

14) 徐珂:《清稗类钞》(第十三册)，中华书局1984年版，第6237页。

春楼° 这两家西餐馆的店址已无从考证° 1911年出版的≪天津指南≫中记录了天津共有14家番菜馆° 最初，天津的西餐店大都由外国人在租界里开设的旅馆经营，此外便是一些西点店° 这主要是为适应大批侨民到来之需° 比如说，英租界开业较早的有弥纳客店，施摩斯客店，兰士颠点心店；稍晚，则有天津第一家由英商开设的环球饭店（今皇宫饭店），以及尔后开设的利顺德饭店等等°

与任何事物都有其发展过程一样，中国人吃西餐ˊ 西点，也经历了一个过程° 早年吃西餐和西点的大概始于洋行的华经理一类，因为当时从事这类职业的，大都是广东人，而广东这个地方和西方接触最早ˊ 最频繁，受西方餐饮文化的影响自然也就最深° 比如，1870年直隶总督曾国藩受清廷的委派，来天津办理天津教案，随行的幕僚中有一位大名知府叫李兴锐，工暇之余，常去租界访友° 这一年的8月29日，他去紫竹林同昌洋行，主人预备了“细茶ˊ 鲜果ˊ 洋点心”° 他在日记中自注说：“洋点有鸡蛋糕ˊ 葡萄糕之类° ”这是今天我们所能见到的有关中国人吃西点的最早记载°

直到19世纪末和20世纪初，西餐馆的经营者和顾客主要还是外国人，像著名的起士林，就是由德国人经营的；“起士林”是天津最早的西餐馆° 1900年八国联军侵占天津以后，相传有一个随着侵略军来津的德国厨师，以制作面包ˊ 糖果著称° 德军撤走后他和妻子留在了天津，在旧法租界中街(今解放北路与哈尔滨道交口附近)，以酒吧形式开设了一家小餐馆，以自己的名字“起士林”为店名，自制精美的糖果和面包，还供应德式ˊ 法式大菜，起士林掌勺，妻子做招待，并且雇了一位德国人当助手° “起士林”服务态度较好，对中国人也很客气，并且店员会说中国话，当然，他们的西餐做得也非常地道，因此慕名而来的食客愈来愈多°开始,西餐厅的顾客大多是外国侨民,其中也有中国华人的上层人物来光顾,清朝逊帝溥仪就是起士林的常客°到20世纪30年代，生意更加兴隆，餐馆发展扩充为五间门脸，同时还附设西洋味十足的舞厅和露天餐厅°每值盛夏，租界里的外国人纷纷去北戴河避暑，届时起士林也要派厨师携带全套灶具临时迁往北戴河营业°后来,由于价格适中,一些中等市民也开始光顾西餐厅°起士林逐渐成为天津最有影响´最有韵味的西式餐馆°外国侨民的饮食习惯逐渐影响了当地的中国居民,他们开始欢迎西餐,甚至在一些达官贵人家中还雇有外国厨师专门制作西餐°在一定意义上也可以说，正是由于起士林这样一些有影响的正宗西餐店的出现，使中国人开始认识到什么是“西餐”，并开始带动了天津西餐业的发展°

到了20年代，西餐业在天津异军突起，租界内外的西餐馆林立，且名目繁多，据不完全统计，在20世纪30年代，天津约有西餐馆38家，其中法租界有23家；洋酒馆´咖啡馆´洋点心铺13家，法租界占了8家°著名的有利顺德´国民´惠中´福禄林´福德´义顺合´义国饭店等等°那时的天津，因为租界林立，不管是中国人还是外国人，只要你到了天津，就可以吃到英´法´德´俄´意各式大菜，甚至在日本料理遍地的日租界，也有日营西餐馆新明食堂°一时间，天津成为了中国北方的西餐业中心地°此外，当时由于观念更新，不少开明家庭的红白喜寿宴会，甚至也改在了别有一番风味的西餐厅举行°西餐在当年之所以能够大行其道的原因，主要是由于从20世纪30年代开始，西餐的经营对象由面向洋人转为面向华人，小型西餐店如蜂而起°许多中

国人也开始经营西餐°天津的西餐业历来经营有方°不但博采众长，品种丰富，而且适合国人口味´消费习惯和消费水平°

天津的西餐文化对于中餐的影响也不算小，最具代表性的，是在天津餐饮业里首开了中餐´西餐的交流之风°当年天津大的中餐馆里均添有“西法大虾”这道菜，后来又普及到了一般的中小餐馆，至于中餐馆里的沙拉，铁扒鱼等等，也是由西餐馆传入的°此外，在一些中餐馆里还一度盛行“中菜西吃”，首创于致美斋，其实就是从西餐学来的套餐或份饭，店家用七寸碟盛菜，但减少菜量，降低价格，这样，一个人一顿饭可以吃上三´四个菜，而且所花不多°这样在天津人的饮食形式上就出现了中西并举的局面°

3. 玩的文化：洋土结合的艺术娱乐

伴随着侨民的迁入和租界的成长，租界辖区之内很快就成为西方文明的世界°租界不仅将西方城市模式移植到中国，同时还作为一种文化载体把西方的文化艺术带入了中国°伴随着西方欧美人士的到来，近代各种文化娱乐活动也随之传入°

1) 音乐与曲艺

说起西式乐队在天津的发端，不能不提到英国人罗伯特·赫德(1835 ~ 1911)°从19世纪下半叶到20世纪初，赫德在中国海关担任总税务司达45年之久°此人不仅对清末中国财政´海关´邮政等影响颇大，还直接促成了西式乐队在中国的安家落户°赫德是一位超级乐迷，他不仅熟知音乐常识´写歌作乐，还能够演奏小提琴´大提琴°大约在1885年的一天，天津海关的督员向他报告，洋雇员里有一个人能够训练乐队°赫德灵光闪现，犯了乐瘾°于是自掏腰包，从英国订购来一批西洋铜管乐器和乐谱，请来那位洋雇员德国人比格尔担任艺术指导，从天津本地招募一些出身穷苦的年轻人作乐手，于是一个初具规模的西洋铜管乐队就这样诞生了°

此前几年，上海的英美租界里曾经有过一支“上海公共乐队”，但都是由侨居于此的外国人担任乐手°而赫德乐队的成员却都是从中国青年中加以挑选培训，这就开创了中国人组成西洋管乐队的先河°最初的赫德铜管乐队的编制为12人，后来增加到14人，包括小号´中音号´长号´大小鼓等多种乐器°赫德也的确为其花费了不少精力和金钱，乐队训练日渐起色°不到一年的时间，乐队中8个成绩较好的乐手被调往北京，负责指导新招来的一批学员，原乐队则再补充新人继续训练°北京乐队的人员配备齐全后，天津的乐队就归并到直隶总督府的铜管乐队了°后来赫德还逐步在乐队中加入了弦乐器，使之扩充为一支20多人的管弦乐队°他还聘请了葡萄牙人恩格诺长期担任指挥，使乐队的水准有了长足的进步°

作为一支私人乐队，赫德乐队除了在他工作时常常在院中奏乐作陪´在家庭舞会中担任伴奏外，还曾进宫在一些外交场合演奏°1904年光绪皇帝接见德国王子时，在席间奏乐的就是赫德乐队°该乐队以掌握大量曲目而著称，其中一些曲目还很有些难度，如威尔第的一些歌剧片段°他们曾经在“草地网球俱乐部”和“英国工部局动物园”等天津租界中的许多地方演奏，在“英国花园”每周一次的露天音乐会，节目单提前一周就能印发出来°到了冬天，乐队在每天下午也会在溜冰场上演奏助兴。赫德乐队成为后来许多中国西洋乐队的先驱，其许多成员后来被袁世凯军乐队、北大音乐传习所管弦乐队等所吸纳，成为西乐中播的使者。

另外，戈登会堂（今市政府办公大楼址）曾经常上演伴有管弦乐的外国名剧和新戏，英租界的平安电影院也曾于1927年举办贝多芬纪念音乐会，1928年举办舒伯特纪念音乐会。自此至1937年，租界地不断举办交响音乐与室内乐演出。受之影响，19世纪80年代以后，天津的一些流浪艺人，开始把侨民带来的世界名曲掺杂到自己的演出里，其中《我的名字叫理查香槟》、《玫瑰李》、《牧场之花》、《比利派特逊》、《上帝保佑女皇》等。近代城市音乐因此呈现出中西并存、土洋结合的特点，到二十世纪二三十年代的天津，“在基督教育年会组织的音乐会上，常常既有外国在津驻军军乐队演奏的管弦乐，又有中外音乐家演奏的钢琴、小提琴节目，还有民间乐队演奏丝竹乐、广东音乐等，可谓中西文化荟萃”，“而颇具中西杂参风格的流行音乐又为城市生活增添了光彩。”[15)]

作为新的曲艺形式话剧则也是始于租界，天津最早的话剧演出是由侨民组织的。据当时的外国人记载：“每年12月的“最后一艘”船只离港就是社会活动增加的信号，而在2月底或3月初“第一艘”船只抵港以前，这种活动一直保持着旺盛的状态。在这些娱乐活动中，有每周舞会，他们又叫做“午后茶会”，有每周“吸烟自由音乐会”，有包括“撒纸赛跑”和障碍赛跑等项目的运动会。“天津业余剧团”在冬季要演出一两出戏剧或哑剧，也常常在季节结束时举行

15) 罗澍伟：《近代天津城市史》，中国社会科学出版社1993年版，第617页。

一次盛大的化装舞会。”[16]而最早到天津演出的职业剧团是汉密尔顿戏剧公司，这个剧团于1888 年5月间在老天津俱乐部的“兰心剧院”作过几场演出。有些与外侨有交往的华人也涉足其间，融入西方的娱乐圈。

1890年，英租界工部局董事长德璀琳建议修建一座工部局大楼，并命名为“戈登堂”，来“纪念”一位在天津开创租界地的有“功”之臣——英国皇家工兵上尉戈登。这座西洋建筑就在如今的天津市府大楼处。1892年2月3号是李鸿章的70岁生日，英租界当局决定为他在戈登堂举办生日宴会。为答谢英租界当局对他的热忱，李鸿章自掏腰包，事先在戈登堂里修了一个舞台，台上的地毯、帷幕和各种刺绣也由他出钱购置，晚上又送来了一场包括杂技和戏曲演出的堂会。由于有了这个舞台，戈登堂从此成为英租界一个条件优越的公共娱乐场所，甚至逐渐取代了侨民俱乐部兰心戏院的地位。据1904年4月6号的≪大公报≫记载，在“戈登堂”经常上演“外国新戏”、“英国名戏”，剧目为华人所不知，观众大多是各国侨民，也有少数的中国人。但西方戏剧在中国民众的知识阶层，特别是在对新事物兴趣敏锐的青年学人中，也留下较为深刻的印象。

在这种风气的引领下，1906年教育家严范孙在家里组织子弟们排演新剧≪箴膏起废≫。1909 年，南开中学校长张伯苓在该校成立南开新剧团，演出其自编自导的≪用非所学≫，开“北方话剧”之先河。此后，话剧在天津逐渐兴起。1916年，留美归来的张彭春任南开新剧团副团长和专职导演，先后组织演出易卜生、莫里

---

16) (英)雷穆森著，许逸凡、赵地译：≪天津租界史(插图本)≫，天津人民出版社2009年版，第54页。

哀˙王尔德˙果戈理等人的名剧，轰动一时。此外，社会性的剧团不断涌现，多达几十个，并出现一批著名演员和导演，如曹禺˙焦菊隐等。演出的地点也由学校礼堂逐渐发展到市内各大剧场。17)

话剧传入中国在各城市普遍流行˙公演，已成为一种新式的公众娱乐方式，不仅为城市民众的文化娱乐生活增添了一道光彩，而且为中国戏剧注入了新鲜血液，使之逐渐走向现代化，同时也必然促进城市社会的变迁。值得一提的是，民国以后，天津还兴起了一种"杂交"戏种——文明戏，该剧种的出现说明："两种不同的文化在一个群体内接触可能会产生全新的形式"。文明戏以话剧为基础，吸收了戏曲(主要是京剧和梆子)的表演程式和唱腔;内容以时事为主，很受群众欢迎。1920年，天津出现第一个文明戏班——警世社，从此文明戏日渐发达，在二十年代发展到高峰。另外传统曲艺也在西方文艺的影响下进行了改良，在陶园˙大罗天的广告中还经常可以看到改良双簧及坤角串演新剧的宣传。

2) 电影与舞会

进入20世纪以后，国外的音乐˙歌舞˙戏剧˙马戏˙魔术团体不断来租界演出，不仅丰富了侨民的文娱生活，也扩大了天津人的文化视野。西方娱乐文化传播最广˙影响最大的电影艺术，也是首先从租界引进的，而且天津租界放映之早基本与世界同步。电影在近代中国城市大众文化史上意义非凡，它是近代中国大众文化的重要传播渠道之一。电影的内容在某种程度上反映了近代

---

17) 罗澍伟：≪近代天津城市史≫，中国社会科学出版社1993年版，第618，629页。

城市的文化面貌和社会状况，从而影响了市民的思想´行为，乃至生活方式°所以，中国电影的产生和兴盛，对于近代中国城市大众文化而言，影响重大°

1895年12月28日，一个叫路易·卢米埃尔的法国里昂青年实业家，在巴黎卡普辛路14号大咖啡馆的印度沙龙内，正式放映了《墙》´《婴孩喝汤》´《水浇园丁》等世界上最早的短篇影片，标志着电影时代的开始°仅仅过了几个月，也就是1896年，法国百代公司捷足先登来到天津，在天津法租界的天丰舞台(今新华路与滨江道交口处)放映“外洋灯影”（即电影），这是天津最早的电影放映°首映电影放映员（称为司机）是经过法国百代公司培训合格的天津人王子实和周紫云，当时使用的是手摇电影放映机，在一面墙上抹上石灰作银幕，电影没有声音，只有画面，多为风景片和滑稽片，每部播放十分钟左右°以后在市民经常出入的杂耍馆子中，除了经常上演大鼓书´相声外，还添加了这类“外洋灯影”，即早期无声电影，以广招徕°最初看电影不收费，后来随着观众的增多开始收费°1906年2月30日天仙茶园每晚8点至12点开演电戏（即电影），分座位等次收费，最高的大洋10元，最低的5角°1906年3月8日，天津青年会在天仙茶园放映电戏（电影），不但明确了收费标准，还设立了代售票处°

建于1904年7月的权仙茶园，位于法租界葛公使路（今滨江道）与巴黎路（今吉林路）交口处，由法国百代公司电影部经理周紫云创建°该茶园1906年12月8日开始放映电影，有几十条长板凳，可同时容纳观众二百余名，影片内容为世界各地名胜风景和滑稽短剧°每3日更换一次新片，男女分坐，每晚9点开映至11点停映，营业收入颇佳°上映的都是国外最新潮的影片，如美国侦探片≪红盗≫≪巴林女≫，战争片≪美墨大血战≫，科幻片≪木头人≫，卓别林的滑稽剧和世界风景片等，总计五六百部。一些影片在国外刚刚上映不久，就会在权仙茶园看到，于是，权仙茶园名声大噪，享有“甲于京津”之称，茶园的主要功能也变成了放电影。在此基础上，1907年1月8日，天津人最早独自经营的影院“权仙电戏院”诞生[18]。这是中国最早的电影院。”初建的权仙电戏园“园中上下，修饰华美，炉烘温暖，电光灿烂，非别园可比”。为方便夜场观众回家，该园“特向电车公司定下电车数量，每夜散戏，候于园左，以送抵城之客，所费六铜子而已”。几个月后，权仙电戏园已名声大振。

1908年2月25日，“权仙电戏园”在南市分设新电戏院一处。1909年元旦，在南市广益大街建起“富贵电戏院”，设有电影放映机两架，最新活动影片数10部。1909年2月12日≪大公报≫发消息称：“本埠电影翻新，南市富贵茶园内演各种电影五花八门，见者无不击掌称赞”。可见当时电影之红火。

1909年1月，位于法租界铁桥（今解放路）迤南巷内路西的“聚乐平安电影院”开业。这是外国人在天津开设的第一座影院，创建人为英籍印度人巴厘。该院设备比较简陋，除放映影片外，还兼营影片进口，获利颇丰。不久，巴厘在位于法租界迤西路南（国民饭店址），兴建“平安电影院”，于1909年9月25日正式开业。新建的平安电影院为二层红砖楼房，楼上放映电影，设有包厢、沙

18) 电影传入中国时，还叫“西洋影戏”或“电光影戏”，1905年6月16日，天津≪大公报≫一则名为≪活动电光影戏出售≫的广告中，首次使用了“电影”一词。文中写道：“兹由外洋运到新式电影机器一副，并影片六十余套，其景致异常可观。”内容中的“电影”一词逐渐被市民认可。

发椅´藤椅，两侧是长板凳°楼下是休息厅和小卖部，附设咖啡馆°1919年咖啡馆厨房失火，殃及影院被焚毁°1922年，巴厘用火险赔款并筹集资金，在英租界小白楼建起了当时天津最豪华的影院——“平安电影院”（今音乐厅）°这座影院为仿古罗马剧场式二层楼房°外观豪华´壮观，设有座席一千余个，设有包厢，高级雅座°观众多是居住在英租界的富绅´达官贵人，当年下野的大总统黎元洪´张勋´曹锟等是这里的常客°

到20世纪30年代中期，天津电影院的兴建出现高潮，据1926年记载，天津的电影院仅有6家，其中4家建在英法租界，到了1934年，全市各等电影院已经增至21家，一些戏院业改为放映电影°[19]40多家影院遍布天津的繁华地段，并以优雅舒适的环境，先进的视听设备，成为竞争中的佼佼者°天津率先实行对号入座的影院是光明电影院，1500个座席，观众可以随意挑选座位，深受观众的欢迎°该院为白色平房建筑，景致优美，整个影院好像一座夜花园°随着电影院的蓬勃兴起，国外许多电影公司纷纷来到天津占领电影市场°据1929年12月31日《大公报》报道，以1929年为例，在全年放映的82部影片中，有派拉蒙24部´福克斯10部´华纳5部´百代3部´环球2部等等°当时《姊妹花》连映90多天满座，《渔光曲》连映100多天满座，每年放映外国影片上百部，最多时高达近300部，这些数字对今天的电影界来说也是羡慕不已，难以置信°

天津也是拍摄电影较早的城市，近代天津留下了许多难得的影片史料，拍摄下许多珍贵的画面°1900年，天津义和团为反抗八

---

19) 转引自罗澍伟：《近代天津城市史》，中国社会科学出版社1993年版，第628页°

国联军入侵，焚烧了望海楼教堂°这些情景被詹姆士·威廉逊拍摄进≪中国教会被焚记≫°尽管这部影片出自西方电影界人士之手，并用于诬蔑中国人民反帝爱国的义和团运动，但却记录了天津人民反抗外来侵略的不屈不挠的斗争°1902年，美国缪托斯柯甫一比沃格拉夫公司派出的摄影师，将天津最早的居民聚居地三岔口和附近的建筑与庙宇，以及当时天津繁华的商业中心北大关一带的风貌一一摄入镜头，制成风景短片≪天津街景≫°这一时期，由外国人拍摄的反映天津人民斗争与生活的影片，在全国乃至世界都是较早的°而中国人最初拍摄的电影更是一种中西杂揉文化品种，传统的中国戏曲表演形式加上简单的电影处理方式，所谓电影剧本也仅是模仿戏剧写成的“幕表”°[20]

到民国时期，近代中国电影业发展极大，“就电影制片厂来说，先后有数十家;就所拍影片讲，有成百上千部;就电影观众讲，有数千万乃至上亿人;就电影导演´演员讲，也出现了一大批享誉海内外的人物°电影院建立之多，之热闹，致使国家政府不得不专门下文，规定:男女不可混坐，不得放色情影片，最晚于午夜子时散场等等”[21]°

总之，电影作为一种新型文化形态和娱乐方式传入中国城市，打破了城市人们精神世界的封闭´单调与宁静，它把市民从家庭引向社会，把商人´绅士从商人公所´会馆´官绅贵宵的“堂会”戏场引人大众文化娱乐场所，使传统文化生活的个体性´家庭性欣赏转化为集团性´社会性消费°拿钱买票´掏钱看电影，这种大众娱乐方式使传统的等级森严´尊卑贵贱的身份界线逐渐衰微´

20)涂文学≪中国城市文化近代化的多重路径≫，(浙江学刊)1996年第4期°
21) 转自≪中国社会通史≫民国卷，山西教育出版社1998年版，第360页°

消失，营造了一种自由´开放的文化生活氛围°电影因此成为广大城市民众接受新思想，规范自身行为，认识社会´了解世界的大众文化媒介;成为他们在紧张工作之余，最急切´最广泛参与的，最感兴趣的文化消费形式°

作为一种与中国传统舞蹈相异的娱乐形式，交际舞是由西方殖民者带来的°1850年11月，侨居上海租界的西人举行第一次正式交际舞会，开始将西方交际舞带到中国°五四新思潮的推动下，跳舞逐渐从租界西人的交际圈，扩展到都市平民的娱乐圈，日益成为都市民众的一种新式娱乐方式°继上海之后，跳舞之风亦在天津´北京等地流行°因为舞客众多，舞业利润可观，许多饭店相继开设舞场以揽生意°天津有福禄林´国民饭店等，上海有月宫饭店等，"近年中国跳舞之术流行，从前以上海为盛，迩来天津´北京时髦女子亦都趋之若鹜°"[22]《大公报》载:"跳舞一事，在天津已经是很盛行，一般沾洋气的饭店，因为想求事业的发达，经济上的胜利，不得不有极精美的跳舞场，去迎合一般自以为新青年人们的心理，所以这些爱出风头的男女们，如痴如狂，争先恐后，去学习跳舞°"[23]

天津跳舞之风实源自租界洋人饭店起士林，然后流行于华人开设的福禄林´国民饭店等:"窃自欧风东渐，发起跳舞之一端，起士林等实开其始°"[24]而从根源上说，由英国侨民集资修建了"英国俱乐部"是天津最早举办交际舞会的舞厅，但它只限其侨民参加°1914年出现的国民饭店内的"皇宫舞厅"，是面向社会开放的第一家

22) 《唐宝潮夫人之跳舞谈》,《大公报》1927年5月1日°
23) 弃舍.〈我的跳舞观念〉，《大公报》1927年7月13日°
24) 名流：《跳舞与阎王》，《大公报》1927年6月6日°

营业性舞厅。此后相继开业的舞厅有："圣安娜舞厅"（为光陆影院附设，建于20世纪20年代，即今北京影院二楼）；利顺德大饭店附设的"天升舞厅"（设备、规格档次较高，服装不整者不能入场）；新英国俱乐部内附设的舞厅（即今干部俱乐部南楼舞厅，其建筑为英式风格，地面为弹簧地板，是高级舞厅）；中原公司（今华联商厦）东楼上的"仙乐舞厅"（系中档舞厅）。到1945年，舞厅发展到近20家。除上述舞厅外，还有"永安舞厅"（今新华路天津新闻图片社内）、"惠中舞厅"（惠中饭店内）、"泰来舞厅"（今天津饭店一分店内）、"百乐门舞厅"（今新华路世界饭店楼下）、"回力球社舞厅"（今第一工人文化宫内）、"胜利舞厅"（今劝业场旁华清池浴室一楼）、"维多利亚舞厅"（起士林餐厅附设）、"美星舞厅"（今解放北路教工俱乐部舞厅）、"小百乐门舞厅"（今建设路、营口道交口处）、"小洞天舞厅"（天祥商场后门），以及"云裳歌厅"、"大都会歌厅"、"农家乐歌厅"等。在小白楼、徐州道一带，还有许多酒吧式舞厅，是专门接待美国士兵的娱乐消遣场所，如"小苹果夜总会"、"色味思酒吧"、"华沙饭店"等。舞厅都备有职业舞女，最多时天津有职业舞女400多人。

天津各大电影院还积极播放介绍跳舞之影片，甚至举行跳舞表演，推动跳舞之风行。如1927年7月21日《大公报》连续刊登广告，介绍天津跳舞家梵天阁女士表演跳舞之事。其广告云："梵天阁女士，绮年玉貌，舞学精深，在津授徒以百计，历在平安天升等院及大华饭店献技，取费一元至三元，而观者无不争先恐后，本院以本期之电影特佳，为使观者格外满意起见，特重资敦聘，读其于电影之外，登场表演其跳舞绝技，此外并有其西洋女徒多人助演，并特别加增音乐，以助其兴，以尽其美，千载良机，幸勿错过。”[25]跳交际舞与剪发、穿皮鞋、穿洋装一起，成为都市民众时髦的娱乐方式。在天津民众看来，“到福禄林去跳跳舞，到电影院去出出风头”[26]成为天津时髦青年的标志。

随各种娱乐方式的广泛兴起和人们休闲质量的不断提高，各类新型娱乐场所相继涌现，传统娱乐场所也应除旧布新的时代发生重大变化。旧式的戏园、茶园为新颖的舞台、影戏院所取代;夜总会、舞厅、综合性娱乐厅等新式公众性文化娱乐场所在许多城市不断出现。著名的天津劝业场(1928年)内设有众多专门场院，举行娱乐活动。有演京剧的天华影戏院、演评剧的天乐戏院、演滩簧的共和厅、演文明戏的天会轩、演唱歌曲的大都会，还有天空电影院、天露茶社、天玮球社，以及露天剧场等等，各种戏剧、曲艺、电影纷呈叠出。1934年9月20日意租界的回力球场盛大开业，当时的新闻说：“门前的汽车已鳞次栉比，士女络绎而至，其盛况为一般游乐场所未有。”球场其中不仅有意式餐厅、风情酒吧、豪华舞厅等，在4楼还设有屋顶花园，成为天津最著名的交际娱乐会所之一，中外玩家、赌客常常座无虚席，逢比赛日或周末、节日是需提前预订座位的。这些新式娱乐场所为市民的多种文化娱乐生活提供了广阔的空间和场，激发了市民娱乐的兴趣，开阔了他们的眼界，开化了他们的思想，提高了精神文化生活的质量，进而推进了城市大众文化的发展。

3) 竞技体育

与曲艺节目相伴而来的是西方的竞技体育。天津开埠后，前来

25) ≪本院今晚电影演完后加演奇艳跳舞≫，≪大公报≫1927年7月21日。
26) 正之：≪时髦的一般≫，≪大公报≫1927年7月19日。

天津从事进出口贸易的各国商人，在冬季港口封冻期间，业务清淡，是开展体育活动的最好时刻。最先开展起来的是赛马活动。

1863年5月由英法联军炮场工程师共同出资创办天津赛马会，俗称英商赛马会，并于当月初在海光寺一带空地上举行了第一次赛马，以后每年举行，持续不断。最初围绕大街划定比赛路线，直到1886年才在佟楼附近的养牲园建造正规的跑马场，1900年被义和团焚毁，又于1925年建成混凝土结构的新跑马场。赛马始终是英租界最具有轰动效应的体育活动。每逢赛事，“倾城士女，联袂而往观。或驾香车，或乘宝马，或暖轿停留，或小车独驾。衣香鬓影，尽态极妍。白夹青衫，左顾右盼。听奏从军之乐，畅观出猎之图，较之钱塘看潮，万人空巷，殆有过之而无不及。”[27)]

1887年，伴随着西方各国商人参加赛马活动人数的增加，英商赛马会遂更名“西商赛马会”。此时的赛马会会员有多少，已无从查考，但是，马主都是有钱有势的头面人物，这一点有记载，如德国总领事馆秘书、驻津领事司徒瓦特，天津开滦矿务局总经理、伦敦办事处皇家工兵少校纳桑等。马匹之多也无据可考，但是有这样的记载，1890年洪水泛滥，赛马已不可能，许多马匹被杀掉，市场上“一块钱一磅的马肉，减价到猫肉一样了”。20世纪20年代，天津本埠商人看到赛马有利可图，于是成立了一个“直隶华商赛马会”。与“西商赛马会”相呼应，每年春、秋两季单独或联合举行赛马比赛。1928年春，由日商与部分华商又成立了一个“‘万国’赛马会”，至此，天津的赛马活动达到空前狂热程度，赌马之风甚嚣尘上。

27) 张焘：《津门杂记》，标点本，第135页。

侨民间除了开展赛马活动，其他竞技活动也非常活跃，如垒球、马球、板球、网球、游泳、滑冰、水上快艇以及各种田径比赛。1895年基督教青年会举行篮球游戏表演(当时称“筐球”)，为篮球运动传入中国之始;1914年该会又引进乒乓球比赛(当时称“桌球”);1902年发起举办每年一度的学校田径运动会。足球比赛是英法驻军开始引进的，逐渐推广到各中学，并在1917年由北洋大学堂、新学书院、南开学校等发起组织学校足球会，举办每年一度的校际足球联赛，提高了群众欣赏足球的兴趣。

英租界当局比较重视侨民的体育活动，为此1895年在红墙道(今新华路)建造了第一座公共体育场，1896年在巴斯克道(今保定道)建造了第一座游泳池，1918年在剑桥道(今重庆道)开辟了民园体育场，1925年又在敦桥道(今西安道)建造了第二座游泳池。1925年建成的英国乡谊会(今干部俱乐部)，内部设有比较完备的各种文体活动设施。因此,在20世纪20年代以后,英租界成为天津的体育活动中心,从而促进了天津体育运动的开展,各种赛事活跃,体育人才辈出。

随着时代的发展，这些体育运动逐渐走出租界，进入到普通市民的生活，各类民间体育团体纷纷建立，各种外国体育项目被广泛引进。体育运动的展开在社会上引起极大的反响，因而促进了校内、校际以及全国性运动会的召开。自1910年至1948年，就有七届全国运动会在南京、北京、杭州、上海等城市先后举办。京、津、沪、宁等城市中各级运动会的举办及迅速发展，推动和加速了体育娱乐活动走进广大民众的生活。.,

以溜冰为例，在清末年，现代室内溜冰运动就已在天津的外国租界内兴起，时称“跑凌鞋”。光绪十年（1884）版《津门杂记》

中是这样描述潇洒在冰面上的“老外”的：“所谓跑凌鞋者，履下包以滑铁，游行冰上为戏，两足如飞，缓疾自然，纵横如意，不致倾跌，洋人亦乐为之，借以舒畅气血，甚妙。”该书作者张焘对此虽然好奇，但冷眼旁观又不乏调侃地形容：“往来冰上走如风，鞋底钢条制造工，跌倒人前成一笑，头南脚北手西东。”

英租界的英国球场（后来的新华路体育场）建于光绪三十三年（1907），初期只有一个网球场。20世纪20年代末，球场在冬季开办了溜冰场，每年年末至转年2月开放，名闻津城。这里的溜冰场是在冬季用草席搭成的大棚，顶棚四周有窗户，晚间打开让寒气进来，工人同时一层层浇冰。冯培焰在《旧英国球场的历史变迁》一文中回忆，冰场分为中心区与外区，中间供初学者和花样滑冰者练习，外区是速滑跑道。平日里只开晚场两小时，周日增加下午一场，需购票入场。1928年1月9日，意租界意国花园溜冰场对外开放，到1929年年末，南开中学、南开大学等处也先后建成溜冰场。

时至30年代，溜冰已成为天津新派女青年一种时髦的健康运动，参与人数有时比男子还多。在高级溜冰场内，不时有摩登女子盛装亮相，她们轻盈如燕，在乐曲中有人随着节拍练习着冰上舞蹈，活泼柔美。也见初学者羞羞怯怯，时而半推半就地依在男伴的身上，一边莺声燕语，一边任凭他一步步拖着走。媒人古称“冰人”，也许冰场就是最好的爱恋之所吧。据1936年天津的一则新闻说，喜好溜冰的女子不免在冰场上擦亮爱的火花，英国球场冰场每年都会成就几对姻缘的。

其他的运动，如早期经营台球、保龄球、乒乓球的球房、球社共有10处。其中有：“天纬球房”（在劝业场三楼设有保龄球）、“龙宫球房”（在今滨江道外文书店楼上）、“园园球社”（在华中路惠中饭店对过）、“新兴球社”（在南市玉清池浴室四楼）、“第一球社”（在天祥商场三楼）、“普力球社”（在辽宁路劝业场后面）、“巴黎球社”（在滨江道西开教堂前巴黎饭店楼下）、“洞天球社”（在辽宁路西来香饭馆旁）、“小洞天球社”（在辽宁路原小起士林楼上）、“永安球社”（在今和平影院旁）。在这些场所里，都设有球艺精湛的男、女“看台员”陪顾客打球。

4. 学的文化：洋为中用的文教事业

租界文教事业的发展以西式报刊的引入为一个重要的标志。据不完全统计，1860年~1947年间，天津各租界报刊多达几十种，在全国范围内仅次于上海和香港。1886年，英租界内诞生了天津第一份报纸——《时报》。它是由英籍德人德璀琳与英国怡和洋行经理笳臣共同集资，在李鸿章的支持下创办的，分为中、英文两个版本。中文版称《时报》，曾由英国传教士李提摩太任主笔。英文版称《中国时报》，中国人称它为《益闻西报》，由英国

人亚历山大·密吉任主笔。当时，《时报》被外国人称为“远东地区最好的报纸”。1902年，《大公报》在法租界创刊，这份报纸在中国报坛屹立了近一个世纪，成为当时最重要的报刊之一。在法租界还先后创立了多种报刊，如《商报》、《新天津报》、《华北新闻》等。天津的九国租界中，以日租界的报纸数量最多，且影响很大，如《北清时报》、《北支那每日新闻》，1910年两报

合并为≪天津日报≫° 此外，德租界中比较有名的报刊是≪德华日报≫，由德国人巴特尔于1930年创办，并创办附刊≪德华画报≫，多为外国图片，编印十分精美° 租界区西方办刊的引入，对当时开阔国人眼界´ 促进中西方文化交流提供了一个平台°

报刊名称	创办时间	创办人	备注
(英文) ≪华北每日邮报≫	1905年(一说I 915年)	英国编辑R · Bate	
(英文) ≪益闻西报≫	于1901年1月21日	由英国记者高文	在北京发刊，1902年迁往天津日租界
(中英文) ≪东方时报≫	1923年	英国人辛博森	得张作霖资助
(德文) ≪德军报≫	1902年1月	驻津德军	1906年3月停办
(德文) ≪北洋德华日报≫	1904年10月	德国人劳克	约191 5年停办
(中文) ≪中外实报≫	1904年9月	德国人	19I7年被查封
(德文) ≪德华日报≫	1929年10月	克雷工程师	附刊≪德华画报≫
(日文) ≪北清新报≫	1902年1月	日本人西村博	合并为≪天津日报≫
(日文) ≪北支那每日新闻≫	1903年	秋由木村竹南´ 小田切勇辅´ 丰冈保平	
(日文) ≪京津日日新闻≫	1918年10月30日	森川照太	
(日文) ≪天津经济新报≫	1920年8月	小宫山繁	
(日文) ≪华北商报≫	1930年	藤田辰雄	后为≪华北经济新闻≫
(日文) ≪北支那≫	1934年2月	高木翔之助	
(日文) ≪支那问题研究所报≫	1936年11月	船越寿雄	
(日文) ≪京津事情≫	1938年1 0月5日	井上今朝一	
(日文) ≪华北新报≫	1901年		
(日文) ≪天津经济新闻≫	1920年		
(俄文) ≪霞报≫	1928年4月	白俄连比奇	
(俄文) ≪兴亚新报≫	1931年	帕斯图辛	
(法文) ≪天津差报≫	1903年	查维利尔	
(法文) ≪天津回声报≫	1905年(一说1909年)	法国人	又称≪权务报≫
(英文) ≪华北明星报≫	1918年8月	美国人福克斯	

需要特别指出的是，报刊在传播新闻的同时，也起到了开民智的重要作用° 20世纪之交，随着中国社会各阶层逐渐认识到开民智的重要性，免费供市民阅读报纸´ 杂志和书籍的阅报处大量出现° 到30年代初，天津有中´ 英´ 法´ 美´ 苏´ 日等国的通讯社近30家，发行报纸30余种，总发行量超过29万份，本地发行18. 7万份° 如果按当时天津有阅读能力的人计算，日均2. 5人就有一份报纸，这还不包括多如牛毛的各种小报° 繁荣的报刊事业在使天津成为近代中国北方传媒中心的同时，也大大提高了市民的文化素质° 报刊的昌盛，也极大地推动了文学的发展° 《大公报 · 文艺》´ 《益世报 · 语林》等报纸副刊，为当时在天津的许多作家´ 文学青年提供了很好的平台，他们翻译西方的文学作品，进行自己的文学创作，形成一种“世界文学”的氛围°

无线电广播电台的兴起也是始自租界° 天津的各个通讯社大小不一，但均兴起于20年代以后，而且外国通讯社和较大的通讯社无不设于英´ 法´ 日租界中° 天津的外国通讯社主要是英国的路透社´ 美国的美联社(发英文稿)´ 法国的哈瓦斯社(后改法新社，发法文稿)´ 俄国的塔斯社(发俄文稿)以及日本的同盟社和电通社(后改共同社，发日文稿)°

最早的公共图书馆业发源于租界，如英租界公共图书馆，在19世纪80年代初期建立的° 基础是天津海关会馆的藏书室° 最初仅有400册左右图书，到清光绪十二年(1886)时藏书增至1100册° 而1922年建立的北疆博物院是北方地区创建最早的博物馆，也是中国建立时间最早的博物馆之一° 1928年5月，北疆博物院陈列馆正式向公众开放，展出了植物标本2万种，动物标本3.5万种，岩石与矿石标本7000种，动物骸骨化石1.8万公斤° 各地地理´ 山川´

河流、土壤和动植物分布地图133幅，照片3000余张，以及关于人类学、工商业和农业的调查报告。结合展览还举办有关的科学知识的讲座，这在当时社会上引起了不小的轰动。

这些大众传播和文化场所在促使城市人们在娱乐、消遣的同时，不仅愉悦了身心，获得了各种社会生活信息，而且改变和扩大了人们的时空观念和认识空间。它通过展示各种城市生活方式和城市人格特征，以形象、具体的现实社会生活内容，潜移默化地改变着人们的价值观念、行为取向和生活方式。

租界区内兴办的近代教育事业，对天津的近代教育产生了一定的影响。美国公理会在1861年年初建教堂时,就附设男书房与女书房,吸收少年儿童来学文化,通过讲述宗教故事与教唱宗教歌曲,使之接近宗教信仰;后来几乎所有教堂都附设小学校,乃至开办中学。如美国公理会于1866年设立究真小学与仰山小学,美国卫理公会于1890年设立汇文小学,天主教望海楼于1906年设立诚正小学与贞淑小学;最早的中学如天主教圣母文学会于1895年设立的法汉学校,英国伦敦会于1902年设立的新学书院。据统计,英美背景的基督教会在天津设立的中、小学共12所,法国背景的天主教会开办的大、中、小学共18所,比较广泛地覆盖教育领域。其中如工商学院(津沽大学)、新学书院、汇文中学、法汉中学、中西女中等,教学质量都比较好,被认为是天津的名牌学校。仅在德租界内便有中国近代第一所大学、全国最早的公立中学、直隶省第一家女子中学，1887年，英籍德人德璀琳在李鸿章的支持下创办了吞纳学院。这座学院又名博文书院，位于当时德租界警察总部后身的一座德国日耳曼式风格的洋房里。1895年，在博文书院的基础上，天津海关道盛宣怀成立了天津北洋西学学堂，1896年北洋西学学堂更名为北洋大学堂，这便是中国近代的第一所大学。北洋大学堂被誉为“东方的康奈尔”，它的教学计划、讲授内容与方法、教科书、教员配备，成为后来其他各地兴办新式大学的模式。八国联军入侵后，北洋大学堂被占领改为联军司令部，遂迁至西沽。数年后，德国领事馆组织德商集资，又在这里兴建了“天津德华学堂”。这所学堂除中学外，还包括女子学堂和小学。1909年1月5日的天津《星期报》有如下报道：“一所新德国小学（school）于昨天上午11点钟正式开学。德国领事，Knipping博士主持了一个盛大的由该校的学生和家长参加的集会。一间在德华学堂大楼中已整修好的大屋子被保证用于小学的使用。这间教室享有独立的入口。教室中已经布置好课桌和通常的教学用具。德华学堂的Aring先生负责管理这所新小学。Beyer先生是助教。除了普通的课程外还将增加运动、唱歌和图画课。”

1910年，德国领事馆又在北洋西学堂内建立了德国女子学堂。这是天津最早的女子中学，校长、职员均为德国人，主要招收租界内外籍子女和中国豪门贵族小姐。1917年天津收回德租界，1919年，天津教育界著名人士李金藻出面将该校接管，改组成立大营门中学。1924年4月，又在此筹建“直隶省立第一女子中学校”，后又更名为“河北省立第一女子中学校”、“天津市立第一女子中学”。这些都为天津现代教育的发展起到了一个示范作用。

在近代天津城市社会中，随着租界影响的扩大和城市人口接受近代教育机会的增多，西方文化和习俗逐渐渗透到华人社会中，并首先为青年人所接受。天津开埠后，穿西装、戴洋眼镜、打洋伞的人多在租界里出现，随后逐渐增多。早在开埠之初，天津的服饰便从方便实用的角度悄悄地出现了变革的趋向，据《津门杂记≫记载："紫竹林通商埠头，粤人处此者颇多。原广东通商最早，得洋气在先，类多效西泰所为。尝以纸卷烟叶，衔于口吸食之。又如衣襟下每作布兜，装置零物，取其便也。近则津人习染，衣襟无不作兜，凡成衣店估衣铺所制新衣，亦莫不然。更有洋人之侍童马夫辈，率多短衫窄库，头戴小草帽，口衔烟卷，时辰表链特挂胸前，顾影自怜，唯恐不肖。"[28]20世纪初期，天津和上海等通商大埠一样，代表西方文明的西服革履率先被买办和青年学子穿着和推广，改装易服的风气日益兴盛，并在青年学子的带动下，逐渐把"改装易服"活动升华为"剪发易服"带有革命的运动。西方男女服装服饰盛行天津，不仅归国留学生和洋行职员及家属普遍穿着，一些赶时髦的年轻人也热衷于此。真可谓"衣由宽腰博带，而变为轻裙短袖，履由高底仄头，而变为薄底阔面，皆为于事行路，良多利益。"[29]

大约在20年代，自由恋爱的风气开始流行，时人记载："倩影喁喁话柳阴，灯照不觉日光沉，别时密订来朝约，座假中街起士林。"青年人的婚礼也开始改变旧有的繁琐礼节，而改为互换戒指，主宾致词，用风琴伴奏等简单仪式。而更有意思并被大众认可的是婚服，新郎依旧长袍马褂甚至披红戴花，礼帽上插着类同旧时状元的帽花，而新娘却是一套西式婚纱，虽说有些不合套，但在当年被称为"文明婚姻"。

Ⅲ. 结　语

28) 张焘：≪津门杂记≫，标点本，第137页。

29) 徐珂著：≪清稗类钞服饰类≫，中华书局1984年版美国著名城市社会学家R. E.帕克认为:大城市从来就是各种民族´各种文化相互混合´相互作用的大熔炉，新的种族´文化´风俗´社会形态就是从这些相互作用中产生出来的°”30)°面对迅速涌入的欧风西俗，天津人从焦虑´排斥，到认同´接受，甚至开始下意识地追求°随着城市规模的扩大，天津民俗出现了中西交融的景象°举凡衣食住行´游艺娱乐等，无不体现出西俗的影响°从某种程度上看，欧美风俗已经构成了天津民俗文化体系中的一个组成部分°

正如有学者所指出的“租界内的教堂´洋行´商家´现代的城市管理´西方的生活方式，直接影响着近代天津的文化走向°西方文化思潮一方面和固有的中华传统文化发生撞击；另一方面在华洋杂处´中西交流之中，二者又有交融°在近代中国北方，天津以其独特的地理位置和历史背景，得领世界风气之先°由于中西文化在天津的撞击与融合，使得具有开放思维和现代意识的广大市民阶层得以涌现，为天津现代都市文化奠定了根基°天津市民那种竞争意识生活理和价值追求´较为规范的社会交往和社会组织，都直接推进了都市文化水平的提升°”31)可以说，正是在租界文化的影响下，天津文化与西方文化相融合，进一步发展出了进步开放´兼容并蓄的文化精神°

“在近代城市中西文化碰撞的比较中，上海倾向于全盘西化，北京更多地在保持中国传统，天津则介于二者之间，更善于对外来文化的吸收和中西文化的结合°”32)近代天津城市文化生活的变迁

30) R.E.帕克：≪城市社会学≫，宋俊岭等译，华夏出版社1987年版，第5页°
31) 谭汝为：≪从地名解读天津地域文化≫，≪辽东学院学报≫2005年第4期°

既不表现为传统因素的丧失殆尽，也不表现为“全盘西化”，而表现出亦中亦西、非中非西，中西杂糅、新旧并陈的过渡性特征，“既是原来的你和我，又不完全是原来的你我，而是经过筛选、变异、创新的你我”。中西文化并行不悖，相互补充，既体现了中西两种文化的汇通融合，又反映了转型时期社会多元、纷呈复杂、新旧交替的特点。而天津正是在中西之间，传统与现代之间形成了自己独具特色的城市大众文化。

32) 陈克：≪关于天津文化的理论思考≫，≪理论与现代化≫2003年第6期。

조차지문화와 천진대중문화와의 상관성 연구

런찌똥* 이방 번역**

Ⅰ. 조차지문화의 개념

'조차지문화' 란 19세기부터 40년대 중반까지 상하이(上海), 텐진(天津), 우한(武漢) 등에서 외국조차지의 개항에 따라 만들어진 문화를 일컫는다. 상해 조차지를 중심으로 조차지에서 형성된 식민주의적, 상업적, 현대적, 도시적, 시민적이고 중국과 서양문화의 융합된 문화형상을 지칭하며, 중국의 전통문화, 하이파(海派)문화(근대 상하이 문화), 도시문화와 연관성을 가지면서도 뚜렷하게 구별되는 문화 형태를 지칭한다. 조차지문화의 본질과 특징은 조차지와 관련된 도시 제도, 문화제도, 도시공간, 시민 체험과 심미관 등 여러 면에 나타난다.

조차지문화가 제공하는 새로운 생활 패턴과 문화오락 방식은 중국시민에게 영향을 주었으며, 비교 대상이 되었다. 조차지 외에서의 중국 전통문화 소비 방식은 조차지 문화와 선명하게 대

* 중국 천진사회과학원 연구원
** 순천향대학교 공자아카데미 부원장

조되었으며, 어느 정도에서는 근대도시의 대중문화의 변화 방향을 이끌어 나가는 역할도 했다.

Ⅱ. 조차지 영향 하에서 근대 텐진 대중문화의 형성

1860년부터 1902년까지 텐진에는 아홉 개 국가의 조차지가 연이어 생기면서 천진시의 발전 궤도를 철저하게 바꿔놓았다. 근대 시기 중국과 외국문화와의 충돌의 정도를 볼 때, 천진은 독특한 지리적 위치 때문에 가장 복잡한 양상을 띠고 있다. 수도인 베이징에서는 외래 세력의 확산을 제한해야 했지만, 상하이는 수도에서 멀리 떨어져 있어서 세계주의의 요소를 보여주고 있었다. 베이징이 '중화제국의 핵심' 이고, 상하이가 '현대중국의 열쇠' 라면, 텐진은 '근대 중국과 외국문화가 충돌하는 입구' 였다. 텐진의 조차지는 이러한 문화 충돌의 발원지와 중심지 역할을 하던 곳이었다. 따라서 텐진의 대중문화도 조차지문화의 영향을 받아 근대에 새로운 모습으로 탈바꿈하게 되었다.

1. 주거 문화 : 중서문화가 융합된 서양식 다층 건축문화

19세기 중엽 텐진은 아직 일반적인 항구도시에 벗어나지 못했기에 거리는 좁고 더러우며 소란스러웠다. 조차지의 설립은 도시 환경의 본보기 역할을 하였다. 도시건설 계획, 공원, 대중교통, 위생 시설 등 공공시설들이 조차지에 처음으로 출현하면서, 텐진시 전체로 확산되었고, 텐진시의 전통생활방식도 어느 정도 변화시켰다. 서양에서 도입된 선진문명들은 텐진 시민들로 하여금 동서양 사이의 농업문명과 공업문명의 차이를 인식하게 만들고 중국인의 심리적 변화를 일으켜 서양의 선진 물질문명의 우수성을 공감하게 했다.

텐진의 서양식다층건축물 건설은 1840년 아편전쟁이 종료된 때부터 시작하여 100여 년 동안 발전해왔다. 상점, 교회, 성당, 아파트, 별장 등 외국풍의 건축물이 중국 전통의 빨간 벽돌 기와집을 대체하였고 건축의 새로운 조류로 등장했다. 이러한 유럽풍의 건축물의 영향을 받은 건축물이 중국 땅에 건설되었고, 이들 건물의 건축가와 거주자는 중국인이었다. 이런 건축물들은 텐진 지역의 특성을 담고 있었는데, 중국 전통의 장식이 주는 미적 특성을 표출하고 있었다.

서양식 다층 건축물에 나타난 중국과 서양 문화의 융합은 건축물 일부 장식수법에 머무르고 있다. 많은 서양식 건축물에서 천진 사람들의 정서, 텐진 장인들의 벽돌 조각 기술, 돌 조각의 뛰어난 기술을 볼 수 있다. 중국과 서양 건축문화의 융합은 텐진에서 서양식 다층 건축물을 탄생하게 하였지만, 장식적인 측면에 국한되는 양상을 보여준다. 칭왕푸(慶王府)와 쯔쭈린성당(紫竹林教堂)은 바로 좋은 예가 되는 건축물이다. 텐진의 서양식 다층 건축물문화는 서학동점(西學東漸)의 과정에서 교량과 과도의 역할을 했지만, 중국인의 전통적인 공간 방식을 바꾸지는 못했다.

2. 음식문화 : 양식 풍조

'서양인은 세계의 음식을 크게 3가지로 분류했는데, 중국, 일본, 유럽 음식으로 나누었다. 중국 음식은 입이 즐겁고, 일본 음식은 눈이 즐거우며, 유럽 음식은 코가 즐겁다' 는 말은 중국, 일본, 유럽 음식의 특성을 일반화하고 있는 것이다. 조차지가 생긴 후 많은 외국인들이 조차지에 들어와서 거주하게 되었다. 본국 교민들의 생활에 맞는 양식집도 점차적으로 증가하였다.

처음 생긴 텐진의 양식집의 대부분은 조차지 내의 외국인이 경영하는 여관에 있었다. 당시 가장 유명한 양식집은 '치쓰린(起士林)' 이었다. 1900년 8국의 열강 군대가 텐진을 점령했을 때 침략군을 따라온 독일 주방장 한 명이 있었다. 그는 빵과 과자를 잘 만들었다. 독일군이 철수한 후에도 이 주방장은 아내와 함께 텐진에 남아서 프랑스 조차지 중지에(中街; 오늘날 解放北路와 哈爾濱道 교차로 부근)에 바(Bar)와 비슷한 작은 양식집을 개업했다. 주방장의 이름을 딴 '치쓰린(起士林)' 양식집은 예쁘고 맛있는 과자와 빵을 만들었고, 독일식과 프랑스식 식사도 제공했다. '치쓰린(起士林)' 은 점차적으로 텐진에서 분위기가 좋고, 영향력이 큰 양식집으로 자리 잡게 되었다. 치쓰린(起士林)과 같은 오리지널 양식집의 출현으로 중국인은 양식을 알게 되었고, 이를 계기로 텐진의 양식업계도 발전하기 시작했다.

텐진의 양식업계는 1920년대 급속도로 발전했다. 조차지 내외에 양식집이 즐비하게 생겼고, 종류도 여러 가지였다. 완벽하지는 않지만, 통계에 따르면 1930년대 텐진의 양식집은 총38개였으며, 그 중에서 프랑스 조차지에 23개가 있었다. 양주집, 카페, 과자집이 총13개였는데 프랑스 조차지에만 8개가 있었다. 유명한 집은 리쑨떠(利順德), 꾸오민(國民), 후이쭝(惠中), 푸루린(福祿林), 푸떠(福德), 이쑨허(義順合), 리우꾸오판띠엔(六國飯店) 등이 있었다. 당시 양식집이 자리 잡을 수 있었던 것은 1930년대 부터 양식집의 손님이 중국인으로 확대되었기 때문이다. 이 시기에는 규모가 작은 양식집도 급속도로 생겼다. 그리고 많은 중국인이 양식집을 경영하기 시작하였다. 텐진의 양식집은 경영이 잘 되었다. 여러 나라 음식의 장점을 받아들여 메뉴가 풍부하였고, 중국인의 입맛에 맞을 뿐만 아니라 중국인의 소비 습관과 소비수준에도 맞았다. 텐진의 양식문화가 중국음식에 끼친 영향도 적지 않은데 예를 들면 중국음식에도 샐러드, 철판 생선 등이 생긴 것이다. 또한 일부 중국음식집에서는 양식을 먹는 방법으로 중국음식을 먹는 것이 유행할 정도로 텐진의 음식문화에는 중국과 서양의 방식이 섞여 있었다.

3. 오락 문화 : 서양식과 중국식이 결합된 오락

조차지인들의 유입과 조차지의 성장에 따라 조차지 관할 구역은 서양문명이 모인 곳이 되었다. 조차지는 서양의 도시 패턴을 중국에 이식했을 뿐 아니라 하나의 문화 캐리어로 서양의 문화예술을 중국에 이식했다. 유럽과 미국 사람들의 이주와 함께 서양의 근대 오락 방법도 유입되었다.

1) 음악과 곡예

텐진에서 서양음악의 시원을 말하려면 유명한 Hart밴드를 거론할 수밖에 없다. Sir Robert Hart는 가정형편이 안 좋은 중국 젊은이들을 모집하여 연주자로 키웠다. 그는 이들로 구성된 작은 서양 관악단(브라스 밴드)을 만들었다. Hart밴드는 Hart가 운영하는 개인악단이었다. 악단은 그의 정원에서 연주도 하고 가정의 무도회에서 연주도 하며, 황궁에 들어가서 공식적인 외교 자리에서 연주를 하기도 했다. 1904년 꽝쉬띠(光緒帝)가 독일 왕자를 접견하는 자리에서 연주를 담당한 악단도 Hart악단이었다. Hart악단은 중국 서양 악단의 선구자가 되었고, 그 단원들은 위안쓰카이(袁世凱)의 군악단, 베이징대학 음악관악단에 들어가 중국에서 서양 음악을 전파하는 역할을 했다. 이러한 영향을 받아 1880년대 이후에는 텐진의 일부 유랑 예술인들이 세계명곡을 중국 민간 예술과 섞어서 공연을 하기도 했다. 근대 텐진의 도시 음악은 중국 것과 서양 것이 공존하면서 융합된 양상을 띠게 되었다.

새로운 예술장르인 연극도 조차지에서 시작되었으며, 최초의 연극공연도 외국인들이 했다. '텐진아마추어연극단'은 겨울철에 한 두 편의 희극과 무언극을 공연하고 겨울의 끝에 가면무도회를 대규모로 열었다. 처음으로 텐진에서 공연을 한 연극단은 '한밀톤(汉密尔顿)희극회사'이다. 영국 조차지 안에 근대적 시설을 갖춘 '꺼덩탕(戈登堂)'이 건설되면서 조차지에서도 대중적인 오락명소가 되었다. 1904년 4월 6일자 따공빠오(大公報)에 의하면 '戈登堂'에서 외국의 새 연극, 영국의 유명한 연극을 공연하였는데 중국인들은 연극의 내용을 잘 몰랐다고 한다. 관객들의 대부분은 외국인이었고 몇 명의 중국인만 있었다고 한다. 중국인의 대다수는 서양의 희극에 관심이 없었지만, 중국인 인텔리, 특히 새로운 사물에 민감한 젊은 인텔리들에게 깊은 인상을 주었다.

이러한 분위기에서 1906년 교육자인 엔판쑨(嚴范孫)은 집에서 제자들에게 신연극 쩐까오치페이(箴膏起废)를 연습시켰다. 1909년 난카이(南開)중고등학교 교장인 장뽀링(張伯苓) 선생은 '난카이신극단' 을 창단하고 직접 대본을 쓰고 연극 용페이쑤오쉬에(用非所学)를 연출하여 '북방언어연극' 을 시작하였다. 이로부터 텐진의 연극은 발전하기 시작하였다. 1916년 미국 유학을 마치고 온 장펑춘(張彭春)이 난카이신연극단의 부단장 겸 감독으로 취임하였다. 그는 입센(易卜生), 몰리에르(莫里哀), 월터(王尔德), 고골리(果戈理) 등의 명작을 공연하여 대성공을 거두었다. 이 외에도 수십 개의 연극단이 생기면서 초위(曹禺), 지아오쥐인(焦菊隱) 등의 유명한 감독과 배우들이 배출되었다. 이와 함께 연극공연의 장소도 학교의 대강당에서 시내에 있는 극장으로 확대되었다.

서양의 연극은 중국에 유입되어 각 도시에서 공연되면서 유행이 되었고, 새로운 대중적인 오락 방식이 되었다. 연극은 시민들의 문화오락생활을 다양하게 하고 중국의 희극 장르에도 새로운 영향을 주면서 현대화와 도시 사회의 발전에 이바지하였다. 특히 중화민국(民國) 이후 텐진에서 '문명극' 이라는 퓨전 희극 장르가 나타났는데, 이 장르는 '두 가지의 문명이 한 집단에서 서로 만나면 새로운 패턴이 생산할 수 있다' 는 것을 보여주는 것이었다. '문명극' 은 서양 연극을 근간으로 하여 중국의 전통적인 희극(주로 징쥐(京劇)과 빵즈(梆子))의 연출 방법과 창법까지도 수용하였다. 내용 또한 시사적인 것을 다룸으로써 대중들의 환영을 받았다.

2) 영화와 무도회

20세기 들어서 외국의 음악, 가무, 희극, 서커스, 마술 등 공연단의 조차지 공연은 외국인들의 문화오락생활을 풍부하게 함과 동시에 텐진 사람들의 시야도 넓혔다. 서양의 오락문화 중 중국에서 제일 널리 전파되고 영향력이 컸던 것은 영화이다. 영화는 우선적으로 조차지에 유입되었고, 텐진 조차지에서의 영화 개봉은 세계적으로 동시간대에 있었다. 근대 중국 도시대중 예술문화사에서 영화는 큰 의미를 가지고 있고 근대 중국 대중문화의 중요한 전파방법중의 하나이다. 영화의 내용은 근대 도시의 문화모습과 사회상황을 반영하기 때문에 시민의 사상, 행동, 심지어 생활방식에도 영향을 미쳤다. 따라서 중국에서 영화의 출현과 흥행은 근대 중국 대중문화의 발달에 큰 영향을 미쳤다. 천진에서 최초의 영화 상영은 1896년 프랑스의 바이따이(百代; France one hundred generation company)사에 의하여 이루어졌는데, 프랑스 조차지 안의 텐펑(天豊) 극장(오늘의 新華路와 濱江道 교차로 부근)에서 외국 '外洋燈影'(영화)을 상영했다. 이후 일반 시민들이 출입하는 전통 극장에서도 전통적인 설창 예술인 大鼓, 재담뿐만 아니라 무성영화도 보여줌으로써 관객층이 확대되었다. 영화 관람은 처음에는 무료였지만, 관객이 많아짐에 따라 관람료를 받기 시작했다. 1906년 2월 30일 텐시앤(天仙) 차집에서는 저녁 8시부터 12까지 영화를 상영했는데, 자리에 따라 5角에서 10元의 관람 요금을 받았다. 1906년 3월 8일에도 텐시앤(天仙) 차집에서 텐진청년회가 영화를 상영하였는데 관람요금 기준을 명시하였고, 티켓판매 대행처도 따로 두었다.

1907년 1월 8일 텐진 사람이 독자적으로 경영하는 영화관 치윈시앤(權仙) 영화관이 생겼고, 이곳은 중국 최초의 영화관이었다. 치윈시앤(權仙) 영화관의 전신은 치윈시앤 (權仙) 차집이었다. 이곳에서는 1906년 12월 8일부터 영화를 상영하기 시작하였는데, 긴 걸상이 수십 개가 있어서 이백 여 명의 관객이 영화를 동시에 관람할 수 있었다. 당시 영화의 내용은 대부분 세계의 명승풍경과 코미디 단막극이었다. 1909년 2월 12일자의 따공빠오(大公報)는 '우리 지역의 영화가 새로워지고 난쓰푸꾸이(南市富貴) 차집에서 다양하고 재미있는 각종 영화를 상영하여 관객들이 모두 박수 치며 칭찬이 자자하다' 고 보도하였다. 이것으로 볼 때 당시 영화는 인기가 많았으며 흥행에도 성공했다는 것을 알 수 있다.

1909년 1월 프랑스 조차지인 철교(오늘의 解放路) 이난(迤南) 거리의 서쪽에 쥐러핑안(聚樂平安) 영화관이 개업했다. 이곳은 외국인이 텐진에 설립한 최초의 영화관이었으며, 주인은 영국 국적을 기진 인도인 '바리' 였다. 1922년에 '바리' 는 영국 조차지 지역인 시아오바이러우(小白樓)에도 당시로서는 호화로운 영화관이었던 핑안(平安) 영화관(오늘날의 음악전당)을 개관했다. 고대 로마의 극장을 모방하여 지은 2층 영화관은 외관이 호화스럽고 웅장하였으며, 천여 개의 좌석과 별도의 귀빈용 관람석도 갖추고 있었다. 여기를 찾아온 손님은 대부분 영국조차지에

사는 부자와 관료들이었지만, 하야한 대통령 리위안홍(黎元洪), 장쉰(張勛), 초쿤(曹錕)도 이곳의 단골손님이었다.

1930년대 중엽, 톈진에서 영화관 건립은 최고조에 이르렀다. 기록에 의하면 1926년 천진의 영화관은 6개가 있었다. 그 중의 4개는 영국과 프랑스 조차지에 있었다. 1934년에는 21개로 증가되었다. 많은 희극 극장들이 업종을 바꿔 영화 상영을 하게 되었고, 해마다 백여 편의 외국영화를 상영하였는데 많을 때는 300편 가까이 상영하기도 했다. 이러한 상영 편수는 오늘의 영화계에서도 믿기 힘들 정도로 부러운 영화 환경이다. 중화민국(中華民國) 시기에 근대 중국의 영화산업 발전은 눈부실 정도였다. '영화제작사가 십여 개가 있었고, 제작된 영화가 천여 편이 되었으며, 천 명, 만 명 심지어 억 명의 관객이 영화를 관람을 하였고, 그리고 유명한 영화감독과 배우들이 있었다'. 영화관이 많이 건립되고 사람들이 자주 찾는 공간이 되면서 부작용도 나타났다. 정부에서는 남녀합석금지, 에로영화 상영금지, 야간 12시 이전까지 영화상영 종료 등의 규칙을 하달했다.

영화는 새로운 문화 장르이자 오락 방식으로 중국의 도시에 유입되었고, 많은 도시민들이 새로운 사상을 받아들여서 자신의 행위와 규범, 사회와 세계를 이해하는 대중문화의 매개체의 역할을 했다. 또한 긴박하고 긴장되었던 일상을 끝내면 폭 넓게 참여할 수 있고 재미를 즐길 수 있는 문화소비패턴이 되었다.

중국의 전통춤과 다른 오락인 사교댄스는 서양 식민주의자에 의해 중국에 들어왔다. 영국 교민들이 자금을 모아 건립한 '영국구락부'는 톈진에서 최초로 사교무도회가 열린 무도장이다. 톈진의 사교춤은 치쓰린(起士林)이라는 양식집에서 시작되어 중국인이 운영하는 푸루린(福祿林), 꾸오민판띠엔(國民飯店) 등 양식집으로 확대되었다. 유럽의 여러 현상들이 점점 동양에 흘러오고 있었는데 사교춤을 추는 것도 치쓰린(起士林)에서 시작되었다. 곧이어 열린 무도장은 셩안나(聖安娜) 무도장, 리쑨떠(利順德) 호텔의 부대 시설인 텐셩(天昇) 무도장, 중위앤(中原) 회사(오늘날의 華聯프라자)의 동관에 있던 시앤러(仙樂) 무도장 등이다. 1945년까지 무도장은 20여 개가 있었다. 텐진의 무도장에서는 직업 댄서들이 일했는데 많을 때는 400여 명이 있었다. 일반 시민들은 푸루린(福祿林)에 서 춤을 추고 영화관에 가서 멋을 내는 것을 텐진 모던 청년들의 필수 코스로 보았다.

각종 오락의 흥행과 시민들의 레저 품질이 향상되고, 새롭고 다양한 오락 장소가 생겨나면서 전통적인 오락 장소도 시대에 맞게 중대한 변화를 맞게 되었다. 텐진 사람들에게 많이 알려졌던 텐진취앤예창(天津勸業場)은 전문 오락장소를 개설하고 오락 행사를 주최하였다. 이탈리아 조차지에 있던 후웨이리취우창(回力球场, 하이알리이-스페인의 구기 종목)은 텐진에서 유명한 사교오락명소 중의 하나였다. 이렇게 새로운 오락 장소는 텐진 시민들에게 넓은 공간을 제공하여 오락의 흥미를 유발하고, 시야를 넓히게 했으며, 그들의 사상을 열어 주었으며, 정신문화생활의 품질을 고양시켰으며, 도시대중문화의 발전을 촉진시켰다.

3) 스포츠

문화예술과 함께 들어온 것은 스포츠이다. 텐진 개항 이후 제일 먼저 발전한 것은 경마이다. 1863년 경마대회를 처음 시작한 이후 경마대회는 끊이지 않고 개최되었다. 경마대회는 영국 조차지에서 열렸으며, 영향력이 가장 큰 스포츠 행사였다. 경기가 있을 때는 '천진시의 모든 신사숙녀들이 다 구경하러 간다. 어떤 이는 자동차를 타고 가고, 어떤 이는 말을 타고 가며, 어떤 이는 가마를 타고 가고, 어떤 이는 직접 차를 몰고 간다. 모두가 옷을 예쁘게 차려입어 모양새가 어여쁘다. 사람들은 신나게 여기저기서 구경한다. 군악단의 연주를 들으며 경마를 구경하는데, 대부분의 시민들이 경마를 구경하러 경마장에 와서 도시가 텅 비어 있다고 해도 과언이 아니다'라고 할 정도로 성황을 이루었다. 텐진에는 시샹(西商)마사회, 지리화샹(直隸華商)마사회, 완꾸오(萬國)마사회 등이 있었다.

외국인들은 경마 이외의 스포츠도 즐겼는데 펜싱, 배구, 테니스, 수영, 스케이트, 수상 스키와 각종 육상 경기를 즐겼다. 시간이 흐르면서 이러한 스포츠는 조차지에서 일반 시민들의 생활 영역으로 확산되었다. 진문자지(津門雜記)에는 청나라 말 '파오링시에(跑凌鞋)'로 불려진 피겨 스케이트운동(혹은 레포츠오락이라고 칭할 수 있다)에 기록이 있는데, 이는 천진의 조차지에서 생기고 유행하다가 1930년대는 텐진 신여성들 사이에 유행하는 건강한 운동이 되었고, 남자보다 여자가 더 즐기는 운동이 되었다.

4. 서양문명을 받아들인 중국의 문화교육

서양의 신문을 도입한 것은 조차지 문화교육사업 발전에서 매우 중요한 사업이다. 통계에 의하면, 1860년부터 1947년까지 텐진의 각 조차지에서 발간하는 신문과 잡지는 수십여 종이 있었다. 이는 상하이와 홍콩 다음으로 많았다. 텐진의 유명한 신문은 1902년 프랑스 조차지에서 발간한 따공빠오(大公報)인데, 이 신문은 중국의 신문업계에서 1세기 넘게 존재한 것으로 당시 중국에서 발간된 신문 중 매우 중요한 신문이었다. 프랑스 조차지에서는 샹빠오(商報), 신텐진빠오(新天津報), 화베이신원(華北新聞) 등도 발간되었다. 조차지에서 발간된 서양신문은 당시 중국들의 시야를 넓혀 넓히고 중국문화와 서양문화의 교류를 촉진하는 매개 역할을 했다.

여기에서 주목해야 할 것은 신문이 뉴스 보도를 하면서 국민의 지혜를 양성하는 데 중요한 역할을 했다는 점이다. 20세기 초 중국에서는 사회 각 계층에서 국민의 지혜를 양성하는 것을 중요시하였는데, 시민들이 신문, 잡지, 서적 등을 무료로 열람할 수 있는 곳이 많이 생겼다. 1930년대 초 텐진에는 중국, 영국, 프랑스, 미국, 일본 등의 통신사가 30개 가까이 있었고, 신문도 30여 가지가 발간되었으며, 총 발행량은 29만 부를 초과하고 있었다. 현재 텐진의 신문 발행량은 18만7천 부인데 대조를 이룬다. 당시 텐진에서 발간된 신문의 독자수로 계산해 보면 2.5인당 신문 한 부가 발간된 셈이다. 여기서 거론한 신문에는 소규모로 발간된 신문은 포함하지 않았다. 이렇게 번창한 신문사업은 텐진을 근대 중국 북방의 미디어 중심으로 자리잡게 했으며, 시민의 문화소양도 제고하는 역할을 수행하였다.

무선라디오 방송국도 조차지에서 시작되었다. 텐진의 라디오 방송국은 규모에 따라 다르지만 대부분 1920년대 이후에 생긴 것이다. 외국의 통신사와 규모가 큰 중국 통신사는 모두 영국, 프랑스와 일본 조차지에 있었다.

최초의 대중 도서관, 박물관도 조차지에서 시작되었다. 예를 들어 영국 조차지에 있던 대중도서관은 1880년대 초기에 건설된 것으로 텐진세관의 장서실이 그 시초였다. 1922년에 건설된 베이쟝(北疆)박물관은 중국의 북방지역에 설립된 최초의 박물관이며 중국에서 역사가 긴 박물관 중의 하나이다.

이러한 대중 미디어와 문화공간의 설립은 텐진 사람들의 오락과 휴식에 도움을 주어 심신을 즐겁게 했으며, 각종 사회생활의 정보를 제공함으로써 텐진 사람들의 시공관념과 인식공간을 변화시켰다. 이런 과정은 도시생활의 방식과 도시인의 특징을 볼 수 있는데, 구체적인 사회생활에서 도시민들의 가치관, 행동취향과 생활방식이 무의식중에 바뀌ㄱ 있었다.

조차지에서의 근대 교육사업도 텐진의 근대교육에 영향을 주었다. 텐진에는 서양인들이 개설한 초 · 중 · 고등학교와 대학이 총 30여개가 있어서 모든 교육과정을 포괄하고 있었다. 그 중에서 공상쉬에위앤(工商學院), 신쉬에슈위앤(新學書院), 후에원중쉬에匯文中學), 파한중쉬에(法漢中學), 중시뉘중(中西女中) 등의 학교는 교육적 성과가 높아서 텐진의 교육 수준을 대표하는 명문학교였다. 독일 조차지의 텐진떠화쉬에탕(天津德華學堂)은 지금도 하이허중쉬에(海河中學)로 존속될 정도로 텐진의 교육사업은 활기를 띠고 있었다.

근대 텐진 사회에서는 조차지의 영향력이 확대되고, 텐진의 도시 인구 중 근대 교육을 받을 수 있는 기회가 증가하면서 서양의 문화와 풍속도 점차적으로 중국인 사회로 스며들었으며,

젊은이들이 선도적으로 받아들였다.

텐진의 개항 초기부터 텐진 사람들의 의복은 편리하고 실용적인 방향으로 변화하기 시작했다. 조차지에는 양복을 입고 선글라스를 쓰고 양산을 들고 다니는 사람들이 증가하기 시작했다. 외국 유학을 갔다 온 유학생이나 외국 회사의 직원과 그들의 가족들은 모두 양복을 입고 다녔고, 유행을 쫓는 젊은이들도 서양 복장을 즐겨 입었다.

1920년대에는 자유연애가 유행하기 시작하였다. 젊은이들의 혼례 방식도도 옛날의 복잡한 절차를 버리고 결혼반지 교환, 주례사, 풍금 반주 등의 간단한 의식으로 바뀌었다. 재미있는 것은 대중들의 대부분이 혼례복의 변화를 받아들였다는 점이다. 신랑은 옛날 복장에 장원급제의 상징이었던 홍따이화(红戴花, 어사화)를 중절모에 꽂아 썼지만, 신부는 서양식 웨딩드레스를 입었다. 신랑 신부의 복장이 어울리는 것은 아니었지만, 당시 사람들은 이 복장을 문명혼인이라고 일컬었다.

Ⅲ. 결 어

미국의 도시사회학학자 R. E 파크는 '대도시는 각 민족, 각 문화가 서로 용합되어 서로 작용을 하는 대용광로이다. 새로운 종족, 문화, 풍습, 사회형태는 바로 그러한 상호작용을 통해서 생긴 것이다' 라고 정의하고 있다. 개항 이후 밀려 왔던 유럽의 풍습에 대해 초조한 심정으로 배척했던 텐진 사람들은 점차 조차지의 문화를 인정하고 받아들였으며, 더 나아가 의식적으로 배우려고 하였다. 도시 규모가 커가면서 텐진의 풍습은 중국과 서양의 문화가 잘 어우러진 양상으로 전개되었다. 의복, 식사, 주거, 교통, 오락 등 다방면에서 서양문화의 영향이 미치지 않는 곳이 없었다. 어떤 측면에서 보면 유럽과 미국의 풍속은 텐진의 민속문화체계 중의 조성 요인 중 하나가 되었다.

근대 텐진의 도시문화생활 변천과정에서 전통적인 것은 모두 사라지지 않았다. 즉 완전히 서양화되지 않았다는 것이다. 중국적인 것도 있고 서양적인 것도 있으며, 중국의 것도 아니고 서양의 것도 아닌 중국과 서양의 문화가 결합되어 전통적인 것과 새로운 것이 동시에 존재하는 과도기 특성을 보여준다. 중국 문화와 서양 문화가 공존하며 서로 보충하여 두 가지 문화가 어울리고 융합되었다는 것이다. 이것은 사회 영역에서 다양하고 복잡하게 신구(新舊)가 교체되는 과도기의 특징을 보여주는 것이다. 텐진은 이 점에서 볼 때 중국과 서양, 전통과 현대 사이에서 자기만의 독특한 도시 대중문화를 형성하였다. 텐진에 존재했던 조차지의 문화는 근대 텐진의 문화 형성에 적지 않은 영향을 주었지만, 텐진 사람들은 중국 문화와 서양 문화를 융합하는 방식으로 근대 텐진의 문화를 만들어 나갔다.